DUMONT
REISE-TASCHENBÜCHER

Niederländische Antillen

Aruba, Bonaire, Curaçao
Saba, Sint Eustatius, Sint Maarten

W0466816

In der vorderen Umschlagklappe: Übersichtskarte Curaçao

In der hinteren Umschlagklappe: Stadtplan Willemstad

Gerhard Heck

Niederländische Antillen

DUMONT

Umschlagvorderseite: Mädchen von ›Statia‹ (Sint Eustatius)
Umschlaginnenklappe vorn: Zwischen Eagle und Palm Beach auf Aruba
Umschlaginnenklappe hinten: Windmühle auf Aruba
Vignette: Divi Divi-Baum
S. 2/3: Strand vor dem ›Aruba Hilton‹

Über den Autor: Gerhard Heck, geb. 1938, ist Pädagoge, Historiker und Reisejournalist. Bei DuMont erschienen von ihm (in Zusammenarbeit mit Manfred Wöbcke) die Richtig-Reisen-Bände ›Arabische Halbinsel‹, ›Mexiko‹ und ›Zentralamerika‹ sowie (als alleinigem Autor) das Reise-Taschenbuch Trinidad und Tobago.

Fremde Kulturen kennenlernen und gastfreundlichen Menschen begegnen – wie sehr genießen wir das auf Reisen. Zu Hause bei uns jedoch wird mancher Ausländer von einer kleinen Minderheit beschimpft, bedroht und sogar mißhandelt. Alle, die in fremden Ländern Gastrecht genossen haben, tragen hier besondere Verantwortung. Deshalb: Lassen Sie es nicht zu, daß Ausländer diffamiert und angegriffen werden. Lassen Sie uns gemeinsam für die Würde des Menschen einstehen.
Verlagsleitung und Mitarbeiter des DUMONT Buchverlages

Die Deutsche Bibliothek – CIP-Einheitsaufnahme

Heck, Gerhard:
Niederländische Antillen : Aruba, Bonaire, Curaçao, Saba, Sint Eustatius, Sint Maarten / Gerhard Heck. – 1. Aufl. – Köln : DuMont, 1995
(DuMont-Reise-Taschenbücher ; 2097)
ISBN 3-7701-2852-4
NE: GT

© DUMONT Buchverlag, Köln
Alle Rechte vorbehalten
1. Auflage 1995
Satz und Druck: Rasch, Bramsche
Buchbinderische Verarbeitung: Bramscher Buchbinder Betriebe

Printed in Germany ISBN 3-7701-2852-4

Inhalt

Land und Leute

Die Niederländischen Antillen im Überblick

Wirtschaft, Politik und Gesellschaft

Unterwegs auf den Niederländischen Antillen

Aruba

Bonaire

Curaçao

Die Inseln ›über dem Winde‹

ABC Aktiv

Tips und Adressen

Land und Leute

»Es ist die Kraft
und der melodische Rhythmus
meiner Sprache,
im Mund
und in den Ohren.

Es ist die reine Essenz
des Papiamentu,
die wir einatmen,
die mir
immerwährend
immerwährend
ermöglicht ich selbst zu sein.«

Aus: Lucille de Haseth, ›Identität‹

Die Niederländischen Antillen im Überblick

Geographie

Klima – Sonne fast das ganze Jahr über

Geologie, Flora und Fauna

Daten zur Geschichte

Inselwelt im Weitwinkel: Blick über Curaçao

Geographie

Als Niederländische Antillen werden im allgemeinen Sprachgebrauch jene in der südlichen Karibik verstreuten sechs kleinen Inseln bezeichnet, die sich seit dem 17. Jh. bis zu ihrer Unabhängigkeit im Jahre 1954 in holländischem Kolonialbesitz befanden. 1986 löste sich die Insel Aruba aus dem Verband, blieb aber durch einen sog. ›Status aparte‹ weiterhin, wie die fünf restlichen Inseln der Niederländischen Antillen, mit dem Königreich der Niederlande verfassungsrechtlich und politisch eng verbunden.

Sowohl für die Niederlande als auch für die auswärtigen Besucher sind die sechs Inseln von unterschiedlicher Bedeutung. Aruba, Bonaire und Curaçao – die gemäß ihrer Anfangsbuchstaben auch ABC-Inseln genannt werden – erstrecken sich als Inselkette vor der Nordwestküste Venezuelas. Sint Maarten, Saba und Sint Eustatius liegen östlich von Puerto Rico, 900 km nordöstlich der ABC-Inseln (s. vordere Innenklappe). Sie sind flächenmäßig kleiner als diese und von geringer touristischer Bedeutung.

Alle niederländischen Karibik-Inseln gehören zur Gruppe der sog. Kleinen Antillen. Am Hofe König Ferdinands von Spanien benutzte man den Sammelbegriff Antillen für alle Inseln im Westen des Atlantiks. Bis zum Jahre 1492 spukte eine sagenumwobene Insel ›Antilia‹ durch die Köpfe der Seefahrer und Kosmographen, die man irgendwo westlich der Azoren vermutete. Dieses Antilia war auch in der Seekarte des Italieners Toscanelli eingetragen, die Kolumbus auf seiner ersten Reise mit sich führte. Vom amerikanischen Kontinent, der die Weiterfahrt ins westlich gelegene Indien versperrte, wußte man damals noch nichts. Die Spanier unterschieden zwischen den nördlich gelegenen Großen Antillen (vier Hispaniola genannte Inseln: eine davon teilen sich heute die Staaten Haiti und die Dominikanische Republik –, Jamaica, Kuba und Puerto Rico) und den östlich und südlich davon gelegenen Kleinen Antillen.

Nach Meinung der Geologen existierten die Antillen in vorgeschichtlicher Zeit nicht. Der westliche und nördliche Teil war als Landmasse mit Florida verbunden. Dann versank die Gebirgskette im Meer und lediglich die Gipfel ragten als einzelne Inseln aus dem Wasser und bildeten die vier Großen Antillen. Sie gelten als die älteren Inseln und sind vor etwa 150 Millionen Jahren entstanden. Die Kleinen Antillen sind meist vulkanischen Ursprungs und erst ca. 60 Millionen Jahre alt. Sie waren niemals mit dem Festland verbunden, sondern sind als Vulkane aus dem Meer ›emporgestiegen‹.

Ein gleichmäßiger Wind – so kann man es in den Aufzeichnungen von Christoph Kolumbus nachlesen – hatte die ›Santa Maria‹, die ›Niña‹ und die ›Pinta‹ über den Atlantik bis nach Guanahani gebracht. Aus dem niederländischen *pasaat* ist die deutsche Bezeichnung Passat entstanden. Auf alten Seekarten sind in den Ecken und an den Seiten engelähnliche Geschöpfe mit aufgeplusterten Wangen zu sehen, die die Passatwinde versinnbildlichen sollen, denen die Entdecker ihre Erfolge mitverdanken und die wesentlich das Klima und die Vegetation in der Karibik beeinflussen. Deshalb werden die Inselgruppen der Kleinen Antillen auch nach ihrer Ausrichtung zum Passatwind unterschieden. Im deutschen Sprachgebrauch werden die nördlich gelegenen Kleinen Antillen Inseln über dem Winde genannt, im Englischen – in Anlehnung an die Sprache der Segelschiffahrt – Leeward Islands. Die südlichen Kleinen Antillen gehören zu den Windward Islands bzw. werden als ›Inseln unter dem Winde‹ bezeichnet.

Im Englischen hat sich die Sammelbezeichnung West Indies für den gesamten Antillen-Archipel durchgesetzt. Sie basiert auf der irrtümlichen Annahme, Kolumbus sei im Westen Indiens gelandet. Im Deutschen wird der gesamte Raum zwischen den US-amerikanischen Bahamas im Norden und den Küsten von Kolumbien und Venezuela im Süden als ›Karibik‹ bezeichnet. Der Name geht auf die indianische Ethnie der wehrhaften ›Kariben‹ zurück, auf die die europäischen Entdecker beim Betreten der Inseln – auch der Antillen – stießen.

Die ›Santa Maria‹, mit der Kolumbus 1493 zu seiner ersten Entdeckungsreise aufbrach

Aruba, die kleinste Insel der ABC-Gruppe und die drittgrößte der Niederländischen Antillen, liegt nur 25 km vor der venezolanischen Küste; die Entfernung zum benachbarten, westlich gelegenen Curaçao beträgt 70 km. Mit knapp 32 km in der Länge und bis zu 12 km Breite verfügt sie über eine Fläche von etwas weniger als 200 qkm. Lange, flache, weiße Sandstrände, an denen sich viele große und kleine Hotels US-amerikanischer Luxusketten wie Perlen aneinanderreihen, sind das touristische Markenzeichen Arubas. Größte Stadt der Insel und zugleich Hauptstadt ist *Oranjestad.*

Bonaire gilt als Paradies für Taucher und Naturliebhaber. Es liegt 80 km vor Venezuela und ist die östlichste Insel der ABC-Gruppe. Das der 300 qkm großen Insel vorgelagerte Korallenriff wird seit 1972 geschützt; es gehört zu den schönsten der Karibik. Gleichermaßen geschützt sind die großen Flamingo-Kolonien am nördlichen und südlichen Ende der Insel. Verglichen mit Aruba und Curaçao, ist Bonaire eine Oase der Ruhe. Selbst in der Hauptstadt *Kralendijk* ist keinerlei Hektik zu spüren.

Curaçao ist mit ca. 450 qkm die größte Insel der Niederländischen Antillen. Die Entfernung zur venezolanischen Küste beträgt ca. 60 km. Von allen Inseln der Niederländischen Antillen war Curaçao immer die wichtigste, sowohl innerhalb der Inselgruppe als auch für das ›Mutterland‹ Holland. Bis heute läßt sich das an der prächtigen Architektur der Hauptstadt *Willemstad* nachzeichnen, in der viele Häuser denen in Amsterdam gleichen.

Wegen der flachen Oberflächenformationen der drei ›Inseln unter dem Winde‹ deutet nichts mehr auf ihren vulkanischen Ursprung hin. Diesen kann man wesentlich deutlicher bei den drei ›über dem Winde‹ gelegenen Inseln erkennen.

Sint Maarten, ein beliebtes Anlaufziel von Kreuzfahrtschiffen, liegt ca. 300 km östlich von Puerto Rico. Seit 1648 teilen sich Franzosen und Holländer die 86 qkm große Insel. Das größere, französische Areal trägt den Namen Saint Martin und liegt im Norden, der zu den Niederländischen Antillen gehörende, südliche Teil ist nur 34 qkm groß. In der Mitte der Insel erheben sich der 424 m hohe Pic du Paradis und, unweit davon entfernt auf niederländischem Territorium der 341 m hohe Sentry Hill. Die Grenze, die quer durch die Insel verläuft, spielt so gut wie keine Rolle. Der internationale Flughafen liegt im holländischen Teil, dessen Hauptstadt *Philipsburg* zugleich der größte Hafen der Insel ist.

Sint Eustatius (verkürzt Statia genannt) folgt 70 km südlich von Sint Maarten. Die Insel ist langgestreckt und nur 21 qkm groß. Von den beiden erloschenen Vulkanmassiven, die den größten Teil der Insel bedecken, hat der 600 m hohe »The Quill« im Südosten der Insel einen besonders eindrucksvollen Krater. Seine steilen Wände fallen bis zu 300 m tief ab und sind bis zum Kraterboden mit tropischem Regenwald bewachsen. Wie auf Aruba, so trägt auch hier der größte Ort und gleichzeitige ›Hauptstadt‹ den Namen *Oranjestad* – im Westen, an der Oranje Baai gelegen.

Saba, in Sichtweite westlich von Sint Eustatius situiert, ist mit 13 qkm die kleinste Insel der Niederländischen Antillen. Geomorphologisch gesehen, ist Saba die Spitze eines aus dem Meer steil aufragen-

den, erloschenen Vulkans und besteht nur aus grünen Hügeln und Bergen. Die Insel besitzt keine Strände. Einzige ebene Flächen sind das Tal mit dem Hauptort *The Bottom* und die in nordöstlicher Richtung sich erstreckende Landzunge ›Flat Point‹, auf der sich der Flughafen befindet. Der höchste Berg der Insel, der 870 m hohe Mount Scenery, ist zugleich der höchste Berg der Niederländischen Antillen.

Klima

Die Niederländischen Antillen liegen im Bereich der Tropen. Klimatologisch handelt es sich weltumspannend um jene Region beiderseits des Äquators zwischen den beiden Wendekreisen 23°17′ nördlicher bzw. südlicher Breite. Tropisches Klima ist gekennzeichnet durch beständig hohe Temperaturen, geringe Schwankungen zwischen den Tages- und Nachtwerten und durch das Fehlen von Jahreszeiten im europäischen Sinne. Statt dessen unterteilt man das Jahr in eine Regenzeit und eine Trockenzeit.

Obwohl die Inseln der Niederländischen Antillen unterschiedliche Oberflächenformen haben und zudem ca. 1000 km auseinanderliegen, lassen sich bei allen Gemeinsamkeiten doch klimatologische Unterschiede festmachen.

Aruba, Bonaire und Curaçao gelten trotz ihrer tropischen Lage als ›trocken‹, d. h. hier fallen im Jahresdurchschnitt nur 500 bis 600 mm Niederschlag. Auslöser des Regenmangels auf diesen drei ›flachen‹ Inseln ohne größere Erhebungen sind die Passatwinde, die hier beständig von Osten und Nordosten wehen. Für Bewohner und Besucher bringen sie eine dauerhafte, erfrischende Brise.

Tropisch warm, sonnig und trokken, also gewissermaßen ganzjährig Sommer! Die jährlichen Durchschnittstemperaturen liegen bei 27,5 °C. In keinem Monat sinkt das Thermometer unter 24 °C, selten übersteigt es die 30 °-Marke. Auch zwischen Tag und Nacht gibt es nur geringe Schwankungen; sie liegen durchschnittlich zwischen drei und vier Grad. Der heißeste Monat ist der September, aber auch im August und Oktober kann sich das Thermometer auf die 30 °C zubewegen. Regen fällt nur in kurzen Schauern, meist nicht länger als eine halbe Stunde – bevorzugt in den Monaten November und Dezember, vereinzelt auch noch zwischen Januar und März. Danach beginnt die Trockenzeit mit blauem, wolkenlosem Himmel und stetem Sonnenschein.

Baden ist das ganze Jahr über ein Vergnügen. Die Temperaturen des Meerwassers liegen durchschnittlich bei 24 °C. Es macht also wenig Sinn, am Ende der täglichen Nachrichtensendungen auf den bei uns üblichen Wetterbericht zu warten – er ist auf den ABC-Antillen unbekannt. Wetter hat keine Bedeutung für die Bewohner der ABC-Inseln; in ihrer Inselsprache Papiamento existiert deshalb auch kein Wort dafür.

Auf den östlich von Puerto Rico liegenden drei Inseln der Niederländischen Antillen werden die Tagestemperaturen ebenfalls dank der Passatwinde nicht als sehr heiß empfunden. Auf Sint Maarten, Saba und Sint Eustatius liegen sie ohnedies mit 26 °C durchschnittlich um zwei Grad niedriger als auf den ABC-Inseln. Wärmste Monate: August und September: 27,5 °C, kälteste: Januar und Februar mit 24 °C. Klimatische Unterschiede zu den ABC-Inseln bewirken auch die hohen Berge auf diesen Inseln. Hier regnet es deshalb mehr als 1100 mm Niederschlag im Jahr, vorwiegend verteilt auf die Monate Mai bis Dezember.

Im Spätsommer und Herbst wird die Karibik öfters von Hurrikanen heimgesucht. *Huiranrucan* nannten bereits die Kariben derartige Wirbelstürme; auch der deutsche Name Orkan leitet sich davon ab. Schwüle, Windstille und schwere Meeresdünung sind die Vorboten. Die Hurrikane, denen die Meteorologen stets männliche Vornamen unter Beachtung der alphabetischen Reihenfolge geben, bilden sich über dem südlichen Atlantik. Das Sturmzentrum mit dem ›stillen Auge‹ in der Mitte bewegt sich langsam nach Westen und Nordwesten. Fast jedes Jahr rast ein Hurrikan über die Antillen, aber nicht jeder sucht eine Insel heim. Während die im Norden liegenden Inseln Sint Maarten, Saba und Sint Eustatius gefährdeter sind, liegen Aruba, Bonaire und Curaçao ganz außerhalb der Hurrikan-Zone.

Geologie, Flora und Fauna

Vor etwa 50 Millionen Jahren hoben submarine Eruptionen Basaltgesteinsmassen aus dem Meer. Sie bildeten jeweils den Kern einer aus dem Wasser herausragenden Felsformation. Darüber schichteten sich in späteren erdgeschichtlichen Epochen ozeanische Sedimente und

Korallenkalkablagerungen auf. So entstanden vor der Küste des südamerikanischen Kontinents drei langgestreckte, relativ flache Inseln, deren Oberfläche heute aber sehr unterschiedliche Strukturen aufweisen.

Die nördlichen Küstenabschnitte der ABC-Inseln sind felsig, rauh und zerklüftet. Die Brandung des Meeres hat hier mit der Kraft des Nordostpassats die Küste besonders stark und beständig gestaltet. Die gewaltige Brandung spülte an manchen Stellen das Meer so weit und tief unter die Kalksteinformationen, daß durch die Auswaschungen Höhlen und natürliche Felsbrücken entstanden. An der Nordküste Arubas hat die Brandung die größte aller karibischen ›Natural Bridges‹ herausgearbeitet.

Vor Millionen von Jahren, als noch feuchtere Klimata vorherrschten, mündeten in jenen Teilen der Inseln Flüsse ins Meer, die man heute unschwer an den Trockentälern erkennen kann und an deren Ende sich oft kleine Sandbuchten befinden. Flüsse gibt es inzwischen nicht mehr; das wenige Regenwasser versickert im Kalkstein bzw. fließt durch die Trockentäler ins Meer.

Der ständig wehende Passat verhindert auf allen Inseln größere, zusammenhängende Erdkrumenbildungen; große fruchtbare Felder oder blühende tropische Plantagen hat es nie gegeben, aber selbst die bescheidene Landwirtschaft hat es zunehmend schwerer, denn der felsige Untergrund ist durch Winderosion vielerorts freigelegt. Das trockene Klima tut ein übriges, so daß weite Teile des Landes einer Steppenlandschaft gleichen. Auch die roten, lehmigen Böden, die große Flächen der Insel Bonaire bedecken, geben wenig her und reichen nicht sehr tief. Den Regen saugen sie auch nicht auf, statt dessen versickert die Feuchtigkeit rasch im darunterliegenden Kalkgestein. Regenwasser sammelt sich auf Bonaire aber in mehreren seichten Seen, die in Küstennähe liegen. Diese Seen reichen kilometerweit landeinwärts, manche sind genaugenommen eher Buchten, die durch schmale Durchbrüche an der Küste mit dem offenen Meer in Verbindung stehen; in der Inselsprache Papiamento werden sie *Bocca* (Mund) genannt. Boccas sind durch niedrige Dämme aus Korallenschutt, den die Brandung anhäuft, vom Meer separiert, aber Stürme peitschen genügend salziges Meerwasser über die Dämme hinweg. Die salzige Brühe der Boccas ist die Heimat von kleinen Krebsen, Muscheln und Insektenlarven und bildet den Nährboden für Mangroven, die an den meerabgelegenen Rändern der Boccas ein dichtes Buschwerk bilden. In diesen flachen Brackwasserseen finden auch Wattvögel ihre bevorzugte Nahrung.

Im Gegensatz zu den vorwiegend felsigen Küsten an der Atlantikseite der Inseln befinden sich entlang der Süd- und Südwestkü-

Vegetation in Bonaires Norden

◁ Kakteenwald auf Bonaire

Eidechse in Lauerstellung

Kakadu

Pelikan ▷

Cer'i Noca-Fels bei Santa Cruz auf Aruba

Der Schönheit gewachsen

Aloe vera barbadensis

Im 17. und 18. Jh. waren Pferde das wichtigste Exportgut Arubas, im 19. abgelöst durch Gold und zu Beginn des 20. Jh. übernahm die Aloe-Pflanze die Führung. Einst wurden auf der Karibikinsel 70 % der Aloe-Weltproduktion gewonnen.

In der botanischen Systematik gehört *Aloe vera barbadensis* zu den Liliengewächsen. Die Pflanze hat dicke, fleischige Blätter, die einen schleimig-milchigen Saft absondern. Einstmals war er wegen seiner heilenden Wirkung eine begehrte Ingredienz der Pharmazeutischen Industrie. Bei Verbrennungen aufgetragen, linderte der Saft den Schmerz und förderte die rasche Heilung. Ursprünglich kam das Liliengewächs aus Indien, später wurde es in Palästina unter dem hebräischen Namen *Ahalin* heimisch.

Verbreitet war Aloe in den wärmeren Gebieten der Alten Welt. Auf historischen Zeichnungen ist die Pflanze mit ihren gelben Blütenrispen bereits zu sehen. Schon Kleopatra soll sie zur Schönheitspflege benutzt haben, und die Insel Sokroto soll auf Ratschlag Aristoteles' von Alexander dem Großen wegen der großen Aloefelder erobert worden sein.

sten geschützte Lagunen und weite Buchten. Es sind jene Areale, an denen sich im 16. und 17. Jh. die ersten europäischen Bewohner niederließen und an denen sich heute besonders geschätzte Badeplätze befinden. Parallel zu den Süd- und Südwestküsten erstrecken sich die kilometerlangen Korallenriffe. Den längsten zusammenhängenden Strand auf den ABC-Inseln besitzt Aruba. Dort, wo die Südkü-

1836 führten die Holländer Aloe auf ihren antillischen Besitzungen ein. Von allen karibischen Inseln fand sie auf Aruba die besten Bedingungen vor; unter der Sonne des Äquators gedieh sie prächtig auf dem kargen, kalkigen Steinboden. Dem systematischen Anbau und der industriell organisierten Verarbeitung verdankt die Insel ihre erste größere Industrieansiedlung. 1912 exportierte Aruba insgesamt 375 000 kg, zehnmal soviel wie Curaçao (31 000 kg) und vierhundertmal soviel wie Bonaire (900 kg) im gleichen Jahr.

Die Arbeit der Aloe-Ernte ist ausgesprochen schwer. Die länglichen Blätter, an deren Rändern Stacheln sitzen, werden oberhalb des Bodens abgeschnitten und in lange, metallene Rinnen zum Abtropfen gelegt. Der klebrige Saft wird auf diese Weise gesammelt, danach in großen Kesseln gekocht, bis er eindickt und dann langsam zum Abkühlen gebracht. Hat die Masse eine harzähnliche Konsistenz erreicht, wird sie in transportfähige Blöcke geschnitten. Im Historischen Museum von Oranjestad kann man alte Aloe Kessel besichtigen und auf alten Photos den Herstellungsprozeß nachvollziehen.

Die Lago-Erdölraffinerie mit ihrem hohen Bedarf an Arbeitskräften und der weltweite Vormarsch von synthetischen Produkten führten in den späteren Jahrzehnten zur vollkommenen Vernachlässigung der Aloe-Plantagen auf Aruba. Der Versuch, nach dem Zweiten Weltkrieg an die vormaligen Produktionserfolge anzuknüpfen, schlug fehl. 1951 wurden ganze 7500 kg exportiert, was immerhin einem Drittel der damaligen Weltproduktion entsprach.

Das Interesse an Naturprodukten nahm im letzten Jahrzehnt allerdings wieder zu. ›Aruban Aloe vera‹ stieß in diese Marktlücke und produziert seit 1970 Hautcremes und -lotionen, darunter auch eine Sonnenmilch, die den Namen und die Tradition der arubanischen Aloe werbewirksam im Etikett vermarktet. Insgesamt leistet heute die Pflanze für die Außenhandelsbilanz der Insel aber nur einen sehr bescheidenen Beitrag, auch wenn in einer Liste des Tourismusministeriums, das die herausragenden Leistungen Arubas aufzählt, der Satz unterstrichen wird: »Aruba is the No. 1 exporter of aloe in the world.«

ste in die Südwestküste übergeht, beginnt ein zwölf Kilometer langer, weißer Sandstrand, der erst im Nordwesten der Insel endet.

Tropische Vegetation, wie sie diesen Breiten angemessen wäre und wie sie auf dem angrenzenden südamerikanischen Festland auch zu Hause ist, sucht man auf den ABC-Inseln infolge des ariden (trockenen) Klimas vergebens. Dennoch unterscheiden Biologen auf den Eilanden ungefähr 500 Pflanzenarten. Unter ihnen stellen in erster Linie dornige Strauchgewächse, Kakteen, anspruchslose Aloe-Variationen und niedrige Baumsorten die größten Populationen. Hohen tropischen Bäumen, wie beispielsweise den bunten Flamboyants, begegnet man ganz selten. Aber auf allen Inseln ›unter dem Winde‹ bestechen die *Divi Divi-Bäume* durch die bizarre Form ihrer windgebeugten Kronen und die *Kakteen* durch die große Zahl ihrer Artenvielfalt. Besonders häufig trifft man auf meterhohe Säulenkakteen, die durch eine geordnete Anpflanzung der Stecklinge gern als Zäune gezogen werden. Weit verbreitet sind auch die großen, einem Baum ähnlichen, verzweigten Kandelaber-Kakteen *(Cereus repandus)* mit ihren orangeroten Früchten; sie werden von den Einheimischen ›Kadushi‹ genannt.

Über weite Strecken bildet häufig nur nackter Kalkfels die Bodenoberfläche. Melonenkakteen sind dann die einzigen Pflanzen, die man weit und breit sieht. Diese Spezies ist den anderen Kakteen auf den Inseln unter dem Winde an Anpassungsfähigkeit und Genügsamkeit überlegen: Ihre runde Kugelform hält solchen Sturmstärken stand, bei denen größere Kakteen knicken, und sie übersteht dank langer Pfahlwurzeln, die bis zu zehn Meter hinab durch den porösen Kalkstein reichen, auch leicht monatelange Dürreperioden. Zudem verdünstet der Melonenkaktus wenig Flüssigkeit, weil seine niedrige, runde Form nur eine kleine Oberfläche bildet. Diese Sukkulentenart wächst sehr langsam. Bis ein Kaktus die Größe eines Kopfes erreicht hat, vergehen mehr als 20 Jahre.

Der Spärlichkeit der Flora steht die Fauna kaum nach. *Echsen*, darunter auch größere Leguane, *Schlangen*, wie etwa die giftige Klapperschlange und über 180 verschiedene Vogelarten, darunter vor allem solche, die hier überwintern bzw. eine längere Zwischenpause auf den Flügen zu ihren angestammten Winterplätzen einlegen, sind die wenigen Tiere, die noch einen natürlichen Lebensraum auf den Inseln vorfinden. Unter den ca. 50 Vogelarten, die das ganze Jahr über auf den Inseln leben, fallen die bunt-grünen Zwergpapageien durch ihr lautes Kreischen am meisten auf. Auch Pelikane und zahlreiche Strandvögel fühlen sich auf den ABC-Inseln sehr heimisch. Der bekannteste Vogel der Region aber ist der *Rote Flamingo*, der die Insel Bonaire als Brutstätte auserwählt hat.

Eine relativ intakte Umwelt gewinnt für Touristen bei der Wahl ihres Aufenthaltsortes zunehmend an Bedeutung. Das weiß man inzwischen auch auf den ABC-Inseln. Trotzdem zieht auch hier die Ökologie im Wettstreit mit der Ökonomie den kürzeren. Abfallvermeidung wird auf allen Inseln kleingeschrieben, Recycling ist ein Fremdwort in den Hotels und erst recht in

›Spanischer Schweinsfisch‹

den unzähligen Fast Food-Palästen. Auf Aruba zum Beispiel werden auf einer riesigen Müllkippe in der Nähe des Flughafens alle Abfälle unter freiem Himmel verbrannt. Auf den anderen Inseln wird der Müll in gleicher Weise ›entsorgt‹. Immerhin ein kleiner Fortschritt, denn früher wurde er einfach ins Meer gekippt. Die Orte der Müllverbrennung sind geschickt gewählt: Sie liegen ausnahmslos so abseits, daß niemand daran Anstoß nimmt, weil Rauch und Gestank direkt vom Wind auf's Meer getrieben werden. Die Besucher merken also davon nichts. Sie genießen die ›intakte‹ tropische Natur in den blühenden Gartenanlagen der großen Hotels, ohne zu ahnen, daß sie mit großem Aufwand hierher verpflanzt wurde.

Jeweils in der nördlichen Hälfte der Inseln Curaçao und Bonaire wurden in den 70er Jahren große *Naturschutzparks* eröffnet. Allein im 60 qkm großen Washington Slagbaai-Nationalpark auf Bonaire gibt es mehr Tiere in freier Wildbahn und einen größeren Reichtum an Pflanzen als im restlichen Vierfünftel der Insel. Gleiches gilt für den Christoffel-Nationalpark auf Curaçao, in dessen Mitte sich der höchste Berg der ABC-Inseln, der 375 m hohe Sint Christoffel, erhebt.

Die Natur unter Wasser genießt ebenfalls auf beiden Inseln Schutz: Der unwiderruflichen Entscheidung Bonaires, seine gesamte Riffküste unter Naturschutz zu stellen, hat sich Curaçao 1982 angeschlossen. Beide Riffküsten gehören deshalb heute zu den schönsten und artenreichsten der Karibik.

So gesehen, wird die bescheidene Artenvielfalt auf den ABC-Inseln durch die Prächtigkeit ihrer Unterwasserwelt ausgeglichen.

Geheimnisvolle Unterwasserwelt ▷

Daten zur Geschichte

Vorkoloniale Zeit und koloniale Geschichte

bis 1499 Die ABC-Inseln werden seit etwa 2000 Jahren von Caiquetios-Indios bewohnt, einer Gruppe der Arawak, die ursprünglich von den nördlichen Küsten Südamerikas kamen.

1499 Vizeadmiral Alonzo di Ojeda, der Kolumbus auf dessen zweiter Amerika-Fahrt begleitet hatte, stellt im Mai 1499 eine eigene Expeditionsflotte zusammen und segelt von Hispaniola aus in Richtung Süden. Er landet als erster Europäer auf Curaçao und im August des gleichen Jahres am Kap Ramon in Venezuela. In seinen Aufzeichnungen ist auch von »benachbarten Inseln« die Rede, weshalb er in den Geschichtsbüchern Arubas auch als Entdecker dieser Insel geführt wird. Als das Schiff entlang der südamerikanischen Küste von Trinidad gen Westen segelt, befindet sich der Navigator und Kartograph Amerigo Vespucci aus Florenz mit an Bord; das Schiff passiert am 6. September Bonaire. Vespucci erwähnt die Insel als erster in einem privaten Brief.

Die Spanier betreten Curaçao in der Bucht von Santa Barbara. Neun von ihnen folgen Fußspuren und stoßen auf Caiquetios. Nicht nur die Frauen der Caiquetios erscheinen den Spaniern sehr groß; nachdem sie dann auch noch von großen Caiquetios-Männern mit Speeren und Pfeilen zu ihren Schiffen zurückgejagt werden, geben sie der neuentdeckten Insel den Namen ›Isla de los gigantes‹, Insel der Riesen.

1501 Alonso de Ojeda wird Gouverneur der venezolanischen Küstenregion. Zu seinem Verwaltungsdistrikt gehören auch die ABC-Inseln. Da man dort weder auf Gold- noch Silberressourcen stößt, werden sie in die Kategorie der ›Islas inutiles‹, als ›wertlose Inseln‹ eingestuft und deshalb auch nicht von den Spaniern kolonisiert. Zwischen 1504 und 1513 aber landen spanische ›Indieros‹ auf jeder der drei ABC-Inseln, um Caiquetios als Sklaven nach Hispaniola zu verschleppen: 2000 sollen es gewesen sein; um 1520 waren die Inseln nahezu menschenleer.

1513 Die ABC-Inseln erscheinen auf der ersten Weltkarte des Kartographen Juan de la Casa.

1526 Der Spanier Juan de Ampués ordnet den Rücktransport jener restlichen 200 Caiquetios an, die die Sklavenarbeit auf Hispaniola überlebt hatten. Zugleich brachte er Schafe, Ziegen, Kühe und Pferde aus Europa auf die Insel. Die Indios mußten für die Viehherden der Spanier Sorge tragen.

1568 Die Grenzen in Europa verschieben sich: Die Vereinigten

Niederlande erklären ihre Unabhängigkeit von Spanien. Ein achtzig Jahre währender Krieg zwischen Spanien und Holland beginnt. Holländische Handelsschiffe, die z. B. Salz für die niederländische Fischindustrie aus dem portugiesischen Brasilien transportieren, liefern sich Scharmützel mit Schiffen der spanischen Flotte.

1621 In Amsterdam wird die Handelsgesellschaft ›West Indian Company‹ (WIC) gegründet. Sie arbeitet eng mit der holländischen Regierung zusammen bzw. wird sehr oft in deren Auftrag tätig. Ihr erklärtes Ziel ist es, holländischen Handel und Wandel in der Karibik zu schützen.

Holländische Herrschaft

1634 Jan Jansz Otzen, ein Holländer karibischer Herkunft, veranlaßt die WIC, das spanische Curaçao zu erobern. Er schildert die Insel als ausgesprochen fruchtbar und begünstigt zur Viehhaltung, preist die geostrategischen Vorteile und weiß über die bescheidene Stärke der spanischen Kolonialtruppe zu berichten. Eine Expeditionsflotte der WIC mit sechs Schiffen und 225 holländischen Soldaten unter dem Kommando von Johan van Walbeeck und Pierre Le Grand landet am 29. Juli in der Sint Annabaai. Die 32 auf Curaçao lebenden Spanier leisten nur geringen Widerstand.

Das Stammhaus der WIC in Amsterdam im 17. Jh.

Van Walbeeck gewährt ihnen und ca. 400 Indios freies Geleit zum venezolanischen Festland; nur 75 Caiquetios behält er als Arbeitskräfte. In großer Eile befestigen die Holländer das Eiland.

1636 Jetzt fallen auch Aruba und Bonaire an die Holländer.

Die von den Spaniern begonnene Viehhaltung wird von der niederländischen WIC auf Aruba durch Pferdezucht ergänzt. In der Commandeursbaai bei Savaneta errichten die Holländer einen kleinen Stützpunkt. Die Ziegen- und Schafzucht überlassen sie den Indianern, die Pferdezucht bleibt in den Händen der WIC, die erst Ende des 18. Jh. die systematische Besiedlung Arubas fördern wird.

Die Insel Bonaire wird direktes Eigentum der niederländischen WIC. Sie betreibt Landwirtschaft und Viehzucht und nutzt Bonaire von 1640 an als Versorgungsplantage für Curaçao. Die Niederlassung weißer Siedler wird nicht zugelassen. Etwa ab der Mitte des 17. Jh. werden Sklaven zur Salzernte eingesetzt.

1642 Unter dem neuen WIC-Direktor Peter Stuyvesant wird Curaçao zum Flottenstützpunkt und größten karibischen Sklavendepot der Holländer ausgebaut. Stuyvesant, der der Insel bis 1646 vorsteht, bevor er Gouverneur von Neu Amsterdam (dem heutigen New York) wird, setzt auf den großen Arbeitskräftebedarf der karibischen Plantagen und auf die exponierte Lage Curaçaos im Dreieckshandel zwischen Europa, Afrika und Westindien. Jeder fünfte Sklave, der von Afrika über den Atlantik verschleppt wurde, landete zur wertsteigernden Erholungspause nach der sogenannten ›middle passage‹ zuerst auf Curaçao.

Bis zum Westfälischen Friedensschluß (1648) profitieren die WIC und Curaçao auch von ihrem Status als Umschlagplatz für geschmuggelte Waren. Um Handel und Abgaben kontrollieren zu können, hatte die Spanische Krone angeordnet, den Transport von Gütern zwischen ihren Kolonien und dem Mutterland ausschließlich von spanischen Schiffen abwickeln zu lassen. Da die holländische Flotte in der zweiten Hälfte des 17. Jh. aber größer ist, geraten die spanischen Gouverneure von Venezuela und Kolumbien unter Druck. Sie drücken die Augen zu, wenn Händler in den Warenhäusern von Punda auf Curaçao einkaufen und im Gegenzug dort ihre Agrarprodukte verkaufen. Nach 1648 liberalisiert sich der Handel, und Curaçao wird zur Anlaufstelle für Handelsschiffe aller Nationen.

1654 Im Zuge der spanisch-portugiesischen Auseinandersetzungen kommen viele Juden aus Brasilien nach Curaçao. Ihre Handelsverbindungen, ihre Geschäftserfahrungen und ihre Sprachkenntnisse verhelfen der Insel im 17. und 18. Jh. zu großem Vermögen.

An eine Jochstange gekettete Sklaven, Stich aus dem 19. Jh.

Holland, in dessen Auftrag Peter Stuyvesant von New York aus Curaçao zwischen 1647 und 1664 politisch verwaltet, etabliert sich in der zweiten Hälfte des 17. Jh. an der Seite Englands zur größten Sklavenhändlernation Europas, nachdem Portugal als Lieferant für die spanischen Kolonien ausgeschieden ist. Curaçao erlebt zwischen 1685 und 1713 als ›Warenhaus für Sklaven‹ seine größte Blüte. Durch die Depots der Insel werden in diesen Jahren fast eine halbe Mio. Afrikaner geschleust.

1713 Im 18. Jh. wird der Handel Curaçaos durch die Auseinandersetzungen zwischen den beiden neuen Weltmächten England und Frankreich beeinträchtigt. Der französische Pirat Cassard erobert 1713 die Insel; nach langen Verhandlungen und Zahlung von 115 000 Pesos sowie der vollständigen Proviantierung seiner Schiffe und Überlassung von 200 Sklaven wird Curaçao ihn wieder los. Auch englische Überfälle auf Handelsschiffe der WIC häufen sich.

1792 Nach dem Niedergang der WIC geht Bonaire in den Besitz der Niederländischen Krone über. Das Kriegsgeschehen in Europa hinterläßt zwischen 1799 und 1816 auch seine Spuren auf den karibischen Besitzungen der europäischen Staaten. Das bedeutet in bezug auf die ABC-Inseln: Attacken französischer Piraten und Angriffe britischer Kriegsschiffe häufen sich.

1795 Die Ideale der Französischen Revolution von Freiheit und Gleichheit finden auch in der Karibik rasch Anklang. Am 17. August nimmt auf Curaçao ein Sklavenaufstand seinen Anfang, der wenige Wochen später grausam niedergeschlagen wird. Die Anführer Tula und Carpata werden hingerichtet (s. S. 30 f.).

1799 Dank der Kanonen von Fort Zoutman kann das englische Kriegsschiff ›Hermione‹ in Aruba nicht anlegen.

Eine Idee von Freiheit

Die Sklaven Curaçaos erheben sich

Während Chroniken anderer karibischer Inseln bereits in der ersten Hälfte des 18. Jh. von Sklavenaufständen berichten, herrschte auf den Niederländischen Antillen zu dieser Zeit erstaunliche Ruhe, obwohl die protestantischen Plantagenbesitzer der holländischen Kolonien den katholischen auf den französisch, spanisch und britisch besetzten Karibikinseln an Unmenschlichkeit und grausamer Ausbeutung in nichts nachstanden. Schließlich sollte die Französische Revolution den Stein ins Rollen bringen.

Schnell hatten die Ideale »Freiheit, Gleichheit und Brüderlichkeit« auch die Karibik erreicht, und ebenso schnell sprach sich die Befreiung der Sklaven durch den französischen General Rigaud im Westteil Haitis herum. Mehrere dieser befreiten Sklaven erreichten 1794 per Schiff die venezolanische Küstenstadt Coro, einige gelangten von dort auf die gegenüberliegende Insel Curaçao.

Curaçao wurde zu dieser Zeit von einer Wirtschaftskrise geschüttelt. Armee, Polizei und Verwaltung befanden sich in entsprechend desolatem Zustand. In Holland mußte 1795 mit französischer Unterstützung das Haus Oranien der demokratischen ›Batavischen Republik‹ weichen. Daraufhin verbreitete sich auf Curaçao das Gerücht, daß die neue Republik auch die Sklaverei für beendet erklärt hätte, die Inselregierung sich aber weigere, dies zu verkünden und in die Tat umzusetzen.

Zu jener Zeit verschärften einzelne Plantagenbesitzer die Lebensbedingungen ihrer Sklaven sogar noch. Um möglichen Konspirationen vorzubeugen, wurden sie jetzt an ihren freien Sonntagen gezwungen, Brennholz für die Woche zu sammeln. Bewältigte ein einzelner diese Aufgabe nicht zur Zufriedenheit seines Herrn, wurde die ganze Gruppe bestraft. Eine solche Maßnahme führte am 17. August 1795 auf der Knip-Plantage zum Aufstand von 50 Sklaven, unter der Führung des schwarzen Vorarbeiters Tula und des aus Coro eingewanderten Bastiaan Carpata. Ihnen schlossen sich zuerst die Sklaven der Plantage St. Cruz, später diejenigen anderer Landgüter in der westlichen Region an. Gouverneur van Westerholt setzte sofort seine Soldaten in Marsch und versprach allen schwarzen Überläufern Straffreiheit. Trotzdem gelang es ihm erst einen Monat später, Tula und Carpata am Christoffelberg aufgrund eines verräterischen Hinweises gefangenzunehmen. Um mögliche Verbindungen zu Weißen in Erfahrung zu bringen, die den Aufstand unterstützten, wurden Tula und Carpata eine Woche lang gefoltert; Tulas Schilderungen von der schlechten Behandlung der Sklaven auf der Knip-Plantage wurden ihm als »schamlose Verleumdungen seines Herrn Casper Lodewijk van Uytrecht« erschwerend angelastet.

Am 2. Oktober 1795 fanden nach verkürzten Verfahren 29 aufständische Sklaven auf dem zentralen Platz in Punda den Tod durch Erhängen. Für Tula und Carpata hatte sich der Ankläger, van Teylingen, eine besonders grausame Strafe ausgedacht, von der er sich eine »große öffentliche, erzieherische Wirkung« versprach: Tula wurde mit gebrochenen Knochen und verbranntem Gesicht auf's Kreuz gebunden; schließlich wurde ihm der Kopf abgeschlagen und am zentralen Galgen ›ausgestellt‹. Carpata mußte das mitansehen, bevor ihn das gleiche Schicksal ereilte. Einen dritten Anführer, Pedro Waco, schleiften die Henker mehrmals um den Galgen, banden ihn dann an einen Pfahl, hackten ihm die Hände ab und zerschmetterten seinen Kopf mit einem Vorschlaghammer. Die drei Leichen wurden noch am selben Tag in die See geworfen.

Wenige Wochen später, am 24. November 1795, erließ die Kolonialregierung unerwartet die richtungweisende Proklamation Nr. 28, die die »Behandlung von Sklaven durch die Herren auf Curaçao« zum Gegenstand hatte. Darin wurden die Arbeitszeiten neu geregelt, Sonntagsarbeit verboten, ausreichende Verpflegung und Bekleidung festgeschrieben, körperliche Bestrafung auf ein Minimum reduziert und jede Art von Kollektivstrafe untersagt.

Erst sieben Jahrzehnte nach dem Aufstand – 1863 – wurde die Sklaverei auf Curaçao aufgehoben. Nur ein einfaches, abseits der Küste in Willemstad (bzw. Otrobanda) gelegenes Denkmal hält mit farbigen Zeichnungen auf einem ansonsten unscheinbaren 2 m hohen Obelisken die Stationen des Aufstandes und die Erinnerung an den Freiheitskämpfer Tula für die Nachwelt fest (s. S. 157). Vergleicht man es mit den Statuen der niederländischen Königinnen und Könige und den Denkmälern im Zentrum von Willemstad zum Ruhme der Inselgouverneure und WIC-Direktoren, so erkennt man sehr schnell, zu welchen Traditionen sich das heutige Curaçao eher bekennt.

Britisches Intermezzo

1800 Die Briten ergreifen zwischen 1800 und 1816 mehr oder weniger unfreiwillig Besitz von Curaçao, zunächst als Schutzmacht vor französischen Übergriffen, bald aber mit eigenen Eroberungsabsichten. Als nämlich im September des Jahres 1800 französische Truppen trotz holländischer Verteidigung in Otrobanda (Willemstad) landen, fährt zufällig ein britisches Kriegsschiff vorbei. Johan Rudolf Lauffer, der zuständige Kommandant der schlecht ausgerüsteten Hauptstadtgarde, stellt Curaçao kurzentschlossen unter britisches Protektorat. Die Briten bleiben bis 1803, dem Jahr des Friedens von Amiens, als die Niederländischen Antillen wieder Holland zugesprochen werden.

Denkmal des südamerikanischen Freiheitskämpfers Simon Bolivar auf Curaçao, wohin er 1811 für kurze Zeit floh

1805 Großbritannien besetzt Aruba im Zuge des Napoleonischen Krieges in Europa.

1807 Auch Curaçao wird von den Briten erobert, nachdem zweimalige Versuche – 1804 und 1805 – durch die Miliz der Insel, unter Führung der Kommandeure Piar und Brion, vereitelt werden konnten. Als am Neujahrstag 1807 überraschend vier britische Kriegsschiffe in die Sint Annabaai einfahren, geben die Verteidiger kampflos auf. Diesmal bleiben die Briten bis 1816. In den Jahren britischer Herrschaft kämpfen Piar und Brion im Unabhängigkeitskrieg Venezuelas an der Seite Simon Bolivars gegen die Spanier. 1811 begleiten sie Bolivar vorübergehend nach Curaçao ins Exil.

Bonaire wird 1807 britisch und im gleichen Jahr an den US-amerikanischen Reeder Joseph Foulke verpachtet; dieser plündert die Insel vollkommen aus. Während der britischen Besetzung lassen sich weiße Händler an der mittleren Westküste nieder; aus dieser Siedlung entsteht das spätere Kralendijk.

Heim ins ›Mutterland‹

1816 Nach den Vereinbarungen des Wiener Kongresses gibt Großbritannien im Frieden von Paris die ABC-Inseln an die Niederlande zurück. Albert Kikkert wird erster niederländischer Generalgouverneur. Von nun an bleiben die Inseln endgültig in holländischem Besitz. Bonaire wird ›Regierungsplantage‹ der niederländischen Krone; mehr als 700 afrikanische Sklaven arbeiten auf den Salzfeldern.

1825 An der Nordküste Arubas wird Gold entdeckt. Die Regierung beschlagnahmt das Land und vergibt Konzessionen. 1872 werden von der ›Aruba Island Goldmining Company Ltd.‹ bei Bushiribana und 1899 von der ›Aruba Gold Concessions Ltd.‹ bei Balashi große Goldschmelzereien gebaut, die 1916 wegen Unrentabilität wieder geschlossen werden sollten.

1837 Auf Bonaire wird die neue Siedlung hinter dem ›Korallendeich‹, Kralendijk, Sitz des niederländischen Vizegouverneurs.

1863 Holland hebt als letzter der europäischen Staaten die Sklaverei auf. Gemäß dem ›Emanzipationsedikt‹ vom 30. September 1862 werden knapp ein Jahr später allein auf Curaçao insgesamt 6751 Sklaven in die ›Freiheit‹ entlassen. Nach der sogenannten ›paga tera‹-Vereinbarung bekommt jeder Freigelassene ein Stück Land zur Eigenbewirtschaftung und muß dafür aber einen Tag pro Woche umsonst auf der Plantage seines ehemaligen Herrn arbeiten. Er kann auch weiterhin auf der Plantage leben und wird, falls er sich als Landarbeiter verdingt, für die fünf anderen Arbeitstage bezahlt. Auf diese Weise hält sich auf den ABC-Inseln bis ins 20. Jh. eine bescheidene Plantagenwirtschaft.

Neue Blüte

1914 Nach der Entdeckung von Erdöl in Mena Grande im unweit gelegenen Venezuela, entscheidet sich die Erdölgesellschaft Shell für Curaçao als Raffineriestandort (wegen des leichten Zugangs zum tiefen Naturhafen des Schottegat und der stabilen Geschäftsverhältnisse in der holländischen Kolonie). Im Mai 1918 läuft die Öl-Produktion an.

Infolge dieser Industrialisierung kommen Tausende von Arbeitskräften unterschiedlicher Nationalitäten ins Land. Neben dem Schottegat wird die Caracasbaai im südlicheren Teil der Insel als Hafen für große Tankschiffe ausgebaut. Subunternehmen und Zuliefererfirmen entstehen im Windschatten des Booms, neue Schiffs- und Handelskontore lassen sich nieder, in Punda und Otrobanda prosperiert der kleine und mittelständische Handel.

Die Schattenseiten: Die Preise steigen auf Curaçao schneller als die Löhne. Besonders betroffen sind jene, die keinen Anteil am *Oil business* haben. Zunehmend geben traditionelle Handwerksbetriebe und vor allem Plantagenbesitzer auf. Seit 1920 kauft die Shell mehrere Plantagen auf, um sich Grundwasserreserven zu sichern. Dank der Steuereinnahmen wird zwar die Infrastruktur der Insel erheblich verbessert, aber die Kluft zwischen Arm und Reich wächst. Hinzu kommt ein stetiges, unkontrolliertes Bevölkerungswachstum: Zwischen 1920 und 1930 wandern 28 000, zwischen 1930 und 1940 mehr als 30 000 Menschen ein. 1952 beschäftigt die Erdölgesellschaft allein 30 000 Menschen; noch einmal so viele arbeiten bei den Zuliefererfirmen.

1929 Die Insel Aruba erlebt ein ähnliches Schicksal: Die US-amerikanische ›Lago Oil and Transport Company‹, eine Tochter der ›Standard Oil of New Jersey‹ (später Exxon), eröffnet in San Nicolas im Südosten Arubas eine der weltgrößten Erdöl-Raffinerien.

1940 Auf Aruba und Curaçao werden wegen der Erdölraffinerien Abwehrvorkehrungen gegen deutsche U-Bootangriffe getroffen. Auf Bonaire wird ein Internierungslager für deutsche Gefangene des Zweiten Weltkriegs errichtet.

1954 Holland gewährt seinen karibischen Besitzungen die Unabhängigkeit. Die sechs Inseln bilden zusammen den Verbund der Niederländischen Antillen.

1959 Auf Aruba wird das erste große Luxushotel, das Aruba Caribbean (nach Umbauten heute: Golden Tulip Aruba), am Palm Beach eröffnet; es ist der Grundstein für einen neuen Wirtschaftszweig, den Tourismus.

1969 Nach Lohnkürzungen bei Shell kommt es am Morgen des 30. Mai zu einer Demonstration vor den Toren der Raffinerie auf Curaçao. Als die Demonstranten nach Willemstad marschieren, läßt der Gouverneur das Feuer auf sie eröffnen. Mehrere Arbeiter finden den Tod, unter ihnen auch ihr Führer Wilson Godett. Das unverhältnismäßig scharfe Vorgehen der Polizei führt zu Eskalationen. Nur mit Hilfe holländischer Fallschirmjäger bekommt die Regierung nach einer Woche die Insel wieder unter Kontrolle.

Größere soziale Gerechtigkeit im Wirtschaftsleben und größeres soziales Engagement des Staates zur Bekämpfung von Armut werden als Folge der Mai-Unruhen zu proklamierten Zielen der 70er und 80er Jahre. Die Regierung schaltet sich zunehmend auch in die Wirtschaftspolitik ein.

Als wichtigste Nachwirkung der Revolte läßt sich ein wachsendes Selbstbewußtsein bei der farbigen Bevölkerung auf Curaçao feststellen. Sie bildete zwar seit langem die Mehrheit, und offiziell hat es

Service total auf Aruba, Wassertaxi zum Hotel

auch keine Rassendiskriminierung gegeben, doch faktisch blieben die Nachkommen der Sklaven von gehobenen Positionen ausgeschlossen. Seit 1969 hat sich das wesentlich geändert.

1975 Die ›Bonaire Petroleum Corporation‹ (Bopec) errichtet abseits im Norden der Insel ein riesiges Tanklager und Verladezentrum für venezolanisches Erdöl.

1985 Shell zieht sich von Curaçao zurück. Eine venezolanische Erdölgesellschaft übernimmt die alte Raffinerieanlage. Auch die größte Trockendockanlage, die ›Curaçao Dry Dock Company‹ muß ihre Schleusen dank staatlicher Intervention nicht schließen.

1986 Aruba verläßt den Verband der Niederländischen Antillen und wird durch seinen *Status Aparte* autonomer Teil des Königreichs der Niederlande.

1994 Eine neugegründete Partei, die ›Partei zur Neukonstruktion der Antillen‹ (PAR), gewinnt die Parlamentswahlen auf den Niederländischen Antillen.

In einem Referendum sprechen sich die Bewohner von Sint Maarten, Sint Eustatius und Saba mit klarer Mehrheit für einen Verbleib im Verbund der Niederländischen Antillen aus.

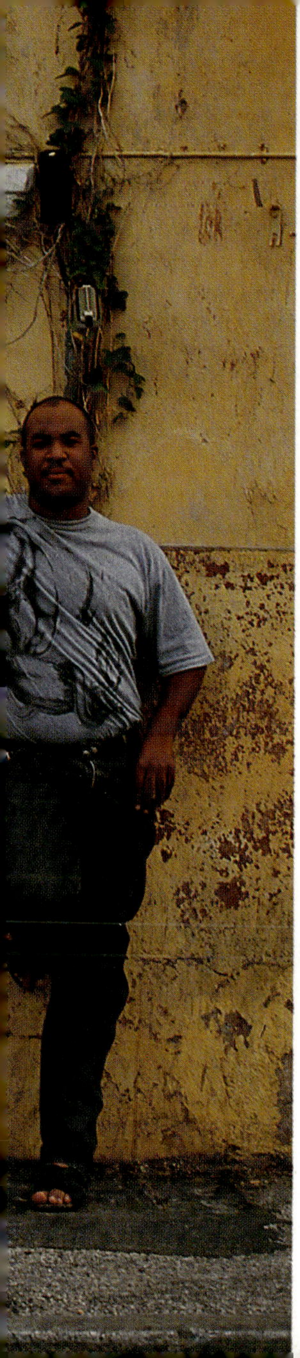

Wirtschaft, Politik und Gesellschaft

Vom Sklavenmarkt zum Urlauber-Eldorado

Ölboom mit Folgen

Der lange Schatten des Mutterlandes

Schmelztiegel in der Karibik

Karibische Träumer

Wirtschaft

Die geographische Lage der Niederländischen Antillen war und ist bis heute ausschlaggebend für ihre wirtschaftliche Orientierung. Weil die ABC-Inseln – allen voran Curaçao als die wirtschaftlich stärkste Insel der Niederländischen Antillen – nur wenige Kilometer von Südamerika entfernt, aber gleichzeitig Nordamerika näher sind als Europa, beeinflussen die beiden amerikanischen Kontinente heute die Wirtschaft dieser drei Inseln stärker, als man es aufgrund historischer Bindungen an die Niederlande vermuten würde. Die drei anderen Inseln Saba, Sint Eustatius und Sint Maarten sind ökonomisch gesehen ohne Bedeutung, die Einnahmen aus dem bescheidenen Tourismusgewerbe für sie indessen unentbehrlich.

Die Wirtschaft der ABC-Inseln wurde einst durch die Aufhebung der Sklaverei im Jahre 1863 empfindlich getroffen. Erst nachdem sich während des Ersten Weltkrieges *Shell* auf Curaçao und *Standard Oil* auf Aruba niederließen, änderte sich das Wirtschaftsgefüge grundlegend. Über Nacht waren die Antillen Standort der größten Erdölraffinerien der Welt geworden.

Nach dem Zweiten Weltkrieg bis in die 50er Jahre hinein waren auf Curaçao noch 40 % der Erwerbstätigen, auf Aruba sogar 70 % in diesem Produktionszweig beschäftigt. Die einseitige Ausrichtung auf das Öl hatte aber schwerwiegende Folgen. Als die jahrzehntelang fließenden Gewinne trotz rasanter Automatisierung (1965 arbeiteten auf Curaçao nur noch 16 %, auf Aruba noch 25 % der Beschäftigten in den Raffinerien) zurückgingen, und der Standort Antillen wegen des Erdölbooms in der Golfregion nicht mehr rentabel war, kündigten die Ölmultis die Stillegung ihrer riesigen Produktionsanlagen und den vollständigen Rückzug aus der Region an. Eine Entscheidung von verheerender Wirkung.

Um soziale Katastrophen abzuwenden, erwarben die Inselregierungen die Anlagen für einen symbolischen Preis. In großer Eile vereinbarte Curaçao 1985 mit Venezuela ein Nutzungsabkommen für einen Teil der Anlagen. Aruba hatte weniger Glück und mußte sich mit einem windigen Privatier begnügen. Für die Ölmultis, Shell und Standard Oil, hatte die ›Nationalisierungslösung‹ noch den Vorteil, daß ihnen der Abbau und die Entsorgung ihres industriellen Mülls erspart blieb. Welche Summen auf die Regierungen zukommen werden, um die alten ölverseuchten Raffinerieanlagen eines Tages zu beseitigen und den Boden der ehemaligen Produktionsflächen umweltgerecht zu entsorgen, ist nicht abzusehen.

Folgt man den offiziellen Verlautbarungen, so gründet sich die Wirtschaft von Curaçao auf mehre-

Die ›Coastal‹-Raffinerie in San Nicolas auf Aruba

re Säulen: Nach wie vor auf die Erdölverarbeitung und den internationalen Handel, zunehmend auf Dienstleistungsangebote und verarbeitende Industrie für den regionalen Handel und mehr und mehr auf den Tourismus. Aruba und Bonaire sind heute bereits vom Tourismus abhängig. Aruba so stark wie ehedem von der Standard Oil.

Aruba

Die Wirtschaftsgeschichte Arubas ist eine recht wechselvolle, auf die die Inselbewohner selbst so gut wie keinen Einfluß nehmen konnten, da sie weitgehend von ›außen‹ gelenkt wurde.

Die Spanier stuften Aruba als wertlos ein und verschifften die Bewohner kurzerhand auf eine andere Insel. Die Niederländer brachten Vieh und Pferde und bemühten sich, durch Zucht und Verkauf dieser Tiere wenigstens etwas Gewinnbringendes aus der Kolonie herauszuholen. 1824 wurde auf Aruba *Gold* entdeckt, aber in den Schmelzöfen von Bushiribana und Balashi wurden dann doch nur ganz geringe Mengen des edlen Metalls zu Tage gefördert. Als Anfang unseres Jahrhunderts die Goldminen vollkommen unrentabel wurden, versuchten die Niederländer mit *Aloefeldern* ihr ökonomisches Glück.

Dann kam – quasi über Nacht – in den zwanziger Jahren unseres

Jahrhunderts die *Erdölindustrie* nach Aruba.

Von allen ökonomischen Unternehmungen in der dreihundertjährigen Wirtschaftsgeschichte Arubas hat das Erdöl die Insel am gravierendsten verändert. Von San Nicolas aus begann mit ›Lago‹ (einer Tochter der Standard Oil Company) eine neue Zeitrechnung.

Entscheidend für den Aufschwung war auch, daß durch die

Das Öl-Imperium der ›Lago‹

Mit der Eröffnung des Panama-Kanals (1914) war für die großen US-amerikanischen Ölgesellschaften ein neues Zeitalter angebrochen. Die neue Ost-West-Verbindung und größere Tankschiffe sollten die Grundlage für eine weltweit beschleunigte Energieversorgung bilden. Für die US-amerikanische *Lago Oil and Transport Company Ltd*, seit 1932 zum Erdöl-Giganten Standard Oil Company of New Jersey gehörend, galt es jetzt, vor den zukunftsweisenden Investitionsentscheidungen der nächsten Jahrzehnte ein paar kleine Unwägbarkeiten hinsichtlich der Rohstoffsicherung auszuschalten.

Größter Rohöllieferant in der Region war Venezuela. Wegen der politisch instabilen Verhältnisse und der Streikbereitschaft der dortigen Arbeitskräfte sah Lago davon ab, dort zu investieren. Hinzu kam, daß in der Bucht von Maracaibo, in der 80 % des venezolanischen Erdöls gefördert wurden, Sandbänke die Fahrt der neuen Tanker mit großem Tiefgang beeinträchtigten.

Sehr gelegen muß den amerikanischen Konzernen das Angebot des niederländischen Königshauses gekommen sein: Ein 11 km^2 großes Gelände im Südosten der bis dahin so unrentablen Antillen-Insel Aruba. 1924 kam es zu jenem Vertrag, der die Insel in den darauffolgenden 50 Jahren total verändern sollte.

Außer seiner geostrategisch günstigen Lage brachte Aruba nichts in dieses Geschäft ein. Alles mußte importiert werden: Trinkwasser und Nahrungsmittel, jede Schraube und jeder Sack Zement, und nicht zuletzt die Arbeitskräfte. Im Dezember 1927 besaß San Nicolas einen neuen, großen Tiefseehafen, und am 29. 1. 1929 nahm die Raffinerie ihre Arbeit auf. Das Rohöl wurde auf kleinen Tankschiffen – den ›Lakers‹ – nach Aruba gebracht, hier zu Dieselöl, Heizöl, Benzin und Kerosin raffiniert und dann in großen Tankern in alle Welt verschifft.

Anwesenheit der Amerikaner Englisch zur beliebten Zweitsprache wurde, eine wichtige Voraussetzung im internationalen *Tourismus;* dank dieses neuen Wirtschaftsfaktors entstanden neue Arbeitsplätze: Zwei Drittel der Bevölkerung verdienen in diesem Bereich heute ihr Geld – und sie verdienen gut. Die Zielvorgabe von 7000 Hotelzimmern hatten Regierung und die einflußreiche AHATA

Für ihre US-amerikanischen Angestellten baute Lago südlich des Raffineriegeländes direkt an der Küste eine neue Bungalow-Stadt *(Ceru Colorado).* Für die restlichen Tausenden von Arbeitskräften errichtete Lago im Laufe der Jahre ebenfalls größere Wohnsiedlungen außerhalb der Raffinerie wie 1937 die *Lago Heights,* 1939 *Essoville* und 1947 *Lagoville.*

In den Jahren vor und während des Zweiten Weltkriegs boomte es auf Aruba. Lago produzierte annähernd eine Milliarde Tonnen pro Jahr und beschäftigte rund 10 000 Menschen, d. h. ein Fünftel der gesamten Inselbevölkerung. Es herrschte der höchste Lebensstandard in der Karibik. Während dieser Hochblüte, zwischen 1933 und 46, lenkte der aus Illinois gebürtige Lloyd Gaston Smith als Generaldirektor und Präsident die Geschicke der Lago. An ihn erinnert noch heute die längste Straße auf Aruba, der L. G. Smith Boulevard.

Der Höhenflug hielt auch nach Kriegsende dank weltweiter Energienachfrage ungebrochen an. 1952 verließen zwei Milliarden Tonnen raffiniertes Öl den Hafen von San Nicolas; bis 1965 wurde die Produktion auf vier Milliarden gesteigert. Inzwischen glich das Gelände einer glänzenden Aluminium-Landschaft. In 300 Tanks wartete das Öl auf die Verladung in die annähernd 2000 Tanker, die alljährlich im Hafen festmachten. Im Zuge von Produktivitätssteigerung und gleichzeitigen effizienten Rationalisierungsmaßnahmen wurden immer weniger Arbeitskräfte benötigt. Immerhin raffinierte die Lago 1980 mit nur noch knapp 2000 Mitarbeitern fünf Milliarden Tonnen Öl.

1981 kündigte Venezuela dem ›Exxon‹-Konzern, dem die Standard Oil seit Kriegsende angehörte, die verbilligten Rohölpreise auf, um selbst höhere Gewinne zu erzielen. Ohnedies bevorzugte man inzwischen das preisreduzierte Rohöl aus der arabischen Golf-Region. Die Anlagen auf Aruba waren veraltet und wurden abgeschrieben. Im Oktober 1984 verkündete die New Yorker Exxon-Zentrale die Schließung der Lago für den 31. März 1985: Auf Aruba gingen die Lichter dennoch nicht aus.

(Arubian Hotel and Tourism Association) bereits 1992 erreicht. Mit 500 000 Übernachtungen pro Jahr ist die Insel ausgelastet. Ein Baustop soll weitere möglicherweise nicht zu belegende Betten verhindern. Das neue Zauberwort in der arubanischen Tourismusbranche heißt Diversifikation, denn noch beträgt der Anteil der US-amerikanischen Besucher am touristischen Gesamtaufkommen 70 %. Mit dem neuen Flughafen Reina Beatrix und seiner längsten Start- und Landebahn in der Karibik soll die ersehnte Anbindung an den europäischen Markt gelingen.

Allerdings zeichneten sich schon die ersten Probleme des Touristikbooms ab. Fachkräfte für das Hotelgewerbe werden rar. Um nicht ausländische Arbeitskräfte ins Land holen zu müssen, werden Hausfrauen im Schnellverfahren zu Zimmermädchen und Köchinnen ausgebildet. Arbeitslosigkeit kennt Aruba zur Zeit also nicht. Auf Drängen der AHATA reiste sogar der Premierminister 1991 persönlich in die Niederlande, um emigrierte Landsleute zur Rückkehr nach Aruba zu bewegen. Ganze 62 Familien folgten seinem Ruf.

Aruba hat alle Veränderungen friedlich mitgetragen und sich jeweils schnell den neuen Verhältnissen angepaßt. In schwierigen Zeiten war der Insel Glück beschieden, so daß das Leitmotiv der Insel immer wieder Bestätigung finden konnte: »Aruba – one happy island«.

Bonaire

Legt man traditionelle ökonomische Maßstäbe zugrunde, ist Bonaire die ärmste der ABC-Inseln. Das war bereits zu Zeiten der Spanier und der niederländischen West Indian Company so. Heute beträgt das Bruttosozialprodukt nur ein Zehntel dessen Curaçaos. Das Fehlen jeglicher Bodenschätze und der nur begrenzt landwirtschaftlich nutzbare Boden degradierten die Insel zum Versorgungsdepot der größeren Nachbarn. 1679 gab es im Norden und Nordwesten Bonaires ca. 10 000 Schafe und Ziegen. Alle 14 Tage kam das sogenannte ›Fleischschiff‹ aus Curaçao, um die an der Küste geschlachteten Tiere als frisch gepökeltes Fleisch an Bord zu nehmen. Daher trägt auch die größte geschützte Bucht an der nördlichen Küste den Namen ›Slagbaai‹ (Bucht des Schlachtens). Darüber hinaus exportierte die WIC von Bonaire aus Salz und das sogenannte *›Brasilholz‹* (Dye Wood) zur Farbstoffgewinnung.

Den größten Raubbau erlebte das Eiland unter britischer Herrschaft. Schon bei ihrer ersten Inbesitznahme der ABC-Inseln (1800–1803) wußten die Briten nicht so recht, was sie mit Bonaire anfangen sollten, behielten aber gewissermaßen aus der Ferne Kontrolle darüber. Nachdem sie Curaçao im Jahre 1807 erobert hatten, verpachteten sie Bonaire mit Klein Bonaire für 2500 US-$ pro Jahr – inklusive 400 Sklaven – an einen US-ameri-

Winzige Hütten auf Bonaire, einst die Behausung der zur Salzgewinnung eingesetzten Sklaven

kanischen Schiffsreeder namens Foulke. Der Reeder begann sofort mit der Abholzung der Bäume, die er restlos verwertete: das beste Holz für den Schiffsbau, das Brasilholz zur Farbstoffgewinnung und den Rest als Feuerholz für die Schiffskessel.

Dieser verheerende Raubbau dauerte fünf Jahre, bis die Niederlande 1816 die Insel wieder in Besitz nahmen. Foulke kehrte als steinreicher Mann Bonaire für immer den Rücken und ging nach New York zurück, wo er 1852 starb. Bis heute hat sich der Baumbestand nicht regeneriert. Auf Klein Bonaire steht überhaupt kein Baum mehr, und weite Teile der Insel sind bis heute von den Erosionsspuren geprägt, die der Abholzung folgten.

Als Holland 1816 das Erbe der WIC antrat, organisierten die Beamten der Krone die Inselwirtschaft in einer Art Regierungsunternehmen, d. h., Bonaire wurde wie eine Plantage mit staatlichen Sklaven verwaltet.

Der lukrative *Salz-Boom* währte nur kurz und fand mit der Aufhebung der Sklaverei im Jahre 1863 ein jähes Ende. Rincon, die alte Hauptstadt, fiel danach der Bedeutungslosigkeit anheim. Versuche, *Aloe* auf den Plantagen Amboina und Bacuna anzubauen, brachten seit 1840 nur bescheidene Gewinne. Bonaire war 1867 so verarmt, daß die Holländische Krone be-

Landhaus Jan Kok auf Curaçao

schloß, die Insel zum Verkauf auszuschreiben. Für 80 000 Gulden erwarb 1868 eine holländische Familie den nördlichen Teil einschließlich Klein Bonaires, und für 150 000 Gulden zwei Jahre später eine andere den südlichen mit den Salzfeldern. Damit war ganz Bonaire praktisch in den Besitz zweier Familien eingegangen, völkerrechtlich blieb es aber niederländische Kolonie.

Der Nutzen dieser ›Privatisierung‹ hielt sich in Grenzen. Die Familien unterteilten ihren Besitz in große Parzellen, auf denen sie *Plantagen* anlegten. Diese benannten sie nach Ländern, z. B. Colombia, Bolivia, Guatemala, Brazil, Montana oder America.

Die Nachkommen der beiden Familien begannen, Land an kaufwillige Interessenten abzustoßen. So entstanden neue, kleinere Ländereien, deren Besitzer nun wieder religiöse Namen bevorzugten, z. B. San Mateo, Tres Cruz, San Bernardo oder Santa Barbara. Die Namen jener Ländereien aus dem 19. Jh. werden bis heute in allen Landkarten ausgewiesen und stellen für die Insulaner jetzt ein Stück Geschichte ihrer Urgroßeltern und damit ihrer selbst dar.

Anhaltende wirtschaftliche Schwierigkeiten vertrieben etwa seit der Mitte des 19. Jh. bis zum Zweiten Weltkrieg viele Menschen von der Insel.

Heute hat sich die ökonomische Situation auf der Insel dank des *Tourismus* gebessert.

Curaçao

Von allen Inseln der Niederländischen Antillen verfügt Curaçao auch heute noch über die besten ökonomischen Voraussetzungen. Mehr Geld als aus der *Verarbeitung venezolanischen Öls* nimmt Curaçao allein durch dessen Lagerung ein; es besitzt einen der *größten Bunkerhäfen* der Welt, an dessen Zapfsäulen fast alle Kreuzfahrtschiffe auf Karibikkurs und viele Handelsschiffe vor Anker gehen. Außerdem verfügt die Insel heute über mehrere große Trockendocks, wodurch sie an alte Traditionen anknüpft, denn auch im 17. und 18. Jh. ließen die Handelskapitäne der WIC ihre Schiffe nach der Atlantiküberquerung eben hier auf Vordermann bringen.

Mitten im Zweiten Weltkrieg, 1943, wurde das 30 000-Tonnen-Dock ›Beatrix‹ als größtes Trockendock seiner Zeit in Curaçao seiner Bestimmung übergeben. Seitdem hat die größte Werft der Insel, die CDM (›Curaçaose Dok Maatschappig‹) mit allen Anforderungen der Schiffahrtsentwicklung Schritt gehalten. 1972 eröffnete die CDM das Trockendock ›Antilia‹ für Schiffe bis zu 155 000 Tonnen; 1979 fuhr zum ersten Mal ein Tanker der Panamex-Größe (d. h. mit den maximalen Ausmaßen für die Durchfahrt durch den Panamakanal zugelassenen Breite von 32 m, 298 m Länge und 12 m Tiefgang) in das neue Trockendock ›Curaçao‹ ein. Damit verfügt die Werft gegenwärtig über die modernste zivile Schiffswartungs- und Schiffsreparatur-Servicestation im gesamten karibischen Raum.

Für die Region ist Curaçao inzwischen *Industriestandort* Nummer eins geworden. Zwei Seifen- und eine Farbenfabrik sind entstanden, Zigaretten und Bier werden ebenso produziert wie Batterien und Eisenwaren, allerdings müssen fast alle Grundnahrungsmittel eingeführt werden.

Der wohlschmeckende *Orangenlikör*, der den Namen der Insel weltbekannt gemacht hat und der sich in unseren Breiten als blaue Ingredienz vieler Cocktails großer Beliebtheit erfreut, wird nach wie vor noch auf Curaçao hergestellt (s. S. 166). Zwar wird er in allen Exportgütertabellen aufgeführt, in der Außenhandelsbilanz spielt er jedoch keine Rolle mehr.

Ein Grund, warum ausländische Besucher gerne nach Curaçao kommen – und das gilt besonders für Passagiere der vielen Kreuzfahrtschiffe, die die Kapitale Willemstad anlaufen – ist das zollfreie Einkaufen. 1815 befreite der königliche Gouverneur Johannes van den Bosch zum ersten Male allen Handel auf der Insel von staatlichen Zollabgaben. So ist es bis heute geblieben, sieht man von einer unbedeutenden Steuer (z. Zt. 3 %) ab, die aber bei Tabakwaren und Alkohol wegfällt, wenn diese Artikel direkt ausgeführt werden.

Zollfreies Einkaufen lockte 1901 erstmals auch ›Touristen‹ nach Curaçao. In jenem Jahr legte die ›Prinzessin Viktoria Louise‹ der Hamburg-Amerika-Linie als erstes Passagierschiff in Willemstad an.

Die Reiseveranstalter, selbst Handelsherren der Insel, hatten mit dem Schiffseigner ein regelrechtes ›Einkaufsprogramm‹ vereinbart, dem sich der Besuch einzelner Sehenswürdigkeiten anschloß.

Zwischen den Weltkriegen, als Curaçao dank der Royal Dutch Shell das größte Dieseltreibstoff-Lager der Karibik beherbergte und deshalb für die Schiffseigner weiter von hohem Interesse blieb, bauten die alteingesessenen Handelsfirmen ihre Warenhäuser für jene ›Tagestouristen‹ auf Zwischenstopp entlang der Sint Annabaai großzügig aus. Service, Warenangebot und Preise der »Karibikperle« Willemstad suchten ihresgleichen. Inzwischen legten schon 18 Schiffe pro Jahr an und brachten durchschnittlich jeweils 10 000 betuchte Besucher hierher.

Nach dem Zweiten Weltkrieg stieg die Zahl der Tagestouristen weiter an. Bis 1960 machten ca. 60 Schiffe pro Jahr in Willemstad fest und brachten 28 000 Besucher. Inzwischen legen durchschnittlich 255 Schiffe in Curaçao an, und 160 000 Besucher verbringen einen ganzen Tag auf der Insel – meist in Geschäften und Restaurants.

Man weiß auf Curaçao um die ökonomischen Unwägbarkeiten dieses Tourismuszweiges, insbesondere seitdem jeder Karibikhafen mit Duty free-Angeboten zu locken vermag; nicht zuletzt deshalb sind die Verantwortlichen seit Jahren bemüht, den ›Übernachtungstourismus‹ gleichermaßen zu fördern.

Kreuzfahrtschiff vor Willemstad

Heute stellt der *Tourismus* den zweitgrößten Wirtschaftsfaktor der Insel dar. Von den etwa 200 000 Besuchern, die jedes Jahr nach Curaçao strömen, stammt jeder dritte von einer anderen karibischen Insel. Die zweitgrößte Besuchergruppe kommt aus Holland. Seit der holländische Billigreisenveranstalter Van der Valk das ehemalige ›Intercontinental‹ in Willemstad gekauft hat, besuchen jedes Jahr mehr als 40 000 Landsleute die Insel. Nur halb so viele Urlauber kommen aus den USA und nur etwa 10 000 aus anderen europäischen Ländern, darunter ca. 3000 Deutsche.

Königin Wilhelmina der Niederlande (1890–1948), Denkmal im Zentrum Willemstads auf Curaçao

Politik

»Staten – Bestuurscollege – Gezaghebber«

Seit 1634 erhob Holland Ansprüche auf die Inseln Aruba, Bonaire, Curaçao, Saba, St. Eustatius und St. Maarten und erklärte die sechs Inseln zu seinem Besitz. Über 300 Jahre lang lautete die amtliche Bezeichnung dieses karibischen Kolonienbesitzes ›Niederländische Antillen‹. Eine weitere niederländische Kolonie in der westlichen Hemisphäre war Surinam, früher bekannt als Niederländisch Guayana.

1954 gewährte Holland den sechs Inseln und Surinam volle Autonomie in ihren inneren Angelegenheiten und beschränkte sich nur noch auf eine gemeinsame Verteidigungs- und Außenpolitik. 1975 wurde Surinam selbständige Republik, und 1986 erweiterte Aruba auf eigenen Wunsch durch die Rechtsform ›Status Aparte‹ innerhalb des holländischen Königreiches seine Selbständigkeit. Seitdem setzt sich das Königreich der Niederlande aus drei Einheiten zusammen: dem *Mutterland Holland, Aruba und den Niederländischen Antillen,* d. h. den verbliebenen fünf Inseln Bonaire, Curaçao,

Saba, St. Eustatius und St. Maarten (ohne die französische Hälfte Saint Martin).

Durch die Entscheidung von 1954 wurden die Niederländischen Antillen in die Selbständigkeit entlassen. In einer vertraglichen Vereinbarung von Verfassungsrang – dem sogenannten ›Statut für das Königreich der Niederlande‹ – wurden die gewachsenen Verbindungen neu festgeschrieben:

– Staatsoberhaupt bleibt die niederländische Königin, z. Zt. Königin Beatrix, die auf den Niederländischen Antillen und auf Aruba durch einen von ihr ernannten Gouverneur repräsentiert wird.
– Im Kabinett zu Den Haag sitzen neben allen holländischen Ministern immer auch ein stimmberechtigter Minister von den Niederländischen Antillen und einer von Aruba.
– Die Außen- und die Verteidigungspolitik der Inseln liegt in den Händen des holländischen Premierministers.
– Die Bewohner der Niederländischen Antillen und Arubas sind holländische Staatsbürger.

Aruba hat lange auf seinen *Status Aparte* hingearbeitet. Bereits Anfang der Vierziger Jahre, als große Teile der von Lago in Aruba erwirtschafteten Erdölgewinne in Curaçao verteilt wurden, traten Jan Hendrik Albert (genannt Henny) Eman (1887–1957) und seine ›Arubanische Volkspartei‹ (gegründet 1942) für eine größere Unabhängigkeit der Insel innerhalb des Verbundes ein. Aruba erhielt seit 1936 keinerlei finanzielle Zuwendungen von den Niederlanden, sondern subventionierte vielmehr seinerseits den Antillenverband einschließlich der Hauptinsel Curaçao. Die Forderungen nach größerer Autonomie hielten demzufolge auch nach dem Zweiten Weltkrieg an.

Henny Eman, seit 1941 Mitglied des Antillen-Parlaments in Curaçao, trug den Gedanken der *Separasion* von Curaçao beharrlich aber erfolglos bis zu seinem Tode 1957 vor. Ohne Eman verlor die Arubanische Volkspartei dieses Ziel erst einmal aus den Augen, bis ein junges Mitglied, Gilbert François (genannt Beticos) Croes, austrat und 1971 eine neue Partei, das ›Movimiento Electoral di Pueblo‹ (M.E.P.) gründete. Beticos Croes, in Holland zum Lehrer ausgebildet, arbeitete die Loslösung aus dem Antillenverbund zum politischen Programm aus und formulierte als Zielvorstellung – wegen der Beibehaltung der Verbindungen zu den Niederlanden – den Namen Status Aparte. Die übergroße Mehrheit der Bevölkerung Arubas stand hinter dieser Forderung, wie die Wahlerfolge der M.E.P. zeigten. Über zehn Jahre dauerten die Verhandlungen zwischen den Regierungen der Niederlande, der Niederländischen Antillen und den sechs einzelnen Inseln. Im März 1983 einigten sich schließlich alle Beteiligten in einer *Round Table Conference,*

Aruba mit Beginn des Jahres 1986 den geforderten Status einzuräumen.

Um Mitternacht des 31. Dezembers 1985 wurde die Fahne der Niederländischen Antillen an Oranjestads Fort Zoutman feierlich eingezogen und die neue arubanische Nationalfahne gehißt.

Der Austritt Arubas aus dem Verbund der Niederländischen Antillen hat die Position der Insel gegenüber dem einstigen ›Mutterland‹ gestärkt. Die Beziehungen sind vergleichbar mit denen eines wohlhabenden Commonwealth-Staates zu Großbritannien.

Indessen sollte das Beispiel Arubas nicht so einfach Schule machen, weshalb auf Drängen der Niederlande der Status Aparte auf zehn Jahre befristet wurde. Nach Ablauf dieser Frist soll der Insel völlige Autarkie zuerkannt werden. Dagegen sträubt man sich allerdings.

Die Verfassung des gesamten Inselverbandes der Niederländischen Antillen (ohne Aruba) legt als Staatsform eine parlamentarische Demokratie fest. Darüber hinaus verfügt jede der fünf Inseln über eine eigene ›Inselregierung‹. Das zentrale Parlament der Niederländischen Antillen – **›Staten‹** genannt – wird alle vier Jahre gewählt. Es setzt sich aus 22 Abgeordneten zusammen, von denen je einer aus Saba und St. Eustatius, je drei aus Bonaire und St. Maarten und 14 aus Curaçao entsandt werden. Parlamentssitz ist das ›Stadhuis‹ in Willemstad auf Curaçao. Dieses Gremium wählt auf Vorschlag mehrheitsfähiger Parteikoalitionen den Premierminister und die übrigen Minister (es gibt derzeit sieben). Ihnen wurden 1988 parlamentarisch verantwortliche Staatssekretäre zur Seite gestellt. Regierung und Parlament der Niederländischen Antillen sind für die alle fünf Inseln gemeinsam betreffenden inneren Angelegenheiten zuständig, z. B. das Post- und Telefonwesen, die Polizei, die Politik der Zentralbank, den Straßen- und Hafenbau, für Flugverbindungen, das Gesundheits- und Erziehungswesen und alle Entwicklungsprojekte. Da Curaçao fast zwei Drittel der Abgeordneten entsendet, bietet die strukturelle Bevorzugung dieser Insel regelmäßig Anlaß für heftige Debatten im ›Staten‹.

Ein demokratisches Staatswesen, das sich aus fünf Inseln konstituiert, setzt verfassungsmäßige Vereinbarungen voraus, die die politische Gestaltung der einzelnen Inseln ihren Bewohnern weitgehend selbst überläßt. Dabei dürfen aber die Verantwortlichkeiten gegenüber dem Inselverband als ganzem nicht ausgeklammert werden. Diese innerinsularen wie wechselseitigen Verantwortlichkeiten regelt die ERNA (Eiland Regeling Nederlandse Antillen). Gemäß dieser Vereinbarung verfügt jede der fünf Inseln über eine autarke Regierung **(Bestuurscollege)**. Diese setzt sich aus dem Inselgouverneur **(Gezagheb-**

Gouverneurssitz in Kralendijk auf Bonaire

ber), den die holländische Königin ernennt, und einer Anzahl von *Commissioners* (einer Art Inselbeamten) zusammen, die von der Mehrheit des Parlaments der jeweiligen Insel *(Island Council)* gewählt werden. Genau wie das zentrale Parlament wird auch das Inselparlament alle vier Jahre neu gewählt.

Sozusagen auf kommunaler Insel-Ebene läßt sich das Prinzip der Gewaltenteilung zwischen Parlament und Regierung aber nicht mehr ganz durchhalten. Ein Mitglied des Parlaments darf auch Commissioner sein, ja, die Hälfte der Commissioners soll sogar laut ERNA dem Island Council angehören. Gemäß der Verfassung ist der jeweilige Gouverneur Regierungschef einer Insel; ihm untersteht auch die lokale Polizei.

In die Zuständigkeit der jeweiligen Inselregierung fällt z. B. die Stadtplanung, das lokale Erziehungswesen und der Schulbau, die öffentlichen Dienstleistungen sowie alle kulturellen Angelegenheiten.

Waren früher die sechs Inseln über und unter dem Winde die ›goldenen Felsen‹ des niederländischen Kolonialreiches, so sind sie heute ein riesiges Verlustgeschäft. 275 Millionen Gulden (ca. 250 Mio. DM) flossen 1992 als Entwicklungshilfe über den Atlanik; die Schuldenlast aller sechs Inseln wird auf zwei Milliarden Gulden geschätzt. Den Haag wirft einzelnen Inselräten Mißwirtschaft und Korruption vor. Als Folge hob der für die Antillen zuständige Minister Ballin 1992 die Selbstverwaltung zeitweise auf, um die finanziellen

Einbrüche einzudämmen. Gegen solche Eingriffe der alten Kolonialmacht reagierten die Inselbewohner empfindlich, obwohl sie selbst mit ihren Politikern nicht zufrieden sind. Wenn die Antillen ihre Ausgabenpolitik nicht von Den Haag überprüfen ließen, drohte Ballin, folge die zwangsweise Entlassung aller Inseln in die vollständige Unabhängigkeit. Das aber wollen die meisten Bewohner nicht: Nach einer Umfrage sind 86 % dafür, weiterhin Untertanen von Königin Beatrix zu bleiben. Auch den Bestrebungen Curaçaos, sich nach dem Vorbild Arubas aus dem Antillenverband zu lösen, erteilten im November 1993 75 % aller Wahlberechtigten eine Absage.

Würde Holland die Inseln tatsächlich in die völlige Unabhängigkeit drängen wollen, stieße dies auf den Widerstand der USA. Die Vereinigten Staaten befürchten nämlich, daß sich die Antillen ohne die niederländische Präsenz zu einem Drogenumschlagplatz ersten Ranges entwickeln könnte, Befürchtungen, die nicht unbegründet sind. Der Präsident des südamerikanischen (vormals holländischen) Kleinstaates Surinam, Desi Bouterse, gilt nach internen Berichten der US-staatlichen DEA (›Drug Enforcement Agency‹) als einer der wichtigsten Zwischenhändler des kolumbianischen Drogenkartells.

Gesellschaft

Bevölkerung

Die Bewohner der ABC-Inseln zeichnen sich heute durch große ethnische Vielfalt aus, die in der Geschichte der Inseln begründet liegt. Über vierzig Nationalitäten werden in den Bevölkerungsstatistiken ausgewiesen. Bis zur indianischen Urbevölkerung, die vor der Ankunft der Spanier auf den Inseln lebte, reicht die Ahnenkette allerdings nicht zurück.

Jene *Caiquetios,* ein Zweig des relativ separat lebenden Stammes der Arawak, wurden 1515 ausnahmslos als Arbeitssklaven nach Haiti, das damals Hispaniola hieß, deportiert. Nur wenige von ihnen wurden später unter dem Spanier Juan de Ampués zumindest nach Aruba und Curaçao zurückgebracht. Im Laufe des 16. Jh. christianisiert, verdingten sie sich als Viehhüter der Spanier für deren Ziegen, Schafe, Esel und Schweine. 1634 eroberten die Holländer Curaçao, zwei Jahre später landeten sie auf Bonaire mit seinen knapp 60 Bewohnern. Als die West Indian Company in der Mitte des 17. Jh. Aruba und Bonaire zur Versorgungsbasis für ihre karibischen Unternehmungen durch Vieh- und Pferdezucht ausbaute, zog dies Indianer aus Venezuela an. Aber nur auf Aruba ließen sie sich mit ihren Familien in größerer Zahl im Landesinneren nieder. Auf Bonaire

deckte die WIC ihren Bedarf an Arbeitskräften – mangels Einheimischen – mit Hunderten von schwarzen Sklaven aus ihren ›Sammeldepots‹ auf Curaçao. Weißen verbot die WIC von vornherein, auf Aruba und Bonaire zu siedeln. Weiß waren nur der Kommandant und seine wenigen ›Reiter‹, wie die Soldaten genannt wurden. Jene Reiter, Junggesellen aus Holland, aber auch aus anderen Teilen des WIC-Imperiums, gründeten auf Aruba mit indianischen Frauen Familien. Auf Bonaire dagegen blieben die Schwarzen unter sich.

Während der britischen Herrschaft (1807–1816) lockerten sich die Einwanderungsbestimmungen. Jetzt kamen die ersten weißen Siedlerfamilien; doch auf Bonaire blieb der Anteil der Schwarzen unverändert hoch. Als 1862 die Sklaverei auf den holländischen Antillen aufgehoben wurde, hielt die amtliche Statistik fest, daß auf Bonaire 607 schwarze ›Regierungssklaven‹ und 151 schwarze ›Privatsklaven‹ freigelassen werden mußten. Ihnen standen damals 80 Weiße gegenüber. Auf Aruba verlief die Entwicklung anders. Eine statistische Bevölkerungserhebung durch den niederländischen Kommandeur Kikkert belegt, daß Aruba um 1820 insgesamt 1732 Bewohner hatte. 1396 von ihnen waren ›Freie‹, 336 (schwarze) Sklaven. Von den freien Bewohnern waren weniger als 200 Weiße, aber noch 564, d. h. ein Drittel der damaligen

Bevölkerung, rein indianischer Abstammung. Ein Jahrhundert später, zu Beginn des zwanzigsten Jahrhunderts, gab es keine direkten indianischen Nachkommen mehr auf Aruba.

Im 19. Jh. wanderten Familien aus Venezuela auf die ABC-Inseln ein. Zuerst kamen die Opfer der Revolution, später auch die der Konterrevolution. Da die Mehrzahl

von ihnen gut betucht war, bauten sie Häuser und bildeten bald die wohlhabenden Kreise. Auf diese Neusiedler und die bereits im 18. Jh. immigrierten venezolanischen, spanischsprechenden Priester, geht das lateinamerikanische, katholische Element in der Kultur der ABC-Inseln zurück.

Das Fehlen von Arbeitsplätzen führte am Ende des 19. und zu Beginn des 20. Jh. zu großen Migrationsströmen. So waren 1905 beispielsweise 2000 Menschen von den ABC-Inseln am Eisenbahnbau in der holländischen Kolonie Surinam beteiligt. Zu Wanderungen zwischen den Inseln kam es, nachdem Shell auf Curaçao und Lago auf Aruba ihre Raffinerien eröffneten, was ohnehin zu jeweils einschneidenden Veränderungen der Bevölkerungsstrukturen führte.

Wegen des großen Arbeitskräftebedarfs bei Lago kamen in den 30er und 40er Jahren Tausende von ausländischen männlichen Facharbeitern nach San Nicolas auf Aruba, unter ihnen ein großer Teil aus Venezuela und von anderen Karibikinseln. Viele von ihnen heirateten und blieben mit ihren neugegründeten Familien auf der Insel. Der Erdölboom zog so einen Bevölkerungsboom nach sich: 1924 lebten knapp 9000 Menschen hier, heute hat sich ihre Zahl verachtfacht.

Ähnlich vollzog sich der Bevölkerungswandel auf Curaçao. Bevor die Royal Dutch Shell Company mit der Verarbeitung des Erdöls begann, setzte sich die Bevölkerungsstruktur Curaçaos aus relativ geschlossenen Segmenten zusammen. Gehobene Verwaltungs- und Handelspositionen (z. B. die hohen Militärs und die Führungskräfte der WIC, die Kapitäne, Seeoffiziere und Plantagenbesitzer) wie auch die mittleren Handwerks- und Händlerberufe wurden von *holländischen Protestanten* ausgefüllt. Es gab damals aber auch protestantische Weiße in niederen Positionen, die somit weniger am Wohlstand beteiligt waren, z. B. ehemalige Seefahrer, Soldaten niederen Ranges und einfaches Behördenpersonal. Ein anderes Segment repräsentierten die *sephardischen Juden* portugiesischer Herkunft, die anfangs in der Landwirtschaft und bald darauf im Handel noch erfolgreicher tätig waren. Ein drittes Segment bildeten die *Farbigen,* die ihren Platz am unteren Ende der Sozialpyramide hatten. Vor dem Verbot der Sklaverei gab es nur wenige sogenannte ›free blacks‹, die als selbständige Fischer, Handwerker oder Plantagenvorarbeiter ihren Lebensunterhalt verdienten. Unter ihnen brachten es nur einzelne zu bescheidenem Wohlstand. Das große Heer der schwarzen Sklaven lebte demgegenüber in bitterer Armut, wobei es den Dienern in den Herrenhäusern noch etwas besser ging als den Plantagensklaven. Nach Aufhebung der Sklaverei im Jahre 1863 änderte sich der Sozialstatus der Schwarzen nicht. Sie be-

Bedrohtes Erbe – Kolonialarchitektur in Otrobanda auf Curaçao

kamen weiterhin die niedrigsten Löhne und die schlechtesten Jobs. Die drei skizzierten Segmentgruppen blieben bis ins 20. Jh. hinein fast völlig voneinander separiert.

Erst als die Shell auf den Plan trat, kamen gesellschaftliche Veränderungen in Gang. Farbige konnten jetzt in den Raffinerien erheblich mehr als auf ihren Plantagen verdienen; es kamen Arbeitskräfte z. B. aus Venezuela und Brasilien hinzu, wo eine derart strenge Segmentierung bereits der Vergangenheit angehörte.

Das ›Schwarze Gold‹ Öl hat Curaçaos Einwohnerzahl mehr als verdreifacht und aus vormals segmentierten, in sich homogenen Gruppen eine industrielle Klassengesellschaft geschaffen, in der viele Nationalitäten und Rassen friedlich zusammenleben und -arbeiten. Die bunte Vielfalt der Bevölkerung kennt auf den ABC-Inseln überhaupt dank der überschaubaren Verhältnisse und den niederländischen Demokratie- und Gleichheitstraditionen heute keinerlei Rassendiskriminierung.

Sprache

Die offizielle Landessprache der Niederländischen Antillen ist Holländisch. Es ist Unterrichtssprache in den Schulen und Amtssprache in den Behörden. Wenn sich die Bewohner von Aruba, Bonaire und Curaçao austauschen, sprechen sie

Vom »Negersprächlein« zum lebendigen Kulturgut

Das Papiamentu

Die rund 210 000 Bewohner der Niederländischen Antillen unter dem Winde präsentieren sich gegenwärtig als buntes Bevölkerungsgemisch verschiedenster Hautfarbe und Herkunft. Das autochton-indianische Element der Arawak-Indianer ist heute lediglich noch auf der Insel Aruba deutlich erkennbar.

Neben Resten der aus protestantischen Niederländern und sephardischen Juden bestehenden, historisch dominanten Oberschicht finden sich zahlreiche andere Bevölkerungsgruppen. Zweifellos wird das Lokalkolorit vor allem durch die zahlreichen Afrikaner geprägt, die als Nachkommen jener Sklaven gelten, die zur Hochblüte des transatlantischen Menschenhandels aufgrund ihrer ausgeprägten Fähigkeiten im Haushalt oder Handwerk auf Curaçao zurückbehalten wurden. Eine im 19. Jh. einsetzende zunehmende Beeinflussung der Bevölkerungsstruktur durch Einwanderer aus lateinamerikanischen Ländern dauert bis in unsere Tage an. Als weitere Merkmale fallen ins Auge: Einerseits werden die Inseln durch die Ansiedlung von erdölverarbeitenden Betrieben zum Ziel zahlreicher Arbeitsimmigranten aus Europa sowie vom amerikanischen Kontinent, andererseits sind vermehrt indische und asiatische Immigranten zu verzeichnen. Die Bandbreite reicht vom geschäftstüchtigen Hindu, der sich von der Freihandelszone Gewinne verspricht, bis zum Gärtner aus Madeira, den die wirtschaftliche Misere seiner Heimat zur Auswanderung zwingt. Die zunehmende touristische Erschließung der Inseln, allen voran Arubas, führt zu einem gesteigerten Bedarf an Arbeitskräften. All diese Faktoren ebneten den Weg für die Koexistenz von rund vierzig Nationalitäten.

Als notwendiger einheitsstiftender Faktor ist die kreolische Muttersprache der drei Inseln zu werten – das Papiamentu. Der Name geht auf das spanisch-portugiesische Verb »papear« (sprechen, plappern) zurück und ist jenen Kreolsprachen zuzuordnen, die wahrscheinlich auf der Grundlage eines portugiesischen Pidgin entstanden. Diese Pidginsprache, die in einer Notsituation als Hilfssprache entstand, diente als Kommunikationsmittel zur Zeit des Sklavenhandels, als sich weder Afrikaner mit Europäern noch die unterschiedlichen Ethnien der beiden Kontinente untereinander verständigen konnten. Im Laufe des 17. und 18. Jh. stabilisierte sich die auf westafrikanischen Sprachen basierende Grammatik und das Vokabular paßte sich dem lokalen Bevölkerungsgemisch an. So ersetzten niederländische, spanische, französische, englische oder indianische Begriffe bald einen großen Teil des portugiesischen Wortschatzes.

Die leichte Erlernbarkeit der kreolischen ›Ersatzsprache‹ führte, gemeinsam mit der Tatsache, daß das Papiamentu bereits während seiner Entstehungszeit (1650–1750) von der niederländisch-sephardischen Elite als wichtigstes gemeinsames Kommunikationsmedium angenommen wurde, zu ihrem überdurchschnittlich hohen Status. Da das Papiamentu sich auf oberster gesellschaftlicher Ebene zu festigen vermochte, erfuhr es keine soziale Stigmatisierung und wird heute als zentrales Element der Identität der ABC-Inseln zunehmend gefördert. Gegenüber den übrigen rund achtzig weltweit gesprochenen Kreolsprachen nimmt das Papiamentu deshalb eine Sonderstellung ein.

Dennoch werden immer wieder solche Stimmen laut, die das Kreolische als unangenehmes Relikt aus der Zeit des Sklavenhandels ablehnen und als für höhere Kommunikation unzureichendes ›Negersprächlein‹ abqualifizieren. Erst die unermüdlichen Aktivitäten zahlreicher einheimischer sowie international anerkannter Wissenschaftler, Lehrer und Literaten, die insbesondere seit den vierziger Jahren für den Ausbau und das Prestige des Papiamentu kämpfen, bewirkten einen sichtbaren Aufstieg der Sprache. Auf den ABC-Inseln hat sich ein eigenständiger Literaturbetrieb herausgebildet, der dem Kreolischen zu ständig steigender Akzeptanz verhilft, und die schon in den fünfziger Jahren auflebende Theaterszene schreckt bis heute nicht davor zurück, große Autoren wie William Shakespeare oder George Bernard Shaw in kreolischer Sprache auf die Bühne zu bringen.

Nun genießt das Kreolische staatliche Förderung und wird als Zeichen kultureller Eigenständigkeit gepflegt. Das ›Instituto Nashonal di Idioma‹ (Nationalinstitut für Sprache) bemüht sich um eine Vergrößerung des literarischen Korpus' sowie die Einführung des Kreolischen in allen Schulstufen. Als linguistische Instanz soll das ›Instituto Lingwistiko Antiano‹ den kontinuierlichen Ausbau der Sprache sichern. Vor allem der Mangel an Wörterbüchern und erklärenden Grammatiken soll in den kommenden Jahren behoben werden. Das Papiamentu beherrscht schon jetzt die Medienlandschaft und selbst traditionell niederländischsprachige Bereiche wie das Gerichts- oder Schulwesen tendieren zunehmend zur Verwendung des Kreolischen.

Diese Veränderungen sind nicht zuletzt unter politischen Gesichtspunkten relevant, denn das Kreolische ist nicht nur im innerantillanischen Diskurs ein brisantes Thema, sondern wird auch zunehmend als abgrenzendes Element gegenüber dem niederländischen Mutterland eingesetzt. So pochte Aruba vor dem Austritt aus dem Verband der Niederländischen Antillen im Jahre 1986 auf die Eigenständigkeit seines Papiamentu und entschied sich für eine abweichende Rechtschreibung. Trotz kultureller Unabhängigkeitstendenzen bleiben die Bewohner der ABC-Inseln jedoch angesichts der massiven Finanzhilfe seitens des Mutterlandes auch in den jüngsten Umfragen außenpolitisch dem Königreich der Niederlande treu. Gerade auf kultureller Ebene aber ist ein Sensibilisierungsprozeß zu beobachten, der das Papiamentu nicht nur als einigendes Element der drei Inselgebiete fördert, sondern auch geeignet ist, den früheren Sprachkomplex durch ein solides antillenzentriertes Kulturdenken zu ersetzen.

Eva Martha Eckkrammer

Papiamentu (Papiamento), auf Saba, Sint Eustatius und Sint Maarten dagegen Englisch.

Es ist eine Tonsprache, d. h. unterschiedliche Betonungen bei ein und demselben Wort führen zu unterschiedlichen Bedeutungen. Hinzu kommt die rhythmische Melodik der Intonation, derer sich die Sprechenden gerne befleißigen. Die einstige Hilfssprache (s. dazu Exkurs), wird von ungefähr einer Viertelmillion Menschen gesprochen, von denen die meisten auf den ABC-Inseln leben. Ihre Bewohner gelten überhaupt als sprachbegabt, fast alle sprechen mehrere Sprachen. Englisch gehört immer dazu, so daß ausländische Besucher mit Englischkenntnissen keinerlei Kommunikationsprobleme haben werden.

Unterwegs auf den Nieder-ländischen Antillen

Aruba
Bonaire
Curaçao
Saba
Sint Eustatius
Sint Maarten

Aruba

Oranjestad – Letzte Zeugnisse arubanischer Baukunst

Palm und Eagle Beach – Ausgedehntes Strandleben

Der Süden – »Sunrise Side«

Der Norden – Eine Landschaft mit Kontrasten

Am Eagle Beach

Ein zwölf Kilometer langer Sandstrand ist eine der Besonderheiten, die Aruba heute unter den antillanischen Inseln zur Nummer Eins für Strandurlauber werden ließ. Wer neben Sonnen, Schwimmen und Shopping indianische Höhlen, verlassene Goldminen und aufregende Felsformationen kennenlernen möchte, der sollte zu einer Inselrundfahrt aufbrechen.

»Bonbini« – Aruba stellt sich vor

Aruba setzt heute auf Tourismus und zwar mit ganzer Kraft. Denn es besitzt das, wovon Erholungssuchende in den Vereinigten Staaten und in Europa schon immer träumten: Ewige Sonne und erfrischende Winde, kristallklares, blaues Wasser und weiße Palmenstrände, Hotels für jeden Geschmack und für jedes Portemonnaie, preiswerte Einkaufsmöglichkeiten, nette freundliche Menschen und keine Kriminalität. »Aruba – one happy Island« –, sogar auf den Nummernschildern der Autos und im Stempel des Einreisevisums wird diese optimistische Botschaft vermittelt. Auf Plakatwänden prangt allgegenwärtig »bonbini« (Willkommen), man redet sich untereinander mit »dushi« (Liebling) an; Reisende dürfen sich hier noch als freundlich umsorgte Gäste fühlen.

Die Insel ist in vielerlei Hinsicht ein ideales Urlaubsparadies, ihren Bewohnern bietet sie damit eine der hoffnungsvollsten wirtschaftlichen Perspektiven. Es gab Zeiten, da sah die Zukunft Arubas schon einmal rosig aus. Ein halbes Jahrhundert lang, insbesondere während des Zweiten Weltkrieges und in den Aufbaujahren danach, boomte es: Eine der weltgrößten Erdölraffinerien, die US-amerikanische ›Lago Oil Refinery‹, hatte sich im Süden niedergelassen. Als sie 1985 ohne große Vorankündigung ihre Tore schloß, brach das stabil erscheinende Wirtschaftsgefüge für die ca. 60 000 Einwohner über Nacht zusammen. 10 % der Einheimischen verließen die Insel. Von den Löhnen derer, die noch Arbeit hatten, wurde damals eine zusätzliche Solidaritätssteuer von 8 % einbehalten.

Sehr schnell erkannte Aruba seine Chancen im Tourismus. Binnen fünf Jahren wurden 5000 Hotelzimmer an der schönsten Stelle der Insel zusätzlich zu den vorhandenen 2000 errichtet. Der Grundstock für einen neuen und langfristig angelegten Wirtschaftszweig

›Steckbrief‹ Aruba

Fläche	184 km^2
Einwohner	70 000
Besucher pro Jahr (1993)	562 000
Bevölkerungswachstum	1 % pro Jahr
Sprachen	Amtssprache Holländisch, Verkehrssprachen Papiamento und Englisch
Staatsform	Autonome Inseldemokratie im Königreich der Niederlande mit Sonderstatus
Unabhängigkeit	1. Januar 1986
Hauptstadt	Oranjestad
Landeswährung	Arubanischer Florin (AFL); 1 AFL = 1,77 US-$
Analphabeten	2 %
Religionen	70 % katholisch, 25 % protestantisch (niederländisch reformiert, anglikanisch, baptistisch)
Bruttosozialprodukt	975 Mio US-$

war geschaffen. Jetzt soll es mit einer halben Million Besucher pro Jahr vorerst einmal genug sein. Ein amtlicher Baustopp verhindert, daß der Tourismus die nur 30 km lange und 8 km breite Insel völlig überrollt. Über die Herleitung ihres Namens herrscht übrigens Unklarheit: Eine der kursierenden Theorien geht von der indianischen Wortverbindung für Muschel *(ora)* und Insel *(oubao)* aus, also etwa ›Muschelinsel‹. Eine weitere leitet den Namen von den historisch verbürgten Erwartungen der Spanier ab: »hubo oro« (es gab Gold). Eine dritte besagt, daß eine indianische Ethnie an den Küsten Venezuelas, die *Oruba,* Paten gestanden hätte.

Die grünen Gärten der Hotelanlagen am Palm Beach mit den üppigen Bananenstauden und den orangerot leuchtenden Flamboyant-Bäumen stehen im krassen Kontrast zur sonstigen Vegetation der Insel. Dort, wo der Boden nicht künstlich bewässert wird, gedeihen nur Dornengestrüpp und Kakteen. Die Insel ist plan und karg. Die einzige natürliche Erhebung ist der 168 Meter hohe Hooiberg. Wer sich ins *Cunucu* (das Landesinnere) vorwagt, kann einsame Landschaften genießen. Nur wenige Men-

California-Leuchtturm
Malmok
L.G.Smith Boulevard
Fisherman's Hut
Basiruti
Bacoval
Kapelle von Alto Vista
Palm Beach
Noord
Windmühle
Bubali Bird Sanctuary
Bona Vista
Sabana Liber
Calbas
Cudawechi
Boca Budui
Ceru Gerard 65 m
Goldschmelze Bushiribana
Boca Mahos
Ceru Plat
Boca Andicuri
Natural Bridge
Eagle Beach
Paradera
Casibari
Felszeichnungen
57 m Ayo
Felszeichnungen
Baha Sahal
Hooiberg 168 m
Oranjestad
Santa Cruz
Canashitu-Felszeichnungen
Arikok 176 m
Arikok National
Simeon Antonio
Goldschmelze Balashi
Franse Pas
188 m Jamanota
Spanische Lagune
Pos Chiquito
Kivarcu 74 m
Karibisches Meer
Santo Largo Beach
L.G.Smith Boulevar
Savaneta
Commandersb
Karib
Mee
N
0
4 km

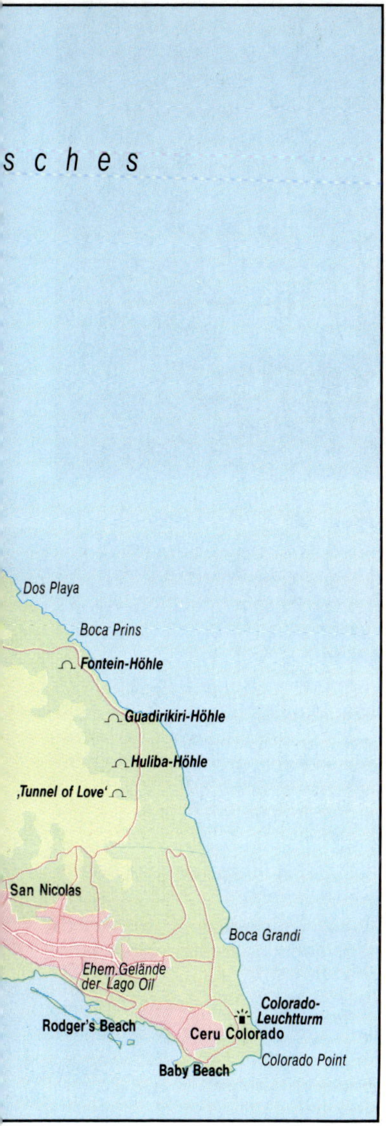

schen trifft man im Arikok-Naturpark oder bei den Felsformationen von Ayo und Casibari. Im Herzen der Insel gedeihen auch die anspruchslosen Divi-Divi-Bäume, deren unverwechselbare Kronen vom Passatwind stetig nach Nordwesten ausgerichtet werden.

Die große Anziehungskraft der Insel sind das Wetter und das Meer (Wassertemperatur 25 °C). Auf Schnorchler und Taucher warten Korallenriffe, auf die Surfer ein langer Flachwasserstrand. An der Fisherman's Hut weht der Wind so konstant, daß an diesem Strandabschnitt die Profis jedes Jahr ihren Worldcup austragen (s. S. 206). Nur von Oktober bis Dezember überrascht den Besucher manchmal ein kurzer Regenschauer, danach strahlt die Sonne unvermindert vom Firmament. »Bonbini, na Aruba« – Willkommen auf Aruba!

Oranjestad

In einer geschützten Bucht an der Westseite Arubas wurden im 18. Jh. die von der WIC gezüchteten Pferde verladen. Hier legten die Schiffe an, die die Tiere als Zug- und Arbeitspferde zu den Plantagen auf andere Karibikinseln

Aruba in der Übersicht

»Dutch Disneyland« an der Plaza

brachten. Der Pferdehandel war relativ lukrativ und so entstand in der **Paardenbaai** (Pferdebucht, Paarden Bay) eine Siedlung. Der niederländische ›Commandeur‹ (amtliche Bezeichnung des Inselverwalters), dessen Aufgabe es war, sich um die Pferdeaufzucht und die Verladung zu kümmern, wohnte zu dieser Zeit in einer Residenz in der ›Commandeursbaai‹, dem heutigen, südöstlich gelegenen Savaneta.

Als in der Zentrale der WIC 1762 beschlossen wurde, eine Befestigung auf Aruba zu errichten, einigte man sich schnell auf den Handelsplatz Paardenbaai als dem wichtigsten Ort der Insel. Inzwischen hatte auch der damalige Inselverwalter Jan van de Briest (1772–1782) seine Residenz nach Ponton, eine Anhöhe nördlich der Pferdebucht verlegt. 1786 wurden die ersten vier Kanonen in der Paardenbaai postiert. Weitere zehn Jahre benötigte Kommandeur John Rudolf Lauffer, um mit den wenigen Siedlern eine Befestigungsanlage zu errichten. 1796 wurde das aus Lesesteinen und Lehm gebaute ›Fort Zoutman‹ (s. S. 71) fertiggestellt. Obwohl es sehr bescheiden gebaut und mit Leichtigkeit einzunehmen gewesen wäre, wurde ihm der Name des großen niederländischen Admirals Johan Arnold Zoutman (1724–1793) verliehen, der die Briten 1781 vor der Dogger-Bank in der Nordsee besiegte; Zoutman hat Aruba allerdings nie betreten.

Das Fort (ursprünglich ohne Turm!) stand direkt an der Küste. Innerhalb seiner rechteckigen Mauern gab es eine Unterkunft für die Soldaten, ein Handelskontor und eine Küche. Insgesamt lebten damals nicht mehr als 20 Personen in der Anlage. Der vermeintliche Schutz des Forts bot ideale Voraussetzungen für eine Ansiedlung. 1805 gab es bereits 32 Häuser in der Paardenbaai, vor der zu dieser Zeit auffallend häufig britische Schiffe kreuzten. »Sie können sich kaum vorstellen«, schrieb Kommandeur Bruin Govortsz. Quant am 10. Januar 1806 an Pierre Jean Changuion, den Gouverneur von Curaçao, nachdem es ihm dank seiner vier Kanonen gelungen war, ein britisches Schiff am Landen zu hindern, »in welcher Situation ich mich hier befinde. Falls es dem Feind jemals gelingt, auch nur mit ein paar Männern die Insel zu betreten, bleibt mir und meiner armen Familie nichts anderes übrig als eine Flucht in die Wälder, weil es auf dieser Insel rein gar nichts gibt, womit wir uns zur Wehr setzen könnten.« Nur einen Tag später, am 11. Januar 1806, ankerte ein britisches Schiff außerhalb der Reichweite der Kanonen, und ein Beiboot mit Soldaten ging unmittelbar vor der Residenz Quants in Ponton an Land. Quant floh tatsächlich in das von Gestrüpp bedeckte Innere der Insel. Sein Haus wurde von den Briten abgerissen. Die Nachbarn konnten ein Abbrennen gerade noch verhindern. Ihre Häuser wären ebenso Opfer der Flammen geworden.

Der Union Jack wehte über Fort Zoutman bis zum 11. März 1816. Mit 21 Schuß Salut aus den Kanonen des Forts wurde Aruba dem neuen niederländischen Kommandeur Lodewijk Christoph Boye feierlich übergeben.

Im Laufe der Jahre verlor Fort Zoutman als Befestigungsanlage immer mehr an Bedeutung. Zunehmend wurde es als Polizeistation und Gefängnis, manchmal als Lagerhaus benutzt. 1837 besaß Oranjestad bereits über 200 Häuser, darunter 56 aus Stein, die anderen aus Lehm. Jetzt lebte ein gutes Drittel der Inselbevölkerung in Oranjestad. 1866 drängte Vizegouverneur Jan Helenus Ferguson auf die Errichtung eines Glockenturmes, der den Bewohnern der Stadt durch die Hand des Ortspolizisten die Stunde anzeigen sollte. Gleichzeitig benötigte man aber auch einen Leuchtturm im Hafen. Der massive Turm, der 1868 dem Fort direkt ›vor die Nase‹ gesetzt wurde, erfüllte damit also zwei Zwecke. Ein Jahr später erhielt er den Namen Willem III: Der Schein des Leuchtfeuers überstrahlte nämlich erstmalig die Bucht am Geburtstag des gleichnamigen niederländischen Königs.

Nach 1889 hatte Fort Zoutman endgültig keine militärische Funktion mehr. Von nun an diente es ausschließlich als Polizeistation und Gefängnis. 1945 wurde der letzte Häftling aus dem Fort in das neuerbaute Dakota-Gefängnis überführt. Das Leuchtfeuer des Turms erlosch 1963, da es vom Meer aus ohnedies nicht mehr zu sehen war, eine Folge intensiver Landgewinnung sowie des Hafenausbaues: Fort und Turm lagen dadurch nicht mehr direkt an der Küste.

Im Oranjestad der Gegenwart übersieht man das historische Fort und den ehemaligen Leuchtturm leicht. Die City hat sich in den letzten Jahren vollständig verändert. Viele noble Einkaufszentren und das große Sonesta-Hotel mit modernen Passagen sind 1990 in unmittelbarer Nähe des Forts entstanden. An der Küste ziehen der neue Yachthafen ›Harbour Town‹ und der angrenzende Wilhelmina-Park die Aufmerksamkeit auf sich.

Arubas Hauptstadt hat sich auf den am Urlaubsvergnügen *Shopping* interessierten Touristen eingestellt. Alle begehrenswerten Konsumartikel bester Qualität – von Parfüms über Designer-Mode bis zur Unterhaltungselektronik – liegen verführerisch und preisgünstig in den Schaufenstern der Einkaufspassagen. 1991 wurde die ›Holland Aruba Mall‹ eröffnet, das jüngste Einkaufsparadies für Kostbarkeiten aus allen Erdteilen. Wenig erinnert noch an das historische Oranjestad. Zunehmend verschwinden die alten, meist einstöckigen arubanischen Häuser und werden durch mehrstöckige Zementbauten mit Imitationen altholländischer Fassaden in Pastelltönen ersetzt. Diese bemühten Kopien, mögen hier mitten in der Karibik überraschen. Im Gegensatz etwa zu Curaçao konnte dieser Stil niemals richtig Fuß fassen, ist also gewissermaßen nicht ›gewachsen‹; Oranjestad läuft also Gefahr, sich zum großen ›Dutch Disneyland‹ zu entwickeln.

Angler im Yachthafen Oranjestads mit einem der Casinos im Hintergrund

Stadtrundgang

Wer vom nordwestlich gelegenen Hotelstrand nach Oranjestad fährt, gelangt in der Regel über den parallel zur Küste verlaufenden L. G. Smith Boulevard ins Zentrum. Zuerst passiert man den neuen Tiefseehafen, in dem sich die Container stapeln, wo aber auch die großen Kreuzfahrtschiffe anlegen. Weiter stadteinwärts, direkt am L. G. Smith Boulevard, trifft man auf den **Schooner Market (1)**, den Obst- und Gemüsemarkt der Stadt, dessen Üppigkeit an tropischen Früchten seinesgleichen sucht. Gemüse und Obst kommen täglich frisch auf Booten, ›Borkjes‹ genannt, aus Venezuela. In unmittelbarer Nähe legen die Trawler der einheimischen Fischer an, um morgens ihren ›catch of the day‹ meistbietend an den Mann zu bringen.

Der L. G. Smith Boulevard ist die große südliche Umgehungsstraße der Stadt. Von ihr hat man einen sehr schönen Einblick in die Paardenbaai, wo meist größere Segelschiffe vor Anker liegen. Leider ist es nicht mehr möglich, jenes Schauspiel zu erleben, das zum Namen der Bucht beitrug. Als nämlich im 17. und 18. Jh. Pferde von den Schiffen ausgeladen werden mußten, bedienten sich Seeleute und Händler eines einfachen Tricks: Die Händler ließen Pferde am Ufer auf- und abführen, und draußen warfen die Seeleute die auszuladenden Pferde einfach über Bord. Ihrem Herdentrieb folgend, schwammen die Tiere an Land.

Dort wo die Rosse ›anlandeten‹, erstreckt sich heute der Yachthafen **Marina Habour Town (2)**. Genau gegenüber knickt die Oranjestraat ab. Zu ihrer Linken erheben sich das **Parlament (3)** und der **Amtssitz des Gouverneurs (4)**, über denen jeweils eine überdimensionale arubanische Flagge weht. Vor dem Parlamentsgebäude hat die Stadt für Hendrik Albert Eman (1887–

Oranjestad 1 Schooner Market 2 Marina Harbour Town 3 Parlament 4 Amtssitz des Gouverneurs 5 Fort Zoutman/Museo Arubano 6 Archäologisches Museum 7 Protestantische Kirche 8 Plaza 9 Seaport Village Mall 10 St. Franziskus 11 Numismatisches Museum (Museo Numismatico) 12 Muschelsammlung (De Mar's Schelpenverzameling) 13 Wilhelmina-Park

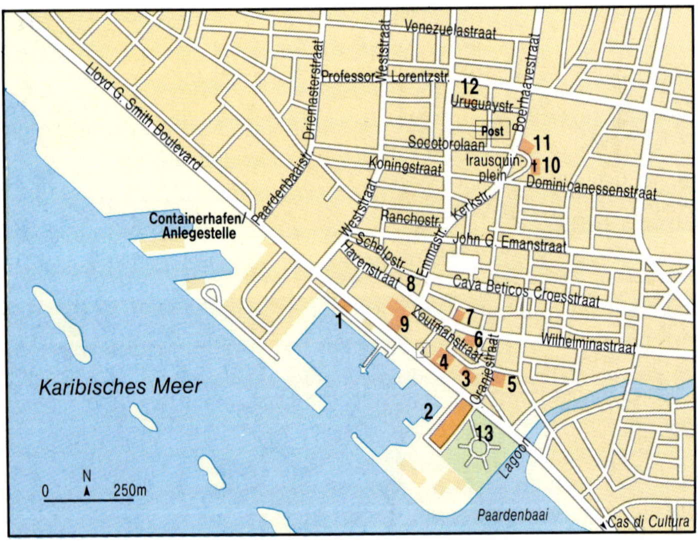

1957) ein Denkmal errichten lassen, um seine Verdienste für die Unabhängigkeit Arubas zu würdigen (s. auch S. 48). Schräg gegenüber dem Parlament liegt **Fort Zoutman (5)**. Der 1868 in seinem Schatten errichtete Turm Willem III hat sein Äußeres im Laufe seiner Geschichte mehrmals geändert. Zwischen 1974 und '84 wurden die letzten einschneidenden Renovierungsarbeiten durchgeführt. Fort und Turm gehören heute zu den besterhaltenen historischen Bauwerken der Stadt (s. S. 72f.).

In den historischen Mauern eröffnete am 23. August 1984 die Schwester der niederländischen Königin Beatrix, Prinzessin Magriet, das Historische Museum der Stadt, das **Museo Arubano (5)**. Hier werden Fundstücke der Insel präsentiert: beispielsweise Fossilien, Muscheln und alte Werkzeuge. In themengebundenen Räumen kann man sich über die Frühgeschichte der Insel, die Periode des Goldschürfens sowie die Verarbeitung und Vermarktung der Aloe (s. S. 20) informieren oder etwas über die Epoche des Lago-Imperiums erfahren.

Mo–Fr 9–12 und 13–16 Uhr, ✆ 2 60 99.

Von Fort Zoutman führt die Zoutmanstraat nach links zum zentralen Busbahnhof und weiter zum neuen Zentrum Oranjestads, der Plaza hinter der Seaport Village Mall. Ein Teil dieses neuen Gebäudekomplexes (u. a. mit Shopping-Center) gehört zum Luxushotel Sonesta. Noch bevor man die Plaza erreicht, kann man im zwischen Zoutman- und Wilhelminastraat gelegenen **Archäologischen Museum (6)** (Museo Arqueologico) seine Kenntnisse über die Vergangenheit Arubas vertiefen: Aus der Wilhelminastraat kommend, stößt man zunächst auf die Rückseite des langgestreckten Gebäudes, das als Regierungsbüro 1911 errichtet, später als Post und schließlich als Amtssitz des ›Gezaghebbers‹ (s. S. 47ff.) Verwendung fand. Heute steht es ganz im Dienste der Altertumswissenschaften, denn im Parterre befinden sich die Laboratorien, wo die Ausgrabungsstücke zunächst gesäubert, datiert und schließlich registriert werden. Im ersten Stock wird die präkolumbische Geschichte der Insel anhand ausgegrabenen Hausrats und gefundener Werkzeuge nachgezeichnet. International bedeutend sind zwei über 2000 Jahre alte große Graburnen mit vollständig erhaltenen Skeletten in hockender Stellung. Sie geben Auskunft über den Toten- und Beerdigungskult der Arawaks (s. S. 101). Daß Aruba über ein solch ausgezeichnetes Museum seiner Frühgeschichte verfügt, verdankt es Egbert Boestra, der bereits 1971 mit Ausgrabungen auf der Insel begann. Heute wird das Museum von dem Arubaner Evelino Fingal geleitet, der in den Niederlanden mehrfach ausgezeichnet wurde und von dem auch die Mo-

Unfreiwillige Gäste im Fort Zoutman

Da Rechtsprechung, Verurteilung und Vollstreckung bei kriminellen Delikten bis 1986 immer nur in der Hauptstadt Curaçaos vollzogen werden konnten, mußte man Straftäter auf Aruba nur vorübergehend bis zu ihrem Abtransport unterbringen. Diesem Zweck genügte seit 1834 eine Zelle aus Holz im Fort Zoutman. Genaugenommen stand die Zelle mangels Verbrecher die meiste Zeit leer.

In den Gefängnisberichten sind nur wenige Personen erwähnt, die für kurze Zeit zu den unfreiwilligen Gästen im Fort gehörten. 1829 war es ein Sklave namens Gerard, der seinen Herrn auf besonders unangenehme Weise – mit einem Hammer – umgebracht hatte; wegen der schlechten Schiffsverbindungen verbrachte er drei Monate hier. 1853 saß ein Vater aus Savaneta ein, der sich an seinem Kind vergangen und es anschließend erwürgt hatte. 1903 erschütterte allerdings ein vierfacher Mord die Insel. Wenige Tage später nahm die Polizei einen gewissen Pedro Rebecca fest, der die Tat gestand; er verbrachte zwei Wochen im Fort. 1928 wurden hier venezolanische Revolutionäre unter der Führung von Rafael Simón Urbina auf der Flucht vor der Regierungspolizei festgesetzt. Kurz bevor sie nach Curaçao gebracht werden sollten, brachen sie aus dem Fort aus und versuchten, sich an

tive auf den arubanischen Briefmarken und Geldscheinen stammen.

Archäologisches Museum, Zoutmanstraat, Mo–Fr 7.30–12 und 13–16 Uhr.

Einen Steinwurf entfernt vom Archäologischen Museum in Richtung Plaza steht in unmittelbarer Nachbarschaft der 1950 errichteten und 1986 renovierten großen Protestantischen Kirche die kleine **Protestantische Kirche (7)** aus dem Jahre 1846, in der nach wie vor Gottesdienste abgehalten werden (s. Abb. S. 74). Im angeschlossenen Seitenbau ist ein kleines *Bibelarchiv* untergebracht.

An der Ecke Haven-/Emmastraat beginnt die neue **Plaza (8)**. Um diesen zentralen Platz herum dominiert die freundliche ›Imitationsarchitektur‹ holländischer Giebelhäuser in den Pastellfarben gelb, ocker und blau. Selbst auf Details wurde geachtet, Ornamente, Erker sowie kleine, wenn auch funktionslose Balkons nicht vergessen. Wenn diese zweistöckigen Giebelhäuserzeilen in der Abendsonne leuchten, vergißt man schnell, daß dies keine historischen Kolonial-

die Spitze eines Streiks der venezolanischen Arbeiter bei Lago zu stellen. Doch hörten die Landsleute nicht auf Urbina, und die Wachmannschaften des Erdölkonzerns hatten leichtes Spiel, ihn und seine Mitstreiter zu überwältigen. Erneut wurden sie ins Fort gebracht und nur einen Tag später per Schiff nach Curaçao geschickt.

Die letzten Gefangenen im Fort vor dem Abriß der Zellenhütte waren zehn französische Ausbrecher aus dem berüchtigten Gefängnis auf der Sträflingsinsel vor Cayenne (Franz. Guayana). Sie strandeten an der Südspitze Arubas im November 1934. Von Anfang an war klar, daß sie nicht bleiben konnten. Aber sie einfach auszuliefern, wäre nur schwer mit den freiheitsliebenden Traditionen der Niederlande in Einklang zu bringen gewesen. Gouverneur Izaak Wagemaher bediente sich schließlich einer Lösung, die an Piratenbräuche des 18. Jh. erinnerte: Er setzte sie unter Beifall der Öffentlichkeit in ein Boot, gab ihnen neue Kleidung und Verpflegung und überließ sie ihrem Schicksal. Die Polizei sollte so lange Wache stehen, bis sie am Horizont verschwunden waren. Doch noch in Sichtweite ging das Boot unter. Alle zehn Insassen schwammen an Land und landeten wieder im Fort. Eine Woche später wurden sie in gleicher Weise gezwungen, Aruba zu verlassen. Diesmal erreichte das Boot die Horizontlinie...

...und in der Chronik steht der Vermerk: »No one ever heard what happened to these men.«

bauten sind; auch der reich geschmückte Springbrunnen in der Mitte des Platzes plätschert erst seit kurzem.

In unmittelbarer Nähe des neuen Zentrums **Seaport Village Mall (9)** konnten nur wenige originale arubanische Häuser vor dem Abriß bewahrt werden. Am Beginn der Havenstraat (Nr. 23) steht ein solches einstöckiges Haus aus dem 19. Jh. Typisch ist das zentrale Mittelstück, das an den Seiten jeweils in flache Anbauten übergeht. Das Dach ist über die ganze Breite mit Ziegeln gedeckt. Liebevoll restauriert, beherbergt dieses schöne ›Exemplar‹ heute ein französisches Restaurant. In der parallel zur Havenstraat verlaufenden Schelpstraat finden sie noch zwei weitere alte arubanische Häuser, sie aber sind dem Verfall preisgegeben.

Eine der charakteristischen alten Straßen Oranjestads ist die nördlich der Schelpstraat gelegene Ranchostraat. Rancho war ursprünglich ein kleines eigenständiges Fischerdorf, bevor es in den 30er Jahren im Zuge der Ausdehnung Oranjestads ›eingemeindet‹ wurde; auch hier stehen noch einige original arubanische Häuser (z. B. Nr. 17 und das gegenüberliegende

Protestantische Kirche

Anwesen an der Kreuzung zur Emmastraat). Insbesondere trifft man aber auf Gebäude aus den 30er Jahren mit typisch karibischen Stilelementen, die damals im Zuge des Erdölbooms von Einwanderern anderer Karibik-Inseln erbaut wurden. Statt Lehm und Stein benutzten sie Holz – auch für die zur Straße gehenden Balkone – und sie bauten oft zweistöckig (etwa Nr. 13 und Nr. 15).

In der Ranchostraat erhebt sich auch noch ein alter, zehn Meter hoher Kalkofen (niederländisch: *limekijln*) aus dem Jahre 1892. Auf solche Kalköfen trifft man auf der Insel immer wieder. Sie dienten zur Herstellung von Brennkalk, der für Mauersteine und vor allem für das Verputzen der Häuser benötigt wurde. Der Vorgang, mittels starken Holzfeuers aus Kalksteinbrocken ätzenden Branntkalk zu machen, dauerte damals 8 bis 15 Tage. Bis 1949 war dieser ›Limekijln‹ in Betrieb.

Die Ranchostraat geht in die Kerkstraat über. Sie führt zur römisch-katholischen **Franziskus-Kirche (10)** aus dem Jahre 1919. Die Kirche mit einem großen hellen Innenraum und einem 22 m hohen Turm ist das Zentrum eines großen Anwesens mit einer Schule, mehreren Versammlungsräumen und einem Kloster. Einen Teil des Grundstücks hat die Regierung erworben und nutzt die Gebäude als ›University of Aruba‹, zur Ausbildung der Grundschullehrer.

Neben St. Franziskus, gegenüber der Post am Irausquinplein, ist im Gebäude des Institute of Culture das **Numismatische Museum (11)** (Museo Numismatico) untergebracht. Die mehr als 30 000 Münzen und Banknoten umfassende Sammlung hat der Arubaner Mario Odor dem Inselstaat übereignet. Sie enthält u. a. antike römische, chinesische und byzantinische Stücke.

Irausquinplein 2 A, ✆ 2 88 31, Mo–Fr 9–12 und 13.30–16 Uhr.

Ganz in der Nähe haben Aad und Gon de Mar im Laufe der Jahre ihr

Time-Sharing-Apartmenthaus

Wohnhaus in ein Spezialmuseum verwandelt. Das Ehepaar de Mar sammelt seit 1953 Muscheln; zuerst trugen sie die 600 Arten, die vor den Küsten Arubas zu Hause sind, zusammen, dann aber weiteten sie ihr Hobby auf Sammelstücke aus der ganzen Welt aus. So entstand eine private **Muschelsammlung (12)**, die zu den größten dieser Art gehört. (De Mar's Schelpenverzameling, Morgenster 18; Besuch nur nach telef. Vereinbarung, ✆ 2 42 46).

Die dichteste historische Bausubstanz Oranjestads findet man in der *Wilhelminastraat*. Sie beginnt im Zentrum in Höhe der Protestantischen Kirche und verläuft nach Osten. Dieser Straßenzug gehörte zu einem angesehenen Wohnviertel; hier ließen sich schon in den 30er Jahren betuchte Bürger nieder. Ein wenig spürt man hier noch die ›gute, alte Zeit‹, auch wenn der Zustand vieler Gebäude eher Bedauern und Wehmut auslöst. Beispiele sehenswerter arubanischer Baukunst sind die Häuser Nr. 46 und 48, beide 1891 erbaut, oder die Nr. 21, 24, 27 und 35, die zwischen 1877 und 1901 errichtet wurden. Ein weiteres Prunkstück ist das Haus Nr. 8, das Wohnhaus einer Arztfamilie aus dem Jahre 1923. Gegenüber liegt die Nr. 7, ein grün gestrichenes Haus aus dem Jahre 1937.

Südlich der Wilhelminastraat erstreckt sich die einem Flußlauf

Hochseeyachten, Marina Pirata

ähnliche Lagune (Lagoon), an der man auf einem schön angelegten Weg spazieren kann. Dort, wo die Lagune ins Meer übergeht, hat die Stadt auf einem großflächigen Gelände, das sie zuvor durch Aufschüttungen dem Meer abgerungen hatte, den **Wilhelmina-Park (13)** angelegt, eine erholsame tropische Gartenanlage mit Bänken und Blick aufs Meer. Mitten im Park unter schattenspendenden Flamboyants erhebt sich die Statue der Namenspatronin, die niederländische Königin Wilhelmina, die über 50 Jahre (1890–1948) das Königreich und einst auch Aruba regierte.

An den Wilhelmina-Park grenzt unmittelbar Habour Town, die neue ›Marina‹ (Yachthafen), an der der Spaziergang begann.

Ankunft: Arubas Internationaler Flughafen ›Reina Beatrix‹ liegt an der Südküste der Insel, ca. 5 km südöstlich von Oranjestad. Taxi-Tarif zum Eagle Beach bzw. Palm Beach ca. 11 US-$.

Eine direkte Busverbindung besteht nur nach Oranjestad.

Fluggesellschaften: Die internationalen Fluggesellschaften, die Aruba anfliegen, unterhalten ihre Reservierungs- und Verkaufsbüros ausnahmslos am Flughafen und sind dort auch telefonisch zu erreichen. Von Europa fliegen nur Air Aruba und KLM die Insel direkt an. Die Nachbarinseln Bonaire und Curaçao erreicht man mit Air Aruba und ALM (Antillean Airlines) sowie Aeropostal, ✆ 2 66 09 oder 3 18 92, Air Aruba, ✆ 2 24 67 oder 2 64 01, ALM, ✆ 3 80 80 oder 21 19 19, Avianca., ✆ 2 33 88, BWIA, ✆ 3 58 20, KLM, ✆ 2 35 46-7 oder 3 17 42, Viasa, ✆ 3 73 75

Allgemeine Auskünfte über An- und Abflugzeiten: ✆ 2 48 00. (Bei der Abreise wird eine Flughafengebühr von 10 US-$ pro Person erhoben).

Banken: Alle Banken Oranjestads sind in der Caya Beticos Croes zu finden.

Einkaufen: Um den Besuchern der Insel, die am Palm oder Eagle Beach wohnen, das Vergnügen des ›Shopping‹ in Oranjestad zu erleichtern, fährt stündlich der *Let's go Town-Bus* (ein bunt bemaltes US-Schoolbus-Modell aus den 60er Jahren) kostenlos von der Hotelzone zur Innenstadt. Erste Station ist das Holiday Inn; der Bus hält an allen weiteren Hotels und fährt über den Smith Blvd. zum Stadtzentrum. (Abfahrten am Holiday Inn: 9.15 bis 15.15 Uhr. Rückfahrten von Down Town im gleichen Rhythmus von 9.45 bis 15.45 Uhr.) Die meisten Läden und Boutiquen befinden sich in den neuen großen Einkaufszentren der Stadt, z. B. im *Strada Complex I* und *II*, in der *Holland Aruba Mall*, in *Habour Town* und im *Seaport Village*. Diese Einkaufsgalerien (sogen. ›Malls‹) dehnen sich meist über mehrere Stockwerke aus; Cafés und Restaurants gehören dazu. Größte und bedeutendste Einkaufsstraße der Stadt ist die *Caya Beticos Croes* (früher Main Street). Die Läden bieten luxuriöse Artikel aus aller Welt, billiger als zuhause und ohne Mehrwertsteuer an.

Kunsthandwerkliche Produkte der Insel: Artesania Arubano, L. G. Smith Blvd. (gegenüber Tamarijn Hotel), ✆ 2 53 11, 3 74 94: Mo–Sa 8–12 und 13.30–16.30 Uhr. Bilder einheimischer Maler: Künstler-Lokal ›Gasparito‹ (Gasparito 3, ✆ 3 70 44).

Gesundheit: Jedes der größeren Hotels hat einen der insgesamt 20 praktizierenden Ärzte der Insel unter Vertrag; er kommt in dringenden Fällen sofort ins Hotel, bzw. an ihn wird man vom Hotel verwiesen. Das große, moderne Krankenhaus *Horacio Oduber-Hospital* (L. G. Smith Blvd. in Höhe des Punta Brabu Beach) verfügt über 280 Betten und mehrere Fachabteilungen (✆ 2 43 00, 3 04 13, 3 86 38).

Notruf für Erste Hilfe und Rettungswagen: ✆ 1 15.

Information: *Aruba Tourism Authority* (Direktie Toerisme Informatie) hinter dem Sonesta-Hotel in der A. M. Schuttestraat 2, Ecke L. G. Smith Blvd., ✆ 2 37 78. Geöffnet Mo–Fr 8–13 und 14–18 Uhr, Sa 8–12 Uhr. Zentralbüro der Tourismusbehörde: L. G. Smith Blvd. 172, ✆ 2 37 77, 2 10 19, Fax 2 27 45.

Post: Hauptpostamt: Irausquinplein 9, Mo–Fr 7.30–12 und 13–16.30 Uhr.

Telegramme: im Nebengebäude (Government Telegraph and Radio Office).

Restaurants: Bali Seafood Palace, indonesische polynesische Gerichte, direkt am Meer, L. G. Smith Blvd. 11, ✆ 2 06 80, Mo–Sa 12–15 und 18–23 Uhr; Boonoonoonoos, karibische Küche in einem kleinen Bistro im Zentrum der Stadt, Wilhelminastraat 18A, ✆ 3 18 88, 17–23 Uhr; Chez Mathilde, feine französische Küche in einem erhaltenen arubanischen Haus aus dem 19. Jh., stilvolles Ambiente und guter Service, zu empfehlen sind die Menüs, Havenstraat 20, ✆ 3 38 72 oder 3 49 68, 18–23 Uhr; Gasparito, landestypische Speisen in einem alten Landhaus, wirklich ausgefallen (Gelegenheit zum Kauf von Gemälden einheimischer

Künstler), Gasparito 3, ✆ 3 70 44; Villa Germania, deutsche Küche aus karibischen Zutaten, Habour Town, ✆ 3 61 61, 8.30–23 Uhr.

Verkehrsmittel: Taxi: Halte-Sammelplatz und Vermittlungszentrale (dispatch office) Al Hamba Bazaar für die Hotelzone, ✆ 2 21 16 und L. G. Smith Blvd. 47, Oranjestad, ✆ 2 16 04, 2 54 47; Busnetz s. S. 227 im Gelben Teil.

Unterhaltung: Cas di Cultura (Kulturzentrum), Vondellaan 2, ✆ 2 10 10 (Konzerte, manchmal Ballett, vorwiegend folkloristische Vorstellungen); *Disco:* Club Visage, älteste und bekannteste Disco der Insel, Attraktion: zwei große Aquarien mit Rochen und Haien, faßt bis zu 600 Besucher. L. G. Smith Blvd. 152 (zwischen Bushiri- und Dutch Village Hotel), ✆ 3 35 41, 3 34 18; tgl. von 21–6 Uhr; Blue Wave, L. G. Smith Blvd., ✆ 3 34 18, tgl. 22–6 Uhr.

Unterkunft: Die Mehrzahl der großen Hotels liegt außerhalb von Oranjestad direkt an den Stränden im Nordwesten der Insel (s. S. 79ff.). *Luxus* (über 120 US-$): Sonesta Hotel, direkt im Zentrum neben dem Fort Zoutman, großzügige Anlage, viel Glas und eindrucksvolle Wasserspiele, Bootservice zur eigenen Privatinsel, 300 Zi, ✆ 36 00; *Mittelklasse* (40–70 US-$): Talk of the Town, mittelgroßes Hotel im Hacienda-Stil an der Straße zum Flughafen (3 Min. zum Strand), 65 Zi, ✆ 2 33 80; *untere Preisklasse* (25–35 US-$): Hotel Central, mitten in der Innenstadt, freundlich; Elleboogstraat 23, ✆ 22 60; Hotel Victoria, kleines Haus, nördlich des Zentrums, Nassaustraat 126, ✆ 2 38 50, 2 19 72; Baccara, Avenida Alo Tomp 37, ✆ 3 48 83; *Apartments und Gästehäuser:* Aruba Apartments, Bungalowanlage in ruhiger Wohngegend, 10 Min. zu Fuß zum Zentrum, Georg Madurostraat 7, ✆ 2 47 36 (30 US-$ pro Tag); Aulga's Place, im Vorort Seroe Blanco, gepflegtes großes Dreizimmerhaus mit schönem Garten, ideal für sechs Personen, Seroe Blanco 31, ✆ 2 27 17 (ca. 90 US-$ pro Tag, 500 US-$ pro Woche, 1500 US-$ pro Monat); Camacuri Apartments, über 30 Wohneinheiten, gleichermaßen nah zum Strand und zur Innenstadt, hervorragend ausgestattet eigenes Schwimmbad, Fergusonstraat 46B, ✆ 2 68 05 (zwischen 45 und 62 US-$ pro Tag); Camari Guesthouse, Flachbau mit vier Ein- bis Dreizimmerwohnungen, Innenstadt, Hospitoolstraat 10, ✆ 2 80 26 (zwischen 20 und 35 US-$ pro Tag); Palo di Boonchi, kleines flaches Apartmenthaus, etwas außerhalb des Zentrums, Palo di Boonchisstraat 2, ✆ 2 24 39 (zwischen 28 und 35 US-$ pro Tag).

Leihwagen: Airways Car Rental, Sabana Blanco 35, ✆ 2 18 45, Flughafen, ✆ 2 91 12; Avis, Kolibristraat 14, ✆ 2 87 87, 2 86 17, Flughafen, ✆ 2 54 96; Niederlassungen in den Hotels Aruba Concorde und Americana Aruba; Budget, Kolibristraat 1, ✆ 2 86 00, Flughafen, ✆ 2 54 23; Niederlassungen in den Hotels Divi Tamarijn Beach und Divi Divi Beach Resort; Five Star, nur am Flughafen, ✆ 2 76 00; Hertz, L. G. Smith Boulevard 142, ✆ 2 45 45, 2 44 00, Flughafen, ✆ 2 48 86; Niederlassungen in den Hotels Holiday Inn, Americana, Aruba Palm Beach Resort, Aruba Concorde, Manchebo Beach Resort, Divi Divi Beach Resort und Talk of the Town; National Car Rental, Tanki Leendert 170, ✆ 2 19 67, 2 46 41, Flughafen, ✆ 2 54 51, Niederlassung im Holiday Inn Hotel; Ricardo's Car, Macuarima 73, ✆ 2 11 61, Flughafen, ✆ 3 24 80; Thrifty Car Rental, Balashi

65, ✆ 3 53 00, 2 64 77, Flughafen, ✆ 3 53 35

Waschsalon: Oranjestad Laundry, Sorenstraat 107, ✆ 2 16 38; Aruba Laundry and Laundromat, Hendrikstraat 30, ✆ 2 36 27 (hier kann man seine Wäsche selbst waschen)

Die Hotel-Szene an der Westküste

Wenn eine kleine Insel von weniger als 200 km^2 pro Jahr über eine halbe Million Besucher zu Gast hat, dann müssen sorgfältige Überlegungen dazu beitragen, daß weder die Insel(-Bewohner) noch die Besucher unter dem Ansturm zu leiden haben.

Im Sommer 1957 eröffnete mit 15 Zimmern das ›Basi Ruti‹ am **Palm Beach.** Dieses erste Strandhotel Arubas existiert schon lange nicht mehr und doch führen die gelben Busse der Arabus-Linie aus Oranjestad, die heute vor dem Playa Linda wenden, diesen Namen noch in ihren Fahrtrichtungsanzeigetafeln. Zwei Jahre später wurde an diesem Strand mit der Eröffnung des ersten großen Luxushotels dann wirklich eine neue Wirtschaftsepoche eingeläutet. Der Tourismus sollte von nun an Wirtschaftsfaktor Nummer Eins werden. Heute ist er es! Ein ca. 11 km langer wunderschöner Sandstrand im Westen der Insel bildete die ideale Voraussetzung dazu und eben diesen säumen heute ca. 25 Hotels der oberen Preisklasse, das kleinste mit 100, das größte mit 600 Zimmern. Mit wenigen Planungsvorgaben ist es gelungen, die Küste dennoch nicht wahllos zu verbauen. Relativ weit außerhalb von Oranjestad, nur an der oberen Westküste, durften sich die großen Bettenburgen, in erster Linie große US-amerikanische Ketten, niederlassen, sogenannte *High Rise Hotels.* High Rise steht in der Regel für zehn Stockwerke und höher.

Inmitten herrlicher Grünanlagen übertreffen sich die Hotelriesen gegenseitig durch ausgefallene Architektur und überbieten sich durch Komfort und sonstige Annehmlichkeiten. Bei den Preisen lassen sich dagegen die Unterschiede weniger festmachen.

Jenseits der High Rise Hotels ist der Strand kilometerlang unverbaut. Zunehmend entstehen aber hinter dem parallel zum Strand verlaufenden L. G. Smith Boulevard – quasi in der zweiten Reihe – teure Apartment-Anlagen.

Erst am **Eagle Beach** – dem südlichen Teil des West-Strandes – konzentrieren sich wieder die Hotelbauten. Aber im Gegensatz zum Palm Beach ist ihre maximale Höhe hier auf vier bis fünf Stockwerke begrenzt. Also ging man in die Breite. Das Ergebnis sind großzügige, weiträumige Anlagen meist jeweils um ein Zentrum, in dem alle wesentlichen Funktionsbereiche (Restaurant, Rezeption, Ge-

schäfte) zusammenlaufen. Der Komfort dieser *Low Rise Hotels* ist durchweg bescheidener als der der Hotelgiganten weiter nördlich. Dafür entsprechen sie dem Geschmack der europäischen Gäste wohl eher als jene Hotelpaläste, die von US-amerikanischen Besuchern bevorzugt werden. Im Durchschnitt zahlt man hier auch ein Viertel weniger. Das wird wohl auch der Grund sein, warum das Publikum in den Low Rise Hotels wesentlich jünger ist.

Dem Trend amerikanischer Urlaubsgestaltung folgend, wirbt Aruba heute auch mit sog. ›Time Sharing Apartments‹. Für eine einmalige Zahlung von ca. 5000 bis 8000 US-$ erwirbt man ein lebenslanges Wohnrecht für eine Woche im Jahr – und zwar immer für jeweils dieselbe Woche –, im ›eigenen‹, standardisiert eingerichteten Apartment zu residieren. Die übrigen 51 Wochen im Jahr leben die anderen Time Sharing-Besitzer in diesem Apartment, bzw. wird es von der Verwaltungsgesellschaft an fremde Gäste vermietet. Diese Anlagen unterscheiden sich nicht wesentlich von Hotels. Strandnähe, große Swimmingpools, mehrere Restaurants und Sportanlagen sind integrierte Bestandteile.

In der City Oranjestads gibt es nur wenige Hotels. Für diejenigen, die jedoch auch hier komfortabel wohnen wollen, hat 1991 das 300 Zimmer große ›Sonesta‹ eröffnet: Um auch ihren Gästen einen »Badeurlaub à la Aruba« ermöglichen zu können, bringen sie hoteleigene Barkassen zur Privatinsel ›De Palm Island‹.

Unterkunft: 3 km nordwestlich von Oranjestad beginnt der lange feine, weiße Sandstrand der Westküste. Parallel dazu verläuft von Oranjestad bis hinauf nach Malmok der L. G. Smith Blvd., eine breite doppelspurige Straße mit begrüntem Mittelstreifen.

Die **High Rise Hotels** liegen nebeneinander am 2 km langen palmenbewachsenen Sandstrand des Palm Beach. Mit Ausnahme des Playa Linda besitzen sie alle ein eigenes Spielcasino. Von Nord nach Süd: *Holiday Inn Aruba*, am nördlichen Ende des Palm Beach, effizienter Luxus mit sportlichem Ambiente umgeben von einem tropischen Garten (Surf- und Tauchschule sind angeschlossen), zwei siebenstöckige Hoteltürme, das z. Zt. größte Hotel der Insel, L. G. Smith Blvd. 230, ✆ 2 36 00, Fax 2 58 70 (600 Zi); *Playa Linda*, ovaler Bau mit abflachenden Seitenflügeln zum Meer hin offen, südamerikanischer Architekturstil, pittoreske Anlage, mit künstlicher Felsenanlage und Wasserfällen, private Atmosphäre, L. G. Smith Blvd. 87, ✆ 3 10 00, Fax 2 52 10 (194 Zimmer); *Hyatt Regency Aruba*, pompös, mächtig, eindrucksvoll! Quadratischer Bau mit Seitentrakt, elf Stockwerke hoch, zum Meer hin geöffnet, langgezogene Empfangshalle mit Kassettendecke, eine der größten und aufwendigsten Gartenanlagen mit vielen

Wohnen mit Blick auf's Meer ... ... oder Relaxen am Palm Beach ▷

Natursteinelementen, L. G. Smith Blvd. 85, ✆ 3 12 34, Fax 2 16 82 (360 Zimmer); *Americana Aruba*, standardisierte Betonarchitektur, zehn Stockwerke, schöne großzügige Schwimmbadanlage, direkt in den Palm Beach übergehend, L. G. Smith Blvd. 83, ✆ 2 45 00, Fax 2 31 91 (419 Zimmer); *Golden Tulip Aruba*, traditionsreiches Haus, aufwendig renoviert, gediegener Komfort, schöner Garten, L. G. Smith Blvd. 81, ✆ 3 35 55, Fax 2 32 60 (378 Zimmer); *Aruba Palm Beach*, renoviertes rosarotes Betonquadrat mit Rundbogenelementen und großem Nebentrakt, acht Stockwerke hoch, innen viel Plüsch, L. G. Smith Blvd. 79, ✆ 2 39 00, Fax 2 19 41 (220 Zimmer); *Aruba Concorde*, Betonklotz am südlichen Ende der High Rise Hotels, 14 Stockwerke hoch, aufwendiges warmes Interieur im Kontrast zur graugelben Fassade; Beton auch im Swimmingpool-Bereich, L. G. Smith Blvd. 77, ✆ 2 44 66, Fax 3 34 03 (490 Zimmer); ✆ 3 70 00 (150 Zimmer). *Ramada Renaissance*, das jüngste der High Rise Hotels (Eröffnung: 1993), eindrucksvolle Glas- und Betonburg mit allem Komfort, L. G. Smith Blvd. 75, ✆ 3 70 00 Fax: 3 60 12 (298 Zimmer); *Aruba Royal* (z. Zt. noch im Rohbau), L. G. Smith Blvd. 75, ✆ 3 70 00 (150 Zimmer).

Low Rise Hotels und Apartment-Anlagen: Direkt am südlichen Sandstrand, dem Eagle Beach, liegen Komplexe niedrigerer Höhe (maximal fünf Stockwerke). Zwischen Eagle und Palm Beach ist die Küstenzone auf einer Länge von 2 km noch unverbaut und wird – als »öffentlicher Strand« ausgewiesen – bevorzugt von der einheimischen Bevölkerung genutzt. Von Süd nach Nord: *Bushiri Beach Resort*, Clubhotel nach dem Vorbild der Robinson-Kette. Man kann nur ›Bushiri Bounty‹ buchen, d. h. inklusive Vollpension und Animation. Große Anlage, relativ preiswert (99 US-$), altersgemischtes Publikum, L. G. Smith Blvd. 35, ✆ 2 52 16, 2 34 44, Fax 2 67 89 (153 Zimmer); *Divi Tamarijn Beach Hotel*, Vierzimmer-Häuser umgeben von üppigem Grün, alle mit Blick zum Meer. Holz und Korbgeflecht dominieren bei der Einrichtung, zwanglos-sportliche Atmosphäre, von jüngerem Publikum bevorzugt. Wer luxuriöser wohnen möchte, kann sich für das angeschlossene *Dutch Village*, einen dreistöckigen gepflegten Apartmentkomplex, entscheiden, L. G. Smith Blvd. 41, ✆ 2 41 50, Fax 3 40 02 (204 Zimmer), Buchung in Deutschland c/o, Doral Hotels, Arnulfstraße 44, München, ✆ 0 89-59 62 61, Fax 0 89-5 23 22 12; *Divi Divi Beach Resort*, Reihenbungalows mitten im Grünen mit Balkons, ca. 30 Meter vom Strand entfernt, zweckmäßig und liebevoll eingerichtet, L. G. Smith Blvd. 93, ✆ 2 33 00, Fax 3 40 02 (204 Zimmer); *Aruba Beach Club*, renoviertes Hotel (erbaut 1977), vierstöckiger Zentraltrakt mit zwei zweistöckigen Seitenflügeln, ohne architektonische Besonderheiten, große versiegelte Flächen, Adresse: s. Casa del Mar (133 Zimmer); *Casa del Mar*, neuere fünfstöckige Apartment-Anlage mit großzügigen, freundlich eingerichteten Zimmern; von Familien bevorzugt, L. G. Smith Blvd. 51–53, ✆ 2 30 00, Fax 2 65 57 (147 Zimmer); *Bucuti Beach*, kleines zweistöckiges Apartment-Hotel mit geräumigen Zimmern vor besonders breitem Sandstrand; sein Restaurant hat die Form eines großen Dreimast-Schiffes (›Pirates Nest‹), L. G. Smith Blvd. 55, ✆ 3 61 41, Fax 2 52 72 (63 Zimmer); *Manchebo Beach Resort*, am breitesten Strandabschnitt Arubas gelegen, doppelstöckige Flügelbauten unter Palmen, Patio-Anlage zum Meer hin, zweckmäßig eingerichtet, von europäischen Gästen bevorzugt, L. G. Smith Blvd. 55, ✆ 2 33 80, 2 34 44, Fax 3 24 46 (70 Zimmer); *Costa Linda,* vierstöckige Apartment-Anlage mit allem Komfort, zum Meer hin abflachende Seitenflügel umrahmen das großzügige Schwimmbad, L. G. Smith Blvd. 59, ✆ 3 80 00, Fax 3 60 40 (155 Zimmer); *La Quinta,* mittelgroße Time-Share-Anlage mit 54 Luxusapartments, sehr privat, L. G. Smith Blvd. 228, ✆ 3 50 10, Fax 2 62 63; *Paradise Beach Villas,* Luxusapartments in tropischem Garten, 50 Wohnungen mit allem Komfort, aufwendige Sportanlagen, eigenes Restaurant (›La Vie en Rose‹), L. G. Smith Blvd., ✆ 3 40 00, Fax 3 79 69; *La Cabana,* die größte aller Apartment-Anlagen gegenüber dem Eagle Beach mit eigenem Spielkasino, 441 Ein- und Mehrzimmerwohnungen mit großem Komfort, aufwendiges Schwimmbad, L. G. Smith Blvd. 250, ✆ 3 90 00, Fax 3 54 74; *Amsterdam Manor,* Klein-Holland in den Tropen, liebevoll-kitschige Rekonstruktion einer niederländischen Landhaus-Anlage in schreiendem Gelb, sehr gepflegte Inneneinrichtung, L. G. Smith Blvd. 252, ✆ 3 14 92, Fax 3 14 63; *The Mill Resort,* um die alte rote Windmühle herum wurde 1990 eine großzügig bemessene, sich angenehm in die Landschaft eingliedernde Ferienanlage mit 90 Wohnungen, in erster Linie für Time-Share-Interessenten, eröffnet. Modern ausgestattet (unweit ein Vogelschutzgebiet), 500 m bis zum Palm Beach, L. G. Smith Blvd. 330, ✆ 3 77 00, Fax 3 72 71

Der Süden und Südosten

Wenn man in den Süden der Insel gelangen will, muß man die neue Brücke über die Spanische Lagune (Spaanse Lagoon) bei Pos Chiquito passieren. Jenseits davon beginnt der ›Süden‹ – mit einem Gebiet, das sich landschaftlich erheblich vom Norden unterscheidet und von den Arubanern als *Sunrise Side* der Insel bezeichnet wird.

Auch in Oranjestad muß man eine kleine Brücke überqueren, um in die südlichen Stadtteile zu gelangen. Schon hier stößt man unübersehbar auf die traditionell engen Verbindungen zwischen Aruba und Venezuela. In der Höhe des Hotels ›Talk of the Town‹ weitet sich ein kleiner öffentlicher Park vor dem städtischen Kulturzentrum, der Cas di Cultura, benannt nach Simon Bolivar, und davor erhebt sich seit 1987 eine mächtige bronzene Reiterstatue des südamerikanischen Revolutionärs. Sie ist ein Geschenk der venezolanischen Regierung.

Weiter auf dem L. G. Smith Boulevard, der fast bis nach San Nicolas führt, erreicht man nach 5 km den neuen *Reina Beatrix Airport.* Der mit EG-Mitteln gebaute Flughafen ist heute das Symbol des modernen Aruba. 1935 landete hier auf noch unbefestigter Piste zum ersten Mal ein Flugzeug. Bis 1955 trug dieser Flugplatz noch den Namen ›Dakota‹, weil die Piste zu einer staatlichen Aloe-Plantage dieses Namens gehörte. Dreimal wurde die Startbahn durch Aufschüttungen ins Meer hinaus erweitert, weshalb auf Aruba seit 1972 sogar Jumbos landen können.

Weiter im südöstlicher Richtung verläuft der Boulevard durch unbebaute Landschaft, in der nur große runde Tanks auf den Anhöhen die Aufmerksamkeit auf sich ziehen. Durch unterirdisch verlegte Leitungen miteinander verbunden, stellen sie die Süßwasserreservoirs der Insel dar. Das von der Meerwasser-Entsalzungsanlage destillierte Wasser wird hier gespeichert und reicht im Notfall drei Monate lang zur Versorgung der Insel.

Nach der ersten großen Abzweigung in Richtung Norden zur Stadt Santa Cruz biegt nach ca. 500 m direkt vor der Brücke, über die Spanische Lagune, eine Ausfahrt ab, über die man nach ca. einem Kilometer die alte **Goldschmelze Balashi** erreicht. 1899 baute hier die ›Aruba Gold Concession Ltd.‹ eine für die damalige Zeit durchaus moderne Schmelzanlage. Sie umfaßte ein großes Walzwerk zum Zerkleinern des goldhaltigen Erzgesteins, fünf Schmelzöfen und mehrere große Wasserbehältnisse aus Eisen zum Auswaschen des Goldes. Ein eigener Generator versorgte die Anlage mit Strom, die benötigten Wassermengen wurden aus der nahegelegenen Spanischen Lagune herübergepumpt. Die Schmelze arbeitete nach einem bestimmten Abgabesystem. ›Selbständige‹ Goldgräber verkauften die von ihnen geschürften Mengen an die Schmelze und wurden entsprechend der Erzqualität entlohnt. Nur zwei Jahre, zwischen 1906 und 1908, arbeitete die Anlage gewinnbringend und schüttete hohe Dividenden an ihre Aktionäre aus. 1916 wurde sie wegen Unrentabilität geschlossen.

Zu sehen sind noch Gebäude- und Mauerreste, die großen Waschbehälter und alte Maschinenteile. Nahebei steht eine Bauruine jüngeren Datums. Findige Arubaner wollten Balashi in einen Besucherpark mit dem verheißungsvollen Namen ›Gold Mill Paradise‹ ausbauen. Sie dachten dabei an Vorbilder im US-Bundesstaat Colorado, in dem die alten Goldgräberorte jährlich Tausende von Besuchern anziehen, doch wird man hier schwerlich an diese Wildwest-Goldrausch-Erinnerungen anknüpfen können.

Um zurück zum L. G. Smith Boulevard zu gelangen, bietet sich eine schmale Straße jenseits der Goldschmelze an. Eine sehr enge Stelle dieser Straße zwischen zwei Felsen in unmittelbarer Nähe der Goldschmelze heißt **Franse Pas** (niederländisch: Franzosen-Paß). Der Name geht auf den erfolglosen Widerstand des von den Spaniern christianisierten Indianer Kaziken Gaspeti zurück, der hier von französischen Piraten in einer Höhle ausgeräuchert und zusammen mit zehn Mitstreitern ermordet wurde. Hinter dem Paß führt die Straße vorbei an einem Vogelschutzgebiet durch weite Aloe-Felder und erreicht am südlichen Ortsausgang von Pos Chiquito wieder den L. G. Smith Boulevard.

Nach 2 km Fahrt parallel zur Küste mit Blick auf den vorgelagerten *Santo Largo Beach* erreicht man das Städtchen **Savaneta**, die historisch älteste ›europäische‹ Ansiedlung auf Aruba.

Der Name ›Savaneta‹ (Papiamento: staatliches Weideland) hat sich erst im 19. Jh. durchgesetzt. Zwei Jahrhunderte lang hieß der Ort ›Commandeursbaai‹, weil hier die niederländischen Vertreter der WIC am Eingang einer geschützten Bucht im einzigen Steinhaus der Insel residierten. In dieser Bucht haben auch die Spanier erstmals arubanischen Boden betreten. Verläßt man in Savaneta die Durchgangsstraße Richtung Küste, taucht man ein in die Atmosphäre eines kleinen Fischerdorfes; vereinzelt sind auch noch ein paar alte arubanische Häuser erhalten geblieben. Ein besonders eindrucksvolles liegt allerdings nördlich des L. G. Smith Blvds. Es ist das ca. 150 Jahre alte, mit Schilfgras gedeckte, weiße **Cas di Yerba**, ein typisches ›Cunucu‹ – (also ländliches) Haus, von denen man abseits der Straße in der Umgebung von Savaneta noch andere finden kann. Diese Lehmhäuser wurden immer nach dem gleichen Grundmuster errichtet: Damit der ständige Nordostwind sich kühlend auswirken konnte, stehen die Häuser in Ost-West-Richtung. Das Schlafzimmer liegt meist an der kühleren Ostseite, die Küche an der Westseite, um den Rauchabzug zu begünstigen.

Von Savaneta sind es noch 3 km bis **San Nicolas**, doch läßt die dichte Bebauung beiderseits der Straße eine Abgrenzung zwischen den beiden Orten nicht recht erkennen.

Über den Ursprung des Stadtnamens existieren zwei Versionen: 1879 wurde in der Gegend Phosphat abgebaut, und der Besitzer der größten Ländereien hieß Nicolaas van der Biest. Großgrundbesitzer wurden damals von ihren Untergebenen mit dem ersten Teil ihres Namens angeredet, dem aber ein respektvolles »Shon« (Herr) vorangesetzt wurde, also »Shon Nicolaas«. Die andere Version bringt den 5. Dezember, den Namenstag des heiligen Nikolaus, mit der Stadtgründung in Verbindung.

San Nicolas war einst ein winziges Fischerdorf, in dem um die Jahrhundertwende die ›Aruba Phosphate Company‹ eine kleine Hafenmole hinter dem vorgelagerten, schützenden Riff errichtet hatte – für den Abtransport des Rohphosphats. Auf diese Mole und den hinter dem Riff gelegenen leicht zugänglichen bzw. ausbaufähigen Hafen wurde die US-amerikanische *Lago Oil and Refinery Company* 1924 aufmerksam. Dann nahmen die Dinge ihren bekannten Lauf (s. S. 40).

Die aus dem gesamten karibischen Raum eingewanderten Arbeitskräfte hinterließen etliche eher schmucklose, im Stile ihrer jeweiligen Heimatarchitektur erbauten

Eine Institution mit Atmosphäre

Holzhäuser in der Innenstadt. Oftmals aus Brettern zusammengenagelt, erhielten sie einen braunen, gelben, weißen oder grauen Anstrich. Bis heute hat sich die Bezeichnung *village* für das Zentrum von San Nicolas erhalten.

Als 1985 Lago die Tore schloß, endete der Wohlstand. Er stellte sich auch nicht wieder ein, als 1990 die Regierung der texanischen Coastal einen Teil der Raffinerie überließ und diese 1991 die Produktion wieder aufnahm.

Heute verfügt San Nicolas, immerhin zweitgrößte Stadt der Insel über keinerlei Attraktivität mehr. Daran änderte auch die Umwandlung des ersten Abschnitts der Mainstreet in eine Fußgängerzone wenig. Die meisten Besucher durchfahren deshalb den Ort, nachdem sie **Charlie's Bar**, die im September 1991 ihr 50jähriges Jubiläum begehen konnte, einen lohnenden Besuch abgestattet haben. Häufig stößt man bei der Fahrt durch San Nicolas auf »No Through Traffic« – Schilder, die auf Umleitungen um die alten Einzäunungen und Mauern der ehemaligen Lago und jetzigen Coastal aufmerksam machen. Erst von den außerhalb des Geländes liegenden *Lago Heights* im Südosten von San Nicolas kann man die ganze Anlage in ihren gigantischen Ausmaßen gut überschauen. Obwohl die gesamte Südspitze der Insel zum ›Lago Territory‹ gehört, gelangt man durch das offene Tor Nr. 6 (dorthin führt die Straße im rechten Winkel

Charlie's Bar

»There is more atmosphere at *Charlie's* than anywhere else in Aruba.« Dieser verheißungsvolle Satz ist kein Werbespot, sondern stammt aus dem Munde von Gouverneur Jossy Tromp, als er 1977 im Namen von Königin Beatrix Charlie Brouns, dem Gründer und Besitzer der Bar, den Ritterorden des Hauses Oranje verlieh. Charlie Brouns bekam den Orden weniger für seine Verdienste als Barkeeper, als für sein soziales patriotisches Engagement und die Bedeutung seiner ›Institution‹ für San Nicolas.

1941, mitten im Zweiten Weltkrieg, eröffnete der in der Nähe von Rotterdam geborene Charlie Brouns in einer Seitenstraße von San Nicolas eine Kneipe. Seeleute, Hafenarbeiter, Angestellte der nahegelegenen Lago-Erdölraffinerie wurden bald seine Stammkunden. Da Lago die westlichen Alliierten mit Treibstoff versorgte und der Krieg auch auf See heftig geführt wurde, ließen die Auswirkungen bei *Charlie's* nicht lange auf sich warten. Mitten im Lokal stand während des Krieges beispielsweise eine Art Opferstock, Charlie Brouns direkte Art, die dafür sorgte, daß kein Gast die Bar verließ, ohne einen Obolus für die Kriegshinterbliebenen hineingeworfen zu haben. Deutsche U-Boote landeten 1942 ein schweres Torpedo, das die Erdöl-Raffinerie treffen sollte, am Eagle Beach. Beim Entschärfen kamen fünf Männer, darunter Freunde und Gäste von Charlie Brouns, ums Leben. In jenen Jahren führte Charlie auch die Gepflogenheit ein, seine Gäste irgendetwas Persönliches an den Wänden oder an der Decke des Lokals zur Erinnerung anbringen zu lassen, sei es eine Visitenkarte, ein Schriftzug, ein kleiner Gegenstand. Inzwischen ist das faszinierende Sammelsurium, das sich im Laufe der Jahre so dekorativ angesammelt hat, fester Bestandteil des Inventars. Bis heute wird an dem Brauch festgehalten, sich bei *Charlie's* auf diese Weise zu verewigen; allerdings muß man lange suchen, um noch ein freies Fleckchen zu finden. Von Anfang an war Charlie's Bar Restaurant, Café, Informationsbörse, Treffpunkt, alles zur gleichen Zeit. Man konnte, mußte aber nichts verzehren. So ist es bis heute geblieben. Die Bar hat sich seit ihrer Eröffnung 1941 – bis auf die hinzugekommenen Verewigungen – kaum verändert. Mit dem Niedergang der Lago-Company gab es keine festgefügte Klientel mehr. Es kamen vermehrt einheimische Maler und Musiker. Viele von ihnen stellten sich hier zum ersten Mal der Öffentlichkeit vor! Der holländische Schriftsteller Dolf de Vries, der einige Jahre auf Aruba verbrachte, schrieb große Teile seines Romans ›Knopen tellen‹ in Charlie's Bar, die er zwei Jahre lang täglich besuchte.

1977 übernahm Charlies Sohn die Bar seines Vaters. Der 1941 auf Aruba geborene Charlie Brouns Junior hatte sich im US-amerikanischen Bundesstaat Columbia bereits eine Existenz aufgebaut, als ihn die Nachricht erreichte, daß sein Vater die Bar aus Altersgründen schließen wollte; daraufhin kehrte er nach Aruba zurück, und seitdem führt er *Charlie's* in der gleichen Weise wie einst sein legendärer Vater. Als Charlie Brouns Senior 1989 starb, nahm ganz San Nicolas an seiner Beerdigung teil. Eine Woche lang blieb die Bar geschlossen.

Alles ist denn beim alten: Die Drinks sind groß und gut geblieben, die Gäste werden persönlich begrüßt, die deftige Küche sucht nach wie vor auf der Insel ihresgleichen. Rosalba, die Frau von Charlie Jr. hat die Rezepte ihrer Schwiegermutter übernommen und sie kreolisch angereichert. ›Shrimps and Squid‹ ist die Spezialität des Hauses.

Charlie Jr. tritt ganz in die Fußstapfen seines Vaters. Wie jener engagiert er sich in besonderer Weise für Aruba. Die von ihm und befreundeten Gästen gegründeten ›Charlie's Bar Boozers‹ fungieren als aktive Sponsoren im kulturellen und sportlichen Leben der Insel. Charlie Jr. selbst setzt sich sehr für die ökologischen Belange der Insel, insbesondere in San Nicolas ein.

Wann trifft man ihn – wann also ist *Charlie's* geöffnet? Selbst in Beantwortung dieser Frage spürt man den humorvollen persönlichen Stil der Brouns; übersetzt etwa so: »Fast jeden Tag geöffnet. Etwa ab 11 oder 12, manchmal sogar schon um 7 Uhr. An manchen Tagen aber auch erst um 12 oder 1. Wir schließen etwa um 21.30 oder 22.30 Uhr, manchmal aber auch erst um 4 oder 5 in der Frühe…«

von den Lago Heights) zu den exklusiven Wohnvierteln von **Ceru Colorado** (›bunter Hügel‹) mit seinen sehenswerten Bungalow-Anlagen, in denen einst US-amerikanische Manager wohnten; viele dieser Häuser stehen heute leer. Bei klarem Wetter kann man von hier oben die nur 22 km Luftlinie entfernt liegenden Berge an der venezolanischen Küste erkennen.

An der Südküste unterhalb von Ceru Colorado führt die Straße direkt zu zwei herrlichen Badestränden, zum langen *Rodger's Beach* mit Yacht-Club und kleinem Yacht-Hafen und zum *Baby Beach* einer flachen türkisgrünen Lagune. Zwischen beiden Stränden steht das verlassene Clubhaus des ›Esso-Clubs‹, das noch deutlich Spuren besserer Zeiten aufweist. Wer von hier zu den Klippen am Südzipfel der Insel – zum *Colorado Point* – vordringen möchte, muß vom Baby Beach aus zu Fuß gehen; er kann sich am Leuchtturm (Ceru Colorado Lighthouse) orientieren.

Unterkunft: Astoria, Crigussenstraat 6, ✆ 4 51 32.

Taxi: Vermittlungszentrale, ✆ 4 51 64, 4 66 02

Restaurants: Charlie's Bar and Restaurant, Mainstreet, ✆ 4 50 86

Es geht weiter entlang des nordöstlichen Küstenstreifens über Sandpisten. Auf dieser, der offenen See zugewandten Seite Arubas gibt es keine zusammenhängenden Siedlungsgebiete mehr. Präkolumbische Indianerfamilien fanden in der ansonsten wenig schutzbietenden, kargen, rauhen Felslandschaft Unterschlupf in natürlichen Felsenhöhlen. Drei dieser Höhlen gehören heute zu den vielbesuchten Ausflugszielen. Die südlichst gelegene **Huliba-Höhle** besteht aus zwei Räumen, die durch einen Gang miteinander verbunden sind. Zum selben Höhlensystem gehört auch der über einen eigenen Zugang erreichbare sogenannte ›**Tunnel of Love**‹, ein ca. 200 m langes, dunkles und unebenes Höhlenlabyrinth. Hier entdeckte Scherben irdenen Geschirrs und Werkzeuge deuten auf die indianische Nutzung der Höhlen hin, die jedoch ansonsten keinerlei Spuren ihrer früheren Bewohner aufweisen.

Kalkstein-Höhle von Guardirikiri

Nur einen Kilometer weiter nördlich stößt man auf die **Kalkstein-Höhlen von Guadirikiri**. Es sind zwei leicht zugängliche, bis zu 7 m hohe Räume, in die durch Deckenöffnungen Sonnenlicht eindringt, was der Höhle eine besondere Wirkung verleiht, da die unterschiedlichen Mineralien an den Höhlenwänden das Licht bei bestimmten Einfallswinkeln reflektieren. Der rotbraune Boden der ansonsten hellen Kalksteinräume ist relativ eben. (Die Wandzeichnungen sind neueren Datums.)

Während die Bedeutung der indianischen Namen ›Huliba‹ und ›Guadirikiri‹ unbekannt ist, geht der des dritten Höhlensystems, in dessen Umgebung heute Gemüse angebaut wird, auf eine kleine Süßwasserquelle in unmittelbarer Nähe zurück. Die **Fontein-Höhlen** sind die beeindruckendsten ihrer Art auf Aruba. Mehrere Räume erweisen sich als bizarre Tropfsteinhöhlen, deren Säulen die Besucher faszinieren. Die größte Höhle ist ungefähr 500 m^2 groß, die Höhe schwankt zwischen zwei und vier Metern. Indianische Original-Zeichnungen blieben an den Decken erhalten.

Bedauerlicherweise haben in den letzten Jahren Graffiti-Sprayer diese unterirdischen ›Naturpaläste‹ zum Ziel ihrer Kunstübungen gemacht. Deshalb werden sie jetzt tagsüber bewacht und abends abgeschlossen. Fünf Tage Haft drohen jedem, der sich dennoch hier zu verewigen sucht.

In unmittelbarer Nähe der Fontein-Höhlen lädt das hellblaue Wasser in der schönen kleinen *Bucht von Boca Prins* (Prinzenbucht) zum Baden ein. Landeinwärts sind im Laufe von Millionen von Jahren weiße Sanddünen entstanden, die sich von der dunklen Felsküste weithin sichtbar abheben. Allerdings ist Baden in Boca Prins wegen der Strömungen gefährlich; abseits der Bucht machen die scharfkantigen Felsen ein Verlassen des Meeres unmöglich.

Bei Boca Prins gabelt sich der Küstenweg. Entweder kann man in nördlicher Richtung noch bis **Dos Playa** fahren, zwei kleinen Stränden, die am Ende eines trockenen Flußbettes (Rooi Tambu) liegen, oder über die breitere Sandpiste in Richtung Westen zurück ins Landesinnere. Nach ca. drei Kilometern ist die Straße wieder asphaltiert (etwa ab der Erhebung Piedra Cacho), und nach weiteren zwei Kilometern erreicht man den Abzweig zum größten Naturschutzgebiet Arubas, dem **Arikok Nationalpark**.

Bereits das Hinweisschild informiert, daß die ›STINAPA-Aruba‹ als staatlich unterstützte Stiftung zur Pflege aller Nationalparks der Insel, auch für die Unterhaltung dieses ca. 900 ha großen Parks zuständig ist. Dieser Aufgabe widmen sich die Mitarbeiter der Stiftung mit großem Engagement. In dem durch Steinmauern eingefaßten Park gelangt man am nördlichen Ende, dank gut ausgeschilderter Wander-

Im Arikok Nationalpark

wege oder über Treppen bei unwegbarem Gelände, vorbei an Erläuterungstafeln, zu einem originalgetreu nachgebauten (ländlichen) **Cunucu-Haus** mit einem Auslauf für Ziegen und Schweine. Die Kakteen- und Dornenbüsche, der karge Boden und das kleine Gehöft inmitten dieser Umgebung beleben die Vorstellung, wie bescheiden viele Menschen auf dem Land vor der Gründung der Lago gelebt haben müssen. In der Nähe des Gehöfts stößt man auf Spuren indianischer Besiedelung, darunter auch auf die eindrucksvollste aller erhaltenen indianischen *Felszeichnungen*, einen roten Vogel mit weißen Flügeln.

Der Name des Parks geht übrigens auf den 188 m hohen Arikok zurück, auf dessen Gipfel ein Fußweg führt. An seinen Hängen stehen einige besonders schöne Divi-Divi-Bäume *(Caesalpina Coriaria)*, die von den Einheimischen wegen ihrer verformten Kronen auch »Watapana« genannt werden.

Öffnungszeiten: täglich 8–18 Uhr.

Schon auf der Fahrt von Boca Prins ins Landesinnere sieht man zur Linken den *Jamanota* liegen. Er ist mit knapp 200 m der höchste Berg der Insel. Wenn man den Nationalpark Arikok wieder verlassen hat und zur Hauptstraße zurückgekehrt ist, zweigt wenig später nach Süden eine geteerte Verbindungsstraße zur Bergspitze ab. Auch der Jamanota ist Teil eines kleinen Naturschutzgebietes. Darauf machen auch die Schilder an der hinaufführenden Straße (›tereno di naturaleza‹) aufmerksam, die durch eine großartige Kakteenlandschaft führt. Vom Gipfel aus hat man einen herrlichen Panoramablick über die ganze Insel: Von hier oben kann man an der Südküste den Flughafen und die Raffinerie-Anlagen in San Nicolas erkennen, im Westen Oranjestad und im Osten die zerklüftete Küste mit ihren Einbuchtungen. Bei guter Sicht reicht der Blick sogar bis zum California-Leuchtturm an der Nordspitze Arubas.

Vom Jamanota sind es 10 km Luftlinie bis Oranjestad. Mit dem Wagen benötigt man für die ganze Strecke über Santa Cruz ca. 40 Minuten.

Der Norden und Nordwesten

Wenn man Oranjestad in nordwestlicher Richtung auf dem L. G. Smith Boulevard verläßt, passiert man zur Linken zuerst den Eagle Beach. Rechterhand ist das langgezogene schmucklose Hochhaus des Dr. Horacio E. Oduber Hospitals nicht zu übersehen. Es wurde 1976 eröffnet und nach dem ersten arubanischen Arzt, Oduber (1862–1935), benannt.

Nördlich des Eagle Beach in Richtung Palm Beach führt die Straße um den Bubali Bird Lake herum. Ursprünglich hatte sich hier, auf einer größeren Fläche hinter der Küste, ein flacher, salzhaltiger Teich gebildet, der regelmäßig austrocknete. Seit 1973 leiten die Hotels entlang der beiden Strände gezielt ihr gereinigtes Brauchwasser in dieses Gebiet, in dem sich seitdem eine reiche Mangrovenvegetation gebildet hat. Wenig später kamen die ersten Vögel, und heute brüten in dem inzwischen unter Naturschutz gestellten **›Bubali Bird Sanctuary‹** genannten Areal regelmäßig Tausende von Vögeln, darunter auch über 20 bis dahin hier nicht heimische Arten, z. B. Enten- und Reiherarten, Kormorane und der seltene Nachtreiher (Black-crowned night heron).

Dem Vogelschutzgebiet folgt als Attraktion unübersehbar auf der rechten Seite eine alte, rote holländische **Windmühle**, die 1804 in Groningen gebaut wurde, wo sie bis 1961 stand. Da man dort keine Verwendung mehr für sie hatte, kaufte sie ein Hotelier und ließ sie zerlegt per Schiff nach Aruba bringen, um in der wiederaufgebauten Mühle ein Restaurant einzurichten. Natürlich heißt es ›De Olde Molen‹ (s. S. 98).

Folgt man dem L. G. Smith Boulevard, der hinter dem Palm Beach parallel zum Küstensaum verläuft, erreicht man nach 3 km **Malmok**.

Malmok ist eine klassische Ferienhaus-Siedlung mit schönen Bungalowanlagen, die von noch schöneren Gärten umgeben sind.

Allgegenwärtiges Mutterland

Nur 300 m vor der Küste dieses kleinen Ortes ragt das Wrack des deutschen Handelsschiffes ›Antilla‹ aus dem Meer, ein beliebtes Ziel der einheimischen Tauchschulen (s. S. 202). Es hatte just im Auftrag der Hapag Lloyd seinen Dienst aufgenommen, als Deutschland am 10. Mai 1940 Holland den Krieg erklärte und es besetzte. Da Deutschland damit auch Kriegsgegner von Aruba war, wurde die Antilla von den wenigen auf Aruba stationierten holländischen Marinesoldaten an ihrer Weiterfahrt gehindert; der Kapitän verweigerte jedoch die Übergabe und setzte sein Schiff in Brand. Es explodierte, zerbrach in zwei Teile und sank vor der flachen Riffküste. Wie durch ein Wunder kam keiner dabei ums Leben: Die deutschen Seeleute überlebten den Krieg als Internierte auf Aruba. Nach 1945 kehrten nur drei von ihnen nach Deutschland zurück; die anderen hatten sich mittlerweile auf der Insel niedergelassen.

Von dem kleinen Hafen in Malmok, der ansonsten nur von den Freizeitbootbesitzern der nahen Bungalows angesteuert wird, fährt unregelmäßig ein ›glassbottom boat‹ zum Wrack; dorthin zu schwimmen ist wegen des ablandigen Windes zu gefährlich!

Der auf einer Anhöhe an der Nordwestspitze Arubas stehende **California-Leuchtturm** ist der landschaftliche Orientierungspunkt. Sein Name geht auf das in unmittelbarer Nähe gesunkene Schiff gleichen

Madonna von Paradera

Namens zurück (s. S. 205). Der kaum befestigte Weg, der zwischen Felsfindlingen bis zum Fuße des Leuchtturms führt und den man auch ohne Vierradantrieb befahren kann, verläuft zuerst in Windungen bis an die äußerste, von hohen Wellen umspülte Nordwestspitze. Hier schmeckt die Luft salzig, und starker Wind bläst einem ins Gesicht. Etwas landeinwärts beginnt das größte zusammenhängende Sanddünen-Gelände der Insel. Inmitten der kargen, braungrauen Felslandschaft heben sich die langen, weißen Dünen, die an den windabgekehrten Hangseiten mit Seegras bewachsen sind, für das Auge einladend ab. Wegen des ständigen Windes empfehlen sich die Dünen aber leider kaum als Rastplätze.

Noord ist, nach Oranjestad und San Nicolas, die drittgrößte Stadt Arubas. Ihre zentrale Lage im nördlichen Teil der Insel und ihre geographische Nähe (weniger als 3 km) zum Palm Beach mit seinen ›High Rise Hotels‹ haben die Stadt kontinuierlich wachsen lassen. Schmucke Apartmenthäuser, große Einkaufsmärkte, Dienstleistungseinrichtungen, Tankstellen und Restaurants verleihen Noord ein modernes Aussehen.

Direkt an der Hauptstraße steht unübersehbar in ockergelb die 1990 renovierte, römisch-katholische **Sint Annakerk**. Sie wurde von 1914 bis 1919 zu Ehren der heiligen Anna, der Mutter Marias, errichtet. Das ideelle Zentrum des neogotischen Gotteshauses bildet der aus Eichenholz geschnitzte Altar aus dem Jahre 1870 in der Apsis. Hendrik van der Geld aus Nordbrabant hatte sich als Schüler der Kunstakademie Antwerpen mit diesem Altar an einem offenen Wettbewerb für religiöses Kunsthandwerk während des Ersten Vatikanischen Konzils beteiligt und einen Preis für seine Arbeit gewonnen. Van der Geld schenkte den Altar der St. Antoniuskerk im holländischen Scheveningen. Als diese Kirche 1928 vollständig renoviert wurde, stiftete ihn der damalige Pfarrer seiner Missionspatengemeinde auf den Niederländischen Antillen. Die verspielte Schnitzarbeit in dunklem Eichenholz kommt durch den Kontrast zum hellen, gradlinigrechteckigen Innenraum besonders gut zur Geltung. Warmes Licht strömt durch die 14 m hohen bleiverglasten Fenster, die 1932 von Wilhelm Derix aus dem fernen Kevelaer am Rhein angefertigt und eingesetzt wurden. Die vier halbrunden Oberfenster hat Heinrich Derix, sein Sohn, 30 Jahre später nach Entwürfen von Johan Schweitz, einem Arubaner niederländischer Herkunft, geschaffen. Besondere Aufmerksamkeit verdient auch die hohe, aufwendig geschnitzte Holzkanzel der Kirche.

Hinter der St. Annakerk steht noch das inzwischen aufgefrischte gelbe **Pfarrhaus** aus dem Jahre 1877. Es ist ein sehr gut erhaltenes arubanisches Landhaus, das kontinuierlich bewohnt wurde und zu den ältesten seiner Art auf der Insel gehört. Sein Alter läßt darauf schließen, daß auch die St. Annakerk auf eine ältere Geschichte zurückblickt. Tatsächlich berichten die Annalen über ein einfaches Gebetshaus an gleicher Stelle, dem 1772 ein Priester namens Domingo Antonio Silvester vorstand und das nach der Schließung der Kapelle von Alto Vista (s. S. 99) häufig benutzt wurde. Nach etlichen Umbauten ging es schließlich 1916 im heutigen Bau auf. Das im Vorhof errichtete Christus-Denkmal wird ins Jahr 1932 datiert.

Neben der Sint Annakerk befindet sich der große **alte Friedhof** (›Paroquia Santa Philomena‹). Wie auch in der mediterranen Welt, ist es auf Aruba Sitte, die Särge nicht im Boden zu versenken, sondern in schmucke freistehende Nischenbauten aus Stein einzumauern. Nach der Beisetzung werden diese dann gerne in bunten Pastellfarben gestrichen und mit künstlichen Blumen dekoriert.

Unterkunft: Die Preise in Noord liegen um ca. 15 % niedriger als an der Küste. Zum Verwaltungsbezirk Noord gehören auch jene Unterkünfte, die in der Bucht von Fishermen's Hut liegen. *Apartments und Gästehäuser*: Boardwalk, schöne Apartments mit hohem technischen Komfort, nördlich des Palm Beach. Bakval 20, ✆ 2 66 54 (65 US-$ pro Tag); Cactus, Apartmentanlage mit 13 Wohneinheiten im Bungalow-Stil. Matadera 5, ✆ 2 29 03 (zwischen 40 und 45 US-$ pro Tag); Coconut Inn, Ein- und Zweizimmerapartments in Reihe, mit Veranda. Noord 31, ✆ 2 12 98, 2 62 88 (35 bis 55 US-$ pro Tag); Darliot Apartments, sehr komfortabel. Montane 43B, ✆ 2 22 74 (ab 50 US-$ pro Tag); Montana Apartments, klein, sauber. Montane 6D, ✆ 2 49 81 (25 US-$ pro Tag); Roger's Place, nördlich des

Palm Beach am Fisherman's Hut, direkt am Strand; sportlich-komfortabel eingerichtet, von Windsurfern bevorzugt. L. G. Smith Blvd. 472, ✆ 2 19 18 (DZ zwischen 35 und 85 US-$).

Restaurants: *Gehobene Klasse*: Valentino's, beste italienische Küche, exzellente Salate, ausgefallene Desserts, elegant und aufwendig, im Carribean Palm Village Resort Noord 43E; tägl. 18–24 Uhr außer So, ✆ 6 94 55. *Mittlere Preisklasse*: De Olde Molen (The Mill), Restaurant in einer 200 Jahre alten holländischen Windmühle; niederländisches Ambiente in Delfter Blauweiß, deutsche Weine, holländisches Bier; Richtung Palm Beach, Smith Blvd. 330; tägl. 18–23 Uhr, ✆ 2 20 60; La Paloma, italienische Küche bester Qualität mit lokalem Kolorit; Noord 39; tägl. 18–23 Uhr; ✆ 2 46 11; The Flame, Spezialitäten: Fisch, Steaks; Noord 19-A; tägl. 18–23 Uhr außer Mi, ✆ 6 46 88; The Old Cunucu House, in einem 75 Jahre alten arubanischen Landhaus hat der Brite Robin Care ein stilvolles, gemütliches Restaurant eingerichtet (internationale Gerichte), Palm Beach 150, an der Straße von Noord zum Palm Beach, vor den Sunset Villas Richtung Norden einbiegen; tägl.

18–23 Uhr, ✆ 3 16 66. *Preiswert*: Mi Cushina, einheimische Gerichte in einfacher Umgebung, Spezialität: Fische; Noord, Cura Cabai 24; tägl. 12–14 und 18–22 Uhr, ✆ 4 83 35; Twinkle Bones, Großraumrestaurant für Freunde amerikanischer Steaks; Turibana Plaza, Noord 124; tägl. 19–22 Uhr, ✆ 6 98 00.

Von Noord führt eine asphaltierte Straße in Richtung Osten, auf der man nach knapp 4 km die Kapelle von **Alto Vista** erreicht. Schon von Ferne ist die auf einem 80 m hohen, kargen Felsplateau oberhalb der Nordostküste errichtete kleine Kirche zu erkennen. Der letzte Teil der Strecke wird rechterhand durch 14 weiße Kreuze (die Stationen eines Kreuzweges andeutend) und linkerhand durch hohe Kakteen gesäumt. Hat man die Anhöhe erreicht, belohnt zunächst einmal der herrliche Blick ins weite Rund und das Meer zu Füßen.

In der heutigen Form wurde die der Jungfrau Maria geweihte Wallfahrtskapelle 1952 errichtet, der großzügige Vorhof 1964 von einer Mauer eingefaßt. Durch große Bogenfenster fällt Licht in das schlicht gehaltene Innere des Gotteshauses. Den stets mit frischen Blumen geschmückten Altar ziert eine kleine, nur etwa 50 cm hohe Madonna mit dem Christuskind. Außerdem wird hier ein spanisches Kruzifix als Reliquie verehrt. Es hatte bereits in der kleinen Kirche seinen Platz, die um 1750 von Indianern an gleicher Stelle erbaut worden war. Den in Oranjestad verwahrten Kirchenbüchern nach soll ein gewisser Miguel Enrique Álvarez der erste Priester von Alto Vista gewesen sein – ein Indianer, der das Kreuz aus dem venezolanischen Ort Coro hierhergebracht habe. Wenngleich die erste Kirche, ein Lehmbau mit einem Dach aus Ästen, mit ihrer Schließung 1816 dem Verfall preisgegeben wurde, so blieb sie doch weiterhin das Ziel vieler Menschen. Angesichts eines drohenden

Die Kapelle von Alto Vista

Die indianischen Ureinwohner

Die ersten Bewohner Arubas kamen um ca. 2500 v. Chr. aus dem heutigen Venezuela. Die Fischer, Jäger und Sammler aus der Ethnie der *Arawaks*, die bereits primitive Werkzeuge zum Haus- und Bootsbau verwendeten, werden von den Archäologen der bandkeramischen Periode zugerechnet.

Grabfunde in Malmok und Cer'i Canashitu haben nicht nur sehr komplexe Bestattungszeremonien erkennen lassen, sondern auch, daß die Indianer eine Lebenserwartung von ca. 35 Jahren hatten, durchschnittlich 157 cm (Männer) bzw. 149 cm (Frauen) groß und von athletischer Statur waren. Ein schmaler Schädel mit hoher Stirn – im Gegensatz zu den Mayas nicht durch künstliche Deformation hervorgerufen – unterscheidet die präkeramischen Indianer von ihren Nachfolgern der keramischen Periode, die aufgrund dieser Beobachtung nicht als deren direkte Nachfahren angesehen werden können.

Die ersten Indianer lebten in kleinen Siedlungen, bestehend aus wenigen rechteckigen, einräumigen Lehmhütten, die mitunter auch größere Verwandtschaftsgruppen beherbergten. Der Medizinmann war zugleich Häuptling und religiöser Führer der Gruppen, deren Lebensweise – wie auch ihr Verschwinden um 900 v. Chr. – der Wissenschaft noch viele Rätsel aufgibt. Auch bei den an ca. 30 Orten in Aruba zu bestaunenden Höhlenmalereien dieser Epoche, die wohl eine magische Bedeutung hatten, bleiben etliche Fragen unbeantwortet.

Die Ureinwohner der Insel waren Animisten: Sie glaubten, daß alles, was sie in ihrer natürlichen Umgebung vorfanden, beseelt sei. Ein Geist des Bösen spielte eine besondere Rolle: ›Hurakane‹, dessen

deutschen Torpedoangriffs auf die Erdölraffinerie während des Zweiten Weltkrieges gelobte eine Gruppe von Katholiken den Bau einer stabilen Kapelle. 1952 erfüllte sie dann ihr Gelöbnis.

Alto Vista ist ein Ort der Ruhe und Beschaulichkeit; nur am ersten Sonntag im Oktober, wenn von Noord die traditionelle Prozession zu Ehren der Gottesmutter heraufzieht, drängen sich in Kapelle und Vorhof die Gläubigen.

Leider führt entlang der Küste kein befahrbarer Weg, auf dem man direkt zu den nur knapp 5 km Luftlinie entfernten Ruinen der Goldschmelze von Bushiribana gelangen könnte. Man muß also umkehren in Richtung Noord, auf halber Strecke dann nach Süden abzweigen via Bona Vista, Sabana

Name in der modernen Bezeichnung Hurrikan überdauert hat. Neben den Himmelskörpern verehrten die Indianer die für sie als Geister weiterlebenden verstorbenen Ahnen. Als Totemfigur und damit als Beschützer, Helfer und Verwandter galt den Arawak ein auf Aruba heimischer Frosch, dem sie sich mystisch verbunden fühlten.

Von ca. 900 v. Chr. an erscheint eine neue indianische Ethnie, die in größeren, verfestigten Dorfstrukturen lebt, Landwirtschaft betreibt und über Stil und Technik der Bandkeramik verfügt. Die *Dabajuro-Indianer* (benannt nach dem erstmaligen Fundort bandkeramischer Töpferware auf dem venezolanischen Festland) vergruben ihre Toten zunächst in der Erde, um sie nach der Verwesung noch einmal in riesigen Tonurnen und mit zahlreichen Grabbeigaben beizusetzen. Selten finden sich Beispiele für Bestattungen in Doppelurnen: Der Tote wurde in hockender, ›embryonaler‹ Stellung in eine große Tonurne manövriert, der man dann eine weitere Urne – als Deckel – überstülpte.

Die historische Periode beginnt erst mit der Ankunft der Spanier im Jahr 1499. Zu diesem Zeitpunkt bewohnten indianische *Caiquetios* die Insel, die als gute Seefahrer mit ihren in Ausbrenntechnik gefertigten Einbäumen vornehmlich den Fischfang betrieben. Als Nahrung und Tauschwährung diente eine ›Carcó‹ genannte Schnecke, für die auf dem Festland Gemüse, Früchte, Speer- und Pfeilspitzen, Messer und Äxte erworben wurden.

Heute erinnern zahlreiche Ortsbezeichnungen vor allem im Nordwesten, Norden und Osten der Insel an die ursprünglichen, im 16. Jh. in die Sklaverei verschleppten Bewohner (z. B. *Cashunti, Cudawechi, Huliba* oder *Kiwarcu*). Von ihrer Kultur legen im Archäologischen Museum von Oranjestad Felszeichnungen, ausgegrabene Keramiken, große Graburnen und andere Artefakte ein beredtes Zeugnis ab (s. S. 71).

Liber und Calbas nach Paradera, und von hier wieder gen Osten Richtung Santa Cruz. Hinter Paradera erwarten einen die **Felsformationen von Casibari** und zwei weitere Kilometer östlich die von **Ayo**: große, zum Teil übereinander getürmte und ineinander verschobene Findlinge *(boulders)* aus hartem Quarz- und Dioritgestein. Geologen deuten diesen Monolithen als Eruptionsgestein, das tieferliegenden Schichten des Inselsockels entstammen soll. Im Laufe von Jahrmillionen haben Erosionseinwirkungen die Brocken verformt, ausgehöhlt oder zu bizarren Figurationen gestaltet. Dazwischen wachsen hohe Kakteen, kriecht dorniges Gestrüpp.

Casibari und Ayo sind regelrechte Landschaftsparks; großzügig angelegte Wege ermöglichen es Spaziergängern, die gigantischen Felsen näher in Augenschein zu nehmen. Casibari ist die flächenmäßig größere, Ayo die interessantere Anlage.

Öffnungszeiten: täglich 8–18 Uhr.

Zwischen Casibari und Ayo zweigt von der Verbindungsstraße nach Norden eine asphaltierte Straße Richtung Küste ab. Über sie gelangt man nach 3 km nach **Bushiribana**. Die Goldschmelze mit dem indianischen Namen wurde 1872 von der ›Aruba Island Goldmining Company Ltd.‹ gebaut, nachdem in der Umgebung an den bis zu 90 m steilen Abhängen des Ceru Plat, des Ceru Crystal und der Ceru Gerard 1824 zum ersten Male Gold entdeckt worden war. Im März jenen Jahres fand der zwölfjährige Willem Rasmijn, der die Schafe seines Vaters in einem ausgetrockneten Flußbett hütete, durch Zufall ein Klümpchen des wertvollen Edelmetalls. Ein Händler in Oranjestad kaufte es ihm weit unter Preis ab und erkundigte sich nach dem Fundort. Binnen weniger Jahre brach ein ›Goldrausch‹ in diesem Teil der Insel aus, den die Kolonialregierung durch das Abstecken von *Claims* und deren Verpachtung in den Griff zu bekommen suchte.

Für den quadratischen Bau der Schmelze wurden einst große, behauene Natursteine verwendet, so daß selbst noch die heutige Ruine gut erhalten ist. Ins Innere der teilweise durch roten Flugsand zugewehten Anlage gelangt man durch einen Eingang im Westen. Zwischen 1872 und 1882 – nur während dieses Zeitraumes war die Schmelze in Betrieb – wurden aus ca. 3000 Tonnen Gestein 600 kg Gold gewonnen. In der Umgebung der Schmelze stößt man vereinzelt auf schmale Schächte, die bis in eine Tiefe von 30 m hinabreichen und dokumentieren, wie primitiv die Verhältnisse waren, unter denen die Goldgräber arbeiten mußten. In einem Korb kauernd, der lediglich an einem Seil hing, wurden sie in die Tiefe gelassen und wieder hochgezogen.

Weil die mächtigen Mauern der Schmelze einer Festung gleichen, wird die so nahe am Meer gelegene Ruine heute noch als ›Piratenschloß‹ bezeichnet, obgleich der Bau nie etwas mit Seeräubern zu tun hatte!

An der Küste vor Bushiribana hat das Meer zwei Einbuchtungen *(bocas)* geschaffen, *Boca Mahos* im Süden und *Boca Budui* etwas nördlicher. Hier hat die Brandung kleine Naturbrücken in der Felsküste entstehen lassen, unter denen man bei ruhiger See hindurchwandern kann. Aber die ganz große, wirklich beeindruckende Naturbrücke liegt 3 km südlich von Bushiribana. Um dorthin zu gelangen, muß man zurück zu den Felsen von Ayo, und erreicht von dort auf asphaltierter Straße die **›Natural Bridge‹** in der

Die ›Natural Bridge‹, Attraktion der Insel

Bucht von Andicuri (*Boca Andicuri*), die bedeutendste Sehenswürdigkeit Arubas. Dank vieler Hinweisschilder ist die Anfahrt nicht zu verfehlen.

Die Natural Bridge, eine in Millionen Jahren durch die ständige, mächtige Brandung aus dem Kalksteinfels der Küste herausgewaschene und unterspülte, brückenähnliche Felsformation, ist mit einer Länge von 35 m und einer Höhe von 8 m die größte ihrer Art in der ganzen Karibik. Deshalb gehört sie wohl auch zu den Lieblingsmotiven der fotografierenden, stets üppigen Besucherscharen und deshalb sucht der Ort infrastrukturell seinesgleichen an der sonst menschenleeren nordöstlichen Küste: Coca Cola hat eine ›Thurst Aid‹-Station eröffnet, im ›Cattle Baron‹ gibt es Steaks in allen Variationen, und mit Souvenirs kann man sich selbstverständlich auch eindecken. Wegen der für Fotofreunde ungünstigen Sonneneinstrahlung am Morgen empfiehlt sich ein Besuch am Nachmittag.

Bei der Rückfahrt von der Natural Bridge ins 20 km entfernte Oranjestad sollte man die Gelegenheit nicht auslassen, dem nur 2 km hinter Santa Cruz liegenden *Hooiberg* (engl. Haystack = Heuhaufen) einen Besuch abzustatten. Der 168 m (genau 167,43) hohe Kegelberg aus Vulkangestein ist die ›prominenteste‹ Erhebung der Insel. Er gerät von allen Orten der Insel immer wieder ins Blickfeld.

Auf dem Gipfel befinden sich zwar nur Rundfunk- und Fernsehantennenmasten, aber der Blick über die Insel von Küste zu Küste lohnt den Aufstieg in jedem Falle.

Bonaire

Hauptstadt mit Charme – Kralendijk

Im Norden – Naturraum Washington Slagbaai Nationalpark

Im Süden – Salz und Flamingos

Klein Bonaire

Bedrohte Schätze –
Rote Flamingos im Pekelmeer

Unter Wasser sei Bonaire am schönsten, behaupten jene, die Jahr für Jahr die Insel wegen ihrer weltbekannten Riffe besuchen. Dabei bietet die Insel auch sehr viel oberhalb der Meeresoberfläche: Herrliche Spazierwege, einsame Strände und ein liebenswertes kleines Städtchen: Kralendijk.

Die Insel der Flamingos – Bonaire stellt sich vor

Sobald man sich mit dem Flugzeug dem an der Küste liegenden ›Flamingo Airport‹ nähert, erkennt man einen blauen Ring, der die Insel umgibt. Dieser zwischen Türkis und Azurblau changierende Kreis von unterschiedlicher Breite markiert das Korallenriff, das die gesamte Insel umgibt.

Bonaire – das »B« im ABC des ehemals holländischen Kolonialbesitzes – ist das zweitgrößte, aber am dünnsten besiedelte und am wenigsten vom Tourismus geprägte Eiland der Niederländischen Antillen. Es liegt ca. 45 km östlich von Curaçao. Vom Lacre Punt im äußersten Süden bis nach Malmok im äußersten Nordwesten Bonaires sind es ca. 40 km. An der breitesten Stelle – in der Mitte der Insel zwischen Playa Lechi und Spelonk – mißt man 12 km, an der schmalsten – in Höhe von Rincon – ganze 6 km. Insgesamt erinnert die Form an einen Bumerang, dessen nach Westen gerichtete Krümmung die nur 5 km^2 große, vollkommen ebene und unbewohnte Insel *Klein Bonaire* umschließt.

Das Leben der knapp 12 000 Bewohner verläuft in ganz ruhigen Bahnen; Wendungen wie »poco, poco« (nett oder langsam) und »Hopo, hopo bon« (sehr, sehr gut) sind in Papiamento die meist wohlgelaunten Antworten auf die Frage, wie es denn gehe. Die etwa 50 000 Besucher pro Jahr stören den Alltag der Insel kaum, denn sie kommen in erster Linie wegen der märchenhaft schönen Tauchreviere und überhaupt der unberührten Natur wegen. Biologen meinen, es gäbe mehr Flamingos als Menschen auf Bonaire. Wenn die sehr scheuen rosaroten Vögel einen solchen Ort als Brutstätte auswählen, – ist das nicht der beste Beweis für ökologisch intakte Natur?

Obwohl hier holländischer Einfluß zu spüren ist, dominiert eine tropisch-karibische Atmosphäre, nicht zuletzt wegen der überwiegend farbigen Bevölkerung. Eine Folge aus der Tatsache, daß vor

›Steckbrief‹ Bonaire

Fläche:	288 km^2
Einwohner:	11 850
Bevölkerungsdichte:	39 pro km^2
Tag der Unabhängigkeit:	15. 12. 1954
Staatsform:	Autonome Inseldemokratie im Königreich der Niederlande
Hauptstadt:	Kralendijk
Landeswährung:	Florin der Niederländischen Antillen (NAf; umgangssprachlich: Gulden)
Sprache:	Holländisch und Papiamento, aber auch Englisch und Spanisch
Religion:	90 % katholisch
Handel (1990):	Einfuhr: 62 Mio NAf, Ausfuhr: 10 Mio NAf

mehr als 300 Jahren afrikanische Sklaven von der WIC zur Salzernte ›importiert‹ wurden, von denen später die meisten auf der Insel blieben.

Nicht nur das Salz war ein bedeutender Wirtschaftsfaktor, im Namen werden weitere Ressourcen angedeutet: Unmittelbar nach Inbesitznahme der Insel entdeckten die Spanier das sogenannte Brasilholz (›Dye Wood‹), das als Grundlage für Farbstoffe diente. Gemäß der Transkription des indianischen Namens dieses Holzes, das die Arawak *Bojnaj* nannten, gab der Kartograph Juan de la Casa 1513 in seiner ersten Weltkarte der Insel ihren heutigen Namen.

Vor ungefähr 100 Millionen Jahren kam es durch Bewegungen der flüssigen Magma im Erdinnern zu Schollenverschiebungen und Unterwasser-Eruptionen, in deren Folge die meisten Karibikinseln entstanden. Auch Bonaire erhob sich in diesem Zeitabschnitt aus dem Meer. Danach wurde die Insel von erdgeschichtlich viel jüngeren Korallenablagerungen bedeckt. Auf den alten vulkanischen Kern Bonaires trifft man nur noch am Brandaris (241 m), der höchsten Erhebung; die tieferliegenden, terrassenförmigen Kalksteinformationen sind das Ergebnis des sich im Laufe der Erdgeschichte absenkenden Meeresspiegels.

Aus diesen geologischen Prozessen fügte sich ein abwechslungsreiches Landschaftsbild: reizvoll hügelig im Nordwesten, terrassenförmig in der Mitte und flache, auf dem Niveau des Meeresspiegels liegende Ebenen im Süden. Die seit Millionen von Jahren anhaltenden

Korallenablagerungen um den vulkanischen Kern der Insel bildeten das Riff rund um Bonaire, das man beim Anflug so gut erkennen kann.

Fast ein Fünftel der Insel, der ganze Nordwesten, wurde vor Jahren zum Naturschutzgebiet ›Washington Slagbaai‹ erklärt. Wegen der Kargheit des Bodens und als Folge des ariden Klimas findet man hier große, zusammenhängende Gebiete niedrigen Buschwalds, meterhohe Säulenkakteen, bizarre Divi Divi-Bäume und ausgedehnte flache Salzseen mit Mangroven. Über 190 Vogelarten bevorzugen diesen Naturpark als Lebensraum.

Den Süden der Insel bedecken flache Salzwasserseen. Seit den Zeiten der WIC wird hier mit Hilfe der unablässig scheinenden Sonne Salz aus dem Meerwasser gewonnen. Hier stehen auch noch jene Hütten, in denen die Sklaven lebten, die das Salz mit bloßen Händen ernteten. Heute betreibt ein holländischer Chemie-Multi die Saline mit modernsten Förderanlagen.

»Die eigentliche Schönheit Bonaires liegt unter Wasser«, sagen diejenigen, die während ihres Urlaubs schnorcheln oder tauchen. An über 50 besonders ausgewiesenen Stellen kann man eine unberührte Unterwasserwelt kennenlernen, die ihresgleichen auf der Welt sucht. 1979 wurde das gesamte Riff

Bonaire in der Übersicht

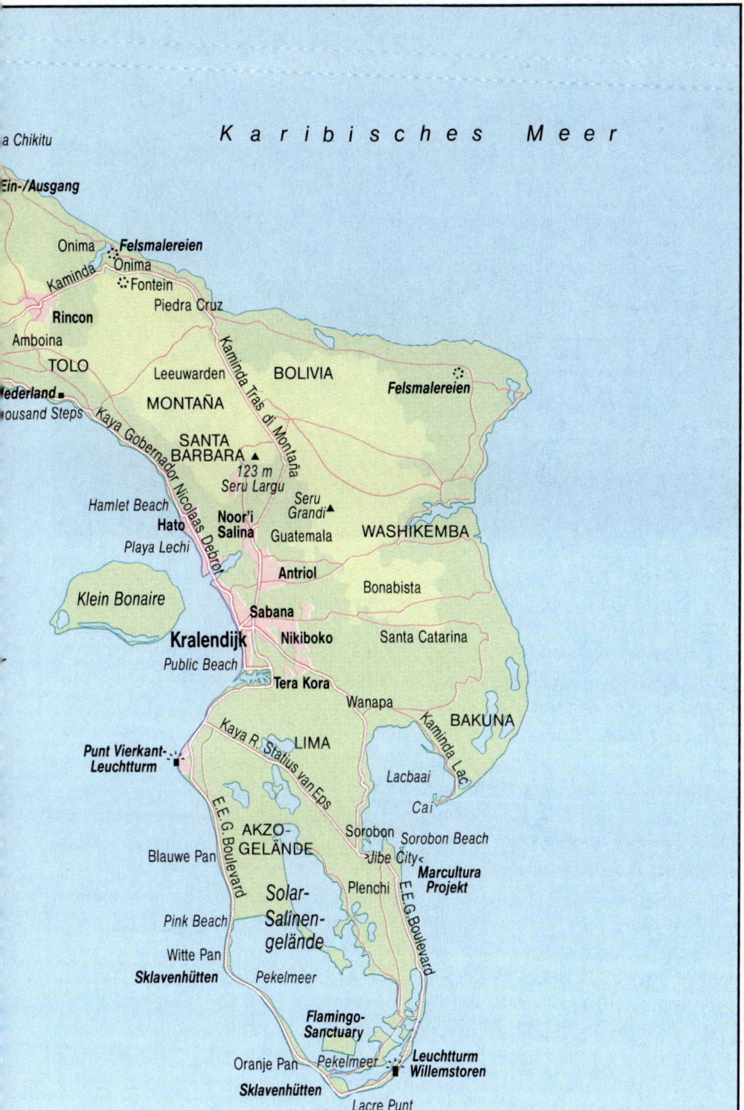

Karibisches Meer
a Chikitu
Ein-/Ausgang
Onima
Felsmalereien
Onima
Fontein
Kaminda
Rincon
Piedra Cruz
Amboina
TOLO
Leeuwarden
BOLIVIA
Felsmalereien
ederland
ousand Steps
MONTAÑA
Kaminda Tras di Montaña
Kaya Gobernador Nicolaas Debrot
SANTA BARBARA
123 m
Seru Largu
Seru Grandi
Hamlet Beach
Hato
Noor'i Salina
Guatemala
WASHIKEMBA
Playa Lechi
Antriol
Bonabista
Klein Bonaire
Sabana
Kralendijk
Nikiboko
Santa Catarina
Public Beach
Tera Kora
Wanapa
BAKUNA
Kaminda Lac
Kaya R. Statius van Eps
LIMA
Punt Vierkant-Leuchtturm
Lacbaai
Cai
E.E.G. Boulevard
AKZO-GELÄNDE
Sorobon
Sorobon Beach
Blauwe Pan
Jibe City
Marcultura Projekt
Plenchi
Solar-Salinen-gelände
E.E.G.Boulevard
Pink Beach
Witte Pan
Sklavenhütten
Pekelmeer
Flamingo-Sanctuary
Oranje Pan
Pekelmeer
Leuchtturm Willemstoren
Sklavenhütten
Lacre Punt

›Karels Beach Bar‹

als ›Bonaire Marine Park‹ unter besonderen Naturschutz gestellt. Hohe Strafen drohen denen, die sich nicht an die vorgeschriebenen Regeln halten.

Am 10. Mai 1940 legte auf Bonaire ein Schiff mit 461 Personen an. Es waren hauptsächlich Deutsche und nationalsozialistisch gesinnte Niederländer, die auf den Antillen lebten und nach dem Einmarsch der Deutschen in Holland während des Zweiten Weltkriegs interniert wurden. Zu diesem Zweck wurde an der Küste in Kralendijk ein mit Stacheldraht umzäuntes Lager mit einfachen Holzbaracken gebaut. Es mag wie ein schlechter Scherz klingen, daß ausgerechnet sie den Grundstein für die spätere Einkommensquelle, den Tourismus darstellten. Denn in den nach 1946 leerstehenden Baracken des Internierungslagers wurde nach Umbauarbeiten 1952 das erste Hotel der Insel – heute das Divi Flamingo Beach Hotel – eröffnet; über 20 Jahre übernachteten Hotelgäste in den modernisierten Holzbaracken und diente der große Saal der Wachmannschaften als Restaurant des Hotels. Erst 1973 wurden die letzten Baracken des ehemaligen Lagers durch Steinbauten ersetzt. Heute erstrecken sich die Hotels in der Hauptstadt nördlich und südlich des Zentrums und liegen fast ausnahmlos direkt an der Küste.

Kralendijk

Wer sich in erster Linie für Bauwerke interessiert, braucht die kleine Hauptstadt nicht zu verlassen. Sieht man von den wenigen Landhäusern und den Sklavenhütten im Insel-Süden ab, finden sich hier alle bedeutenden Gebäude. Sie wurden ausnahmslos während der letzten 100 Jahre holländischer Kolonialzeit errichtet und bestechen durch ihren charakteristischen gelben Anstrich.

Kralendijk wird heute noch in der Landessprache Playa (›Strand‹) genannt. So bezeichneten die Bewohner dieses flache Gebiet der Westküste schon im 18. Jh., als noch die meisten Schiffe hier ankerten. In Playa stand damals nur eine dürftige Festung, das Fort Oranje, in dem bis zur Zeit der britischen Herrschaft der Kommandeur der WIC residierte. Obwohl das Besiedlungsverbot für Weiße offiziell auch nach der Rückgabe Bonaires an Holland (1816) fortbestand, muß es 1837 entlang dieses Strandabschnitts bereits mehrere Steinhäuser gegeben haben (darunter auch das Krankenhaus); so jedenfalls kolportierte es ein holländischer Kapitän in einem Brief. Zwischen 1837 und 1840 ist dann ein zweistöckiges Verwaltungsgebäude hinzugekommen, initiiert vom ›Kommandanten‹ der Insel, der es auch bewohnte. Spätestens zu diesem Zeitpunkt avancierte Playa zum neuen Zentrum der In-

Mangrovenwälder in der Lacbaai

sel bzw. setzte sich der Name Kralendijk durch – Rincon verlor zusehends an Bedeutung.

Seit 1848 war Kralendijk dann offiziell Hauptstadt, nachdem ein Jahr zuvor die erste protestantische Kirche ihre Pforten geöffnet hatte. 1849 kam eine Schule hinzu. Aufgrund der allgemeinen Armut war lange Zeit an keinerlei ausgedehnte Bautätigkeit zu denken: In den ersten 100 Jahren ihres Bestehens wuchs die Hauptstadt also kaum.

Mit der Eröffnung eines Flughafens im Süden Kralendijks (1955) ergaben sich für die Insel hoffnungsträchtige Perspektiven im Hinblick auf den Tourismus. Heute können auf dem inzwischen erweiterten Flamingo Airport sogar Jumbo-Jets landen.

Stadtrundgang

Entlang des Strandes führt in Nord-Süd-Richtung die Kaya I. N. E. Craane, die sich ab der **Plaza Reina Wilhelmina (1)** als Kaya C. E. B. Hellmund fortsetzt und im Süden am Eingang des Hotels Flamingo Beach Club endet. An dieser, einer Strandpromenade ähnlichen Straße erhebt sich in der Mitte zwischen South Pier und North Pier das **Fort Oranje (2)** mit dem weithin sichtbaren, 1932 errichteten Leuchtturm. Dieser steinerne Leuchtturm, dessen Lichtkegel des Abends über den Hafen streicht, ersetzte einen über 60 Jahre alten Holzturm. Die Funktion des Forts als Befestigungsanlage wäre kaum mehr zu erkennen, stünden auf den 3 m hohen Mauern nicht noch die alten britischen Kanonen aus den Jahren 1811 und 1812. Ein Teil des Forts dient heute als Hafenkontor.

Nördlich des Forts, noch in seiner unmittelbaren Nähe, stößt man auf eines der ältesten Gebäude der Stadt, den 1837 errichteten **Sitz des ›Gezaghebbers‹ (3)**. In dem schönen großen Wohn- und Verwaltungshaus des ehemaligen Vizegouverneurs, das nach 1959 leerstand, ist seit seiner Renovierung im Jahre 1973 die gesamte Inselregierung mit einem Teil ihrer Verwaltungsbüros untergebracht. Über eine schwarze, gußeiserne Außentreppe gelangt man von dem großen Hof aus in die Räumlichkeiten des ersten Stocks, wo das kleine Inselparlament tagt.

Schräg gegenüber, auf der anderen Seite des Wilhelmina-Platzes an der Kaya Grandi, steht seit 1847 die schlichte **Protestantische Kirche (4)**. Auch sie wurde in jüngster Zeit renoviert.

Um das alte, gewachsene Zentrum der Stadt mit der Plaza Reina Wilhelmina und ihren herausgeputzten Regierungsgebäuden haben sich in den letzten Jahren mehrere Neubauten gruppiert, die den Bereich zwischen der schmalen Hafenpromenade und der Kaya Grandi zu einer beliebten Flanierstraße machen. Nachdem der zentrale Abschnitt der Kaya Grandi 1991 neu gepflastert und zur *Fußgängerzone* umgestaltet wurde,

Kralendijk 1 Plaza Reina Wilhelmina 2 Fort Oranje 3 Sitz des ›Gezaghebbers‹ 4 Protestantische Kirche 5 ›Passangrahan‹-Gebäude 6 Fischmarkt 7 Museum

verfügt Kralendijk heute über einen attraktiven, überschaubaren Stadtkern mit Geschäften, Restaurants und Straßencafés.

Kehrt man von der Protestantischen Kirche über den Wilhelmina-Platz wieder zurück zur Strandpromenade, so erreicht man in

Fort Oranje

nördliche Richtung gehend das ›**Passangrahan**‹ (**5**), eines der schönsten Häuser der Hauptstadt. Vizegouverneur Oscar L. Helfrich ließ 1921 mangels angemessener Unterkünfte für Freunde und offizielle Gäste ein Regierungsgästehaus in unmittelbarer Nähe seines Verwaltungssitzes errichten. Da er zuvor lange Zeit als Kolonialbeamter in Indonesien gelebt hatte, gab er dem Flachbau nicht nur einen indonesischen Namen, sondern orientierte sich beim Bauen an der südostasiatischen Architektur. Heute sind in dem gelben, 1980 renovierten Gebäude Behörden untergebracht.

Wenige Schritte weiter in Richtung Norden trifft man auf den 1935 eröffneten **Fischmarkt** (**6**); eine offene Halle, deren Dach jeweils sechs Rundbögen an den Seiten tragen. An diesem schattigen Ort wird heute allerdings eher Obst als Fisch verkauft.

Etwas außerhalb des Zentrums, vorbei an dem großen Neubau der katholischen St. Bernardus-Kirche, findet sich an der Kaya Sabana das **Museum** (**7**) der Stadt. Der ca. zehnminütige Fußweg lohnt sich, weil die mit viel Liebe zusammengetragenen Exponate einen anschaulichen Überblick über Geschichte und soziale Hintergründe der Insel vermitteln. Präsentiert werden u. a. historisches Angelgerät, alte Musikinstrumente und Modelle der einstigen Sklavenbehausungen. Außerdem ist eine Sammlung sämtlicher jemals über Bonaire geschriebenen Bücher einzusehen. Der Leiter des Museums, das direkt dem Kultur- und Erziehungsministerium unterstellt wurde, ist Felix Cicilia, genannt ›Papy‹; er ist Abgeordneter des Inselparlamentes und engagierter Umweltschützer. (Sabana 14, geöffnet: Mo–Fr 8–12 und 13–16 Uhr, ✆ 88 68).

Information: Kaya Simon Bolivar 12, ✆ 83 22 oder 86 49, Fax 84 08

Banken: Algemeene Bank Nederland (ABN), Kaya Grandi 2, ✆ 84 29, 84 17; Banco de Caribe, Kaya Grandi 22, ✆ 82 95; Banco de Orinoco, Kaya G. F. Croes 2, ✆ 50 15; Maduro and Curiel's Bank, Kaya L. D. Gerharts 1, ✆ 55 20

Einkaufen: In der Kaya Grandi findet man alles von Geschenkartikeln über Sonnencremes bis Fotobedarf.

Fluggesellschaften: KLM und ALM, Bonaire Trading Co. Ltd., Kaya L. D. Gerharts 22, ✆ 83 00

Unterkunft: (Preise in Klammern jeweils Haupt-/Nebensaison)
Luxus: Harbour Village, direkt gegenüber Klein Bonaire, schönster Palmenstrand der Insel; eigener Yachthafen, wunderschöne Gartenanlage; Kaya N. Debrot 72, ✆ 75 00, Fax 75 07; 73 Zimmer (235/135 US-$); Coral Regency, neue, elegante Apartment-Hotelanlage im Aufbau (1. Abschnitt Dezember 1991 eröffnet), weit im Süden jenseits des Flughafens direkt am Meer, Kaya N. Debrot, ✆ 55 80, Fax 56 80 (160/130 US-$); *Mittelklasse*: Divi Flamingo Beach, gewachsenes, weiträumiges Hotel der US-amerikanischen Sporthotelkette ›Divi‹ mit Ladenstraße, mehreren Restaurants, zwei Schwimmbädern, eigenem Spielcasino, Blvd. J. A. Abraham 40, ✆ 82 85, Fax 82 38; 145 Zimmer (205/135 US-$); Sand Dollar Beach, größte Hotel- und Apartment-Anlage der Insel; direkt an der Küste, phantasielose Einheitsarchitektur für sportliche Ansprüche; Kaya N. Debrot 79, ✆ 87 38, Fax 87 60; 230 Zimmer (185/155 US-$); Sunset Beach, älteres Betonhotel der ›Golden Tulip‹-Kette; Sandstrand; strohgedecktes Restaurant; Kaya N. Debrot 75, ✆ 84 48, Fax 85 93; 148 Zimmer (100/65 US-$); Captain Don's Habitat, Ferienhausanlage direkt am Strand, liebevoll eingerichtet (Kapitän Don Stewart ist seit 1962 engagierter Naturschützer und Tauchlehrer), Kaya N. Debrot, ✆ 82 90, Fax 82 40 (Reservierung in Deutschland ITR, Arnulfstr. 44, München, ✆ 55 53 35, Fax 5 23 22 12); 59 Zimmer (145/145 US-$); *Einfache Unterkünfte*: Rochaline, kleines älteres Hotel im Zentrum, Kaya Grandi 7, ✆ 82 86 (DZ 55/50 US-$); Black Dragon, einfache Apartmentanlage nördlich von Kralendijk; Kaya N. Debrot 158, ✆ 89 78, Fax 88 46; 7 Zimmer (65/65 US-$); Bonaire Carribean Club, weit im Norden von Kralendijk an der Straße nach Karpata; Hotelanlage aus 20 einfachen, volleingerichteten Bungalows oberhalb des Strandes, private Atmosphäre, P. O. Box 323, ✆ 79 01, Fax 79 00, 20 Zimmer (66/57 US-$); Carib Inn, einfaches, gemütliches Sporttaucher-Apartmenthotel; zentrale Lage, neben dem Divi-Flamingo, Blvd. J. A. Abraham 46, ✆ 88 19, Fax 52 95, 10 Zimmer (59/49 US-$); *Apartments und Ferienwohnungen*: Sunset Villas, ca. 50 Wohnungen verstreut entlang der Westküste, im Besitz der ›Golden Tulip‹-Hotelkette (attraktivste Anlagen: Sunset Inn direkt in Kralendijk und Sunset Ocean Front Apartments, Kaya C. E. B. Hellmund

29, ✆ 82 91, Fax 88 65 (Preise je nach Lage: ab 80 US-$); Buddy Dive Resort, Tauchschule mit 30 einfachen Apartments entlang der Küste, Kaya N. Debrot, ✆ 50 80, Fax 86 47 (65/65 US-$); Palm Studio, zentrale Lage, 3 Min. bis zum Strand; einfache aber liebevoll eingerichtete Apartments, Kaya Norwega 1, ✆ 85 61; 8 Zimmer (49/49 US-$).

Post: Kaya Grandi 1, Mo–Fr 7.30–12, 13.30–17 Uhr, Sa 8–12 Uhr.

Restaurants: Bistro Des Amis, französische Küche, gemütliches Ambiente, aufmerksame Bedienung, Kaya L. D. Gerharts 4, So–Fr 18.30–23 Uhr, ✆ 80 03; China Garden Restaurant, chinesische, indische, antillanische Gerichte in einem restaurierten ehemaligen Landhaus, Kaya Grandi 47, Mi–Mo 11.30–14 und 16–22 Uhr, ✆ 84 80; Croccantino, italienische Küche, im 1. Stock der Harbour Mall, schöner Meerblick; Kaya Grandi 31, ✆ 50 25; Mona Lisa, Bar und Restaurant, internationale Gerichte, gute Cocktails, Speisekarte auf Schiefertafeln, Kaya Grandi 15, So–Fr 11–02 Uhr, ✆ 87 18; Rendez-Vous, in erster Linie ein Fischrestaurant, große Bar, mit alten Fotos von Bonaire, Kaya L. D. Gerharts 3, Mi–Mo 18–23 Uhr, ✆ 84 54; Raffls, sehr gute amerikanische und holländische Küche, schöne Terrasse direkt am Meer; Kaya G. E. B. Hellmund 5, Di–So 12–14 und 18.30–24 Uhr, ✆ 86 17; Zeezicht, direkter Blick auf's Meer, Terrasse, internationale Küche und gute Fischgerichte, das älteste Restaurant am Platz, Kaya Corsoro 1, tägl. 8.00–23 Uhr, ✆ 84 34.

Krankenhaus: Hospitaal San Francisco, Kaya Soeur Bartola 2, ✆ 89 00, 84 45.

Leihwagen: Avis Car Rental, J. A. Abraham Boulevard 4, ✆ 80 33, 89 22, Fax 57 91; Budget Car Rental, Kaya L. D. Gerharts 22, ✆ 83 00, Fax 81 18; Camel Car Rental, Kaya Betico Croes 28, ✆ 51 20; Dollar Car Rental, Kaya Grandi 86, ✆ 88 88, Fax 77 88; Everts Car Rental, Sabana z/n, ✆ 80 99; Sun and Sand Car Rental, Kaya Industria 17, ✆ 86 77.

Im Norden der Insel

Die breite Hauptstraße von Kralendijk, Kaya Grandi, geht in der Nordhälfte der Stadt direkt in die Kaya Gobernador Nicolaas Debrot über. Über sie verläßt man hinter

dem Verkehrskreisel die Hauptstadt, vorbei an *Trans World Radio,* dem stärksten Kurzwellensender im Dienste christlicher Unterweisung in der Karibik, betrieben von einer US-amerikanischen Sekte seit 1964. Es folgen sechs langgezogene Hotelanlagen (von ›Harbour Village‹ bis ›Captain Don's Habitat‹), die sich nebeneinander am schönen **Playa Lechi** ausbreiten. Nach ein paar 100 m passiert man die große Meerwasserentsalzungsanlage, in der das Süßwasser für die ganze Insel destilliert wird.

Die Straße verläuft weiter parallel zur Küste. Immer wieder tauchen gelbgestrichene Steine an der linken Straßenseite auf, die einen Namen und eine Nummer tragen. Sie dienen Tauchern und Schnorchlern zur Orientierung, die statt per Boot lieber via Straße zu den jeweiligen Revieren anreisen.

Allmählich wird die Landschaft nun grüner. Dornige Büsche wie bunte Sträucher säumen die schmale Straße, auf der man sich am Rande der Plantage Karpata den gigantischen Masten einer Radiostation nähert. Die ›Radio Nederland Wereld omroep Zendstation‹ (international als *Dutch World Broadcasting System* bekannt) strahlt seit 1947 Radiosendungen für die Niederländischen Antillen aus. 1962 erweiterte die Station ihr Programm für die südamerikanische Region, und seit 1969 werden von hier Sendungen in holländischer Sprache in die ganze Welt ausgestrahlt. Die Sendestation gibt praktisch nur das weiter, was sie selbst über Antennen aus den Niederlanden empfängt.

In unmittelbarer Nähe der Radiostation markiert ein gelber Stein einen der schönsten Küstenabschnitte Bonaires. **›Thousand Steps‹** (Piedra Haltu) wird die Stelle genannt, weil von der ca. 30 m hohen Steilküste eine lange alte Steintreppe zum ca. 10 m breiten, steinigen Strand hinabführt. (Zur Ermunterung: Es sind keine 1000, sondern nur 51 Stufen, aber wenn

Lagune Gotomeer

man nach einem Tauchgang Flaschen und Bleigürtel nach oben tragen muß, können sie einem schon wie 1000 vorkommen!)

Hinter der Radiostation wird die schmale Küstenstraße zur Einbahnstraße, d. h., bis zu dieser Stelle kann man noch umkehren, wenn man nach Kralendijk zurückwill. Überlegt man es sich erst später anders, muß man im Bogen über Rincon zurückfahren. Bleibt man auf der Küstenstraße, erreicht man nach 2 km das alte **Landhaus Karpata** auf der Plantage gleichen Namens. Im Hauptgebäude, das mit seinen flachen Seitenanbauten einen schönen Innenhof bildet, ist nach einer gründlichen Renovierung heute das Ökologische Institut untergebracht, das der STINAPA (s. S. 122) unterstellt ist. Holländische Wissenschaftler untersuchen mit Hilfe modernster Technologie die Veränderungen an den Riffen Bonaires. Früher diente ein Teil des Landhauses als kleines Fort, das auch die 3 km weiter nördlich liegende Slagbaai (s. Karte S. 108/109) schützen sollte. Außer einer Kanone ist von dieser Befestigungsanlage nichts übriggeblieben – sie liegt allerdings unterhalb des Landhauses im Wasser! An der Straße ist ein alter *Limekijln,* ein Kalkofen, zu entdecken, in dem noch bis 1950 aus Korallenbrocken Brennkalk, der als Verputzmaterial diente, hergestellt wurde.

Da der gesamte Norden Bonaires ein von einem Zaun umschlossenes Naturschutzgebiet ist, kann

Rincon, der älteste Ort der Insel

man sich ihm nicht so ohne weiteres nähern. Der einzige Zugang befindet sich jenseits der Stadt Rincon, also auf der anderen Seite der Insel. Entweder man biegt nun von Karpata direkt nach Norden in die Kaminda Karpata ein, die nach 2 km Rincon durchquert oder man bleibt zunächst auf der Küstenstraße bis zur Südspitze des Salzwasserbinnensees Gotomeer und folgt dann dem weiteren Verlauf seiner Uferstraße. Dieser Weg bietet an einer entsprechend ausgeschilderten Stelle die Möglichkeit, rote Flamingos bei ihrer Nahrungsaufnahme im flachen Brackwasser des Gotomeeres zu beobachten. Die Straße führt dann durch ein wegen zweier kleiner Süßwasserquellen *Dos Pos* genannten hügeligen Landschaft hinauf auf den Baron Hill. Von hier aus hat man einen wunderschönen Blick über die Insel.

Stachlige Zaunarchitektur bei Rincon

Unten in der Talsenke erreicht man nach wenigen Kilometern **Rincon** – die älteste Stadt der Insel, eingebettet in grüne Felder und üppige Vegetation. Wieso sich die ersten Siedler – Spanier und Holländer – ausgerechnet hier niederließen, ist nicht überliefert. Vielleicht hat die geschützte Lage zwischen Slagbaai im Westen und dem damaligen Playa (heutigen Kralendijk) im Süden eine Rolle gespielt. Von der See aus war Rincon nicht zu sehen; wären aber dennoch Piraten gelandet, hätten sie zuerst einen langen, ermüdenden Fußmarsch unternehmen müssen, um ans Ziel ihrer Begierden zu gelangen.

Heute hat Rincon einschließlich der Vororte etwa 2500 Einwohner. Das Stadtzentrum markiert die 1908 erbaute *Ludovicus Bertrandus Kerk,* ein eindrucksvoller, klar gegliederter Kirchenbau.

Von der einstigen Inselhauptstadt bis zum Eingang des Nationalparks geht es ca. 3 km über eine asphaltierte, gut ausgeschilderte Straße. Um sowohl Haustiere vom Weglaufen abzuhalten als sich auch vor neugierigen Blicken zu schützen, haben die Bewohner der wenigen, die Straße säumenden Häuschen dichte ›Kakteenzäune‹

Elend in der Idylle

Das Schicksal der ›Regierungssklaven‹

Als sich die West Indian Company in der Mitte des 17. Jh. entschied, Salz auf Bonaire in großem Stil abzubauen, war das gleichbedeutend mit dem Einsatz von Sklaven. Zwischen 1680 und 1730 hatten diese u. a. im Gebiet der ›Witte Pan‹ (s. S. 127) an der Westküste Salzschollen mit bloßen Händen zu ernten. Während der Woche arbeiteten sie 12 Stunden am Tag in den Salzfeldern und übernachteten – zusammengepfercht auf engstem Raum – in primitiven Hütten. Am Ende der Woche kehrten sie nach einem dreistündigen Fußmarsch über die ›camina di piedra‹ (die heutige Küstenstraße) an ihren ›Hauptwohnort‹ Rincon zurück; am Beginn der Arbeitswoche ging dann das Spiel von vorne los.

Die ›Großzügigkeit‹ der Holländer, alle Sklaven gemeinsam in Rincon leben zu lassen, sollte zu Familiengründungen führen. Rincon wurde als »breeding place« für Sklaven bezeichnet. Ursprünglich waren sie alle Eigentum der WIC und wurden nach 1791 von der holländischen Regierung übernommen, wodurch sie den Status von ›Regierungssklaven‹ (in Papiamento: Catiba di Rei = Sklaven der Krone) erhielten. Mit dem Eintreffen von Siedlern nach 1800 kamen auch viele ›private‹ Sklaven nach Bonaire, die ihrer Herrschaft gewissermaßen persönlich gehörten.

Noch heute kann man südlich von Rincon auf dem Gelände der Amboina-Ländereien die Ruinen eines ca. 10 × 30 m großen Getreidevorratslagers, genannt ›Magasina di Rei‹, besichtigen. Südlich und östlich davon standen einst die Sklavenhütten, in denen Frauen und Kinder lebten und die ihnen zugewiesenen Gärten bepflanzten, während die Männer auf den Salzfeldern arbeiteten.

angepflanzt, die durch ihre gleichzeitige Einfachheit und Wirksamkeit verblüffen.

Der **Washington Slagbaai Nationalpark** umfaßt den ca. 60 km² großen nördlichen Teil Bonaires, also fast ein Fünftel der Gesamtfläche. Er stellt den größten zusammenhängenden, geschützten Naturraum sämtlicher Antillen-Inseln dar.

Ein Blick zurück in die Geschichte gibt Aufschluß über den Namen des Parks, dessen Besuch

In holländischen Chroniken ist nachzulesen, daß auf Bonaire um 1700 etwa 100 schwarze Sklaven lebten. Die niederländische Krone behandelte ihre ›Regierungssklaven‹ relativ menschlich. Sie konnten sich in Rincon frei bewegen, ihnen stand ein kleines Krankenhaus zur Verfügung; nach 1824 wurde die Arbeit auf zehn Stunden pro Tag reduziert und körperliche Züchtigungen wurden nur in Ausnahmefällen vorgenommen.

Im Gegensatz zu anderen karibischen Inseln oder zu Curaçao kam es auf Bonaire nie zu einem Sklavenaufstand (s. S. 30). Lag es auch daran, daß sich ein Sklave für umgerechnet 200 Gulden freikaufen konnte bzw. von seinem Herrn nach Zahlung dieses Betrages an die Krone freigelassen wurde? Jedenfalls verließ eine Gruppe freier Familien schwarzer Hautfarbe Rincon um 1850 und gründete die neue Siedlung *Tera Kora* (= Rote Erde) östlich von Kralendijk (s. S. 131).

1849 verbot die Niederländische Krone, sowohl den Verkauf ›neuer‹ Sklaven auf ihren karibischen Besitzungen, als auch den Transport auf niederländischen Schiffen. Die alten primitiven Hütten der Regierungssklaven, am Rande der Salzfelder, durch deren Dächer es bei starkem Sturm immer regnete, wurden durch feste Bauten ersetzt. So entstanden die vielen – heute gelb und weiß gestrichenen – kleinen Steinhäuschen an der Südküste (s. S. 127).

1863 wurde die Sklaverei auch auf den Niederländischen Antillen aufgehoben. 607 Regierungssklaven und 151 private Sklaven erlangten auf Bonaire über Nacht ihre Freiheit, verloren aber zugleich alle Versorgungsansprüche. Den ehemaligen Besitzern zahlte die Krone zwar als Kompensation 200 Gulden, doch die Sklaven selbst gingen leer aus. Vollkommen mittellos und ohne Landzuteilung waren sie zwar frei und ungebunden, aber schutzlos den Marktverhältnissen ausgesetzt. Viele verließen Bonaire, wenn sie überhaupt das Geld für eine Überfahrt zusammenbrachten. Wenn nicht, erwartete sie mitunter ein härteres Los als zuvor: Unter noch schlechteren Arbeitsbedingungen mußten sie sich dann auf den Ländereien der Insel verdingen.

zweifellos zu den Höhepunkten eines Inselaufenthaltes gehört.

Neben Rincon zählte die Slagbaai, wo das auf der Insel gezüchtete Nutzvieh wie Schafe und Ziegen vor seinem Abtransport geschlachtet wurde (niederl. slager = Metzger), seit dem 17. Jh. zu den wirtschaftlich bedeutendsten Flekken der Insel. Ein zusätzliches Exportgut war Salz, das aus den flachen Gründen des Gotomeeres gewonnen und zunächst in einem ›Magasina‹ (Lagerhaus) zwischengelagert und später dann nach Curaçao verschifft wurde.

Nach der Aufhebung der Sklaverei verlor Holland das Interesse am Slagbaai-Gebiet und so wurde die Insel – flächenmäßig in neun ›Kavels‹ (etwa ›Pakete‹) unterteilt – am 1. September 1868 öffentlich versteigert. Das höchste Gebot kam von einem gewissen Moises Jakob Jesurun und von drei Brüdern Neumann. Sie erwarben die Slagbaai (womit inzwischen das sich der Bucht anschließende gesamte Hinterland gemeint war) für 35 000 Gulden. In den Erwerb des zweiten Kavels, das die im Süden angrenzenden Ländereien der späteren Brazil-Plantage umfaßte, investierten sie 22 000 Gulden. Somit gehörte ihnen letztendlich der gesamte nördliche Teil der Insel.

20 Jahre später ging die Slagbaai u. a. in den Besitz Jean Jacques Debrots, Vater des späteren Vizegouverneurs Nicolaas Debrot, über. 1920 wurde das Gebiet wiederum geteilt, die nördliche Hälfte kauften in diesem Falle die Brüder Herrera und gaben ihrer Plantage den Namen ›America‹. Am Eingang des nunmehr umzäunten Areals versammelten sich allwöchentlich einmal die Arbeiter, um ihren Lohn (d. h. Geld oder Naturalien) in Empfang zu nehmen. Welcher andere Name als ›Washington‹ wäre für diesen so wichtigen Platz angemessener gewesen. Binnen kurzem ersetzte diese Bezeichnung der Zahlstelle den Namen der gesamten Plantage.

Ein Nachkomme der Herreras, der sich außerstande sah, das Gebiet in eigener Regie erhalten zu können, bot der niederländischen Regierung die Plantage 1967 mit der Auflage an, sie unverändert in einen Nationalpark zu überführen. So wurde am 9. Mai 1969 der ›Nationalpark Washington‹ als erstes Naturschutzgebiet der Niederländischen Antillen der Öffentlichkeit zugänglich gemacht und einer eigens gegründeten Gesellschaft ›Stichting Nationaale Parken Nederlandse Antillen‹ (STINAPA) zur Pflege (Bewahrung der Natur und Umwelterziehung) übergeben.

Diese Initiative blieb nicht ohne Wirkung. In den Niederlanden drängten Umweltverbände die Regierung ihrer antillanischen Dependence, auch die angrenzende Plantage ›Slagbaai‹ in den Nationalpark zu integrieren. Für einen Kaufpreis von 1,5 Mio. Gulden, zusammengetragen durch eine großangelegte Sammelaktion, konnte die STINAPA 1977 den Besitz schließlich übernehmen.

Nun leben auf dem gesamten Gelände – im Vergleich zu den restlichen vier Fünfteln der Insel – mehr Tiere in freier Wildbahn: beispielsweise eineinhalb Meter lange Leguane wie daumengroße Kolibris, Flamingos im Gotomeer oder Papageien am Brandaris oder aber Taubenvögel in der Küstenregion. Hier ziehen auch Schwärme kreischender, grüner Karibik-Sittiche (*Arantinga pertinax xanthogenius*) ihre Kreise oder lassen sich bevorzugt auf den Kandelaberkakteen zur Rast nieder. Die frappierende Artenvielfalt ist auch auf ein durch eine Quelle gespeistes Süßwasserloch im Norden des Parks, dem *Pos'i Mangel,* zurückzuführen.

Von den ca. 180 hier anzutreffenden Vogelarten, ist der *Rote Flamingo* wohl der bekannteste (s. S. 124). Er gehört zu den nur etwa 50 Arten, die auf Bonaire brüten, darunter auch die Gelbflügelamazone (*Amazona barbadensis rotschildi*), ein Papagei mit gelbgrünem Kopf und gelben Schwingen – die Einheimischen nennen ihn ›Lora‹. Wegen seiner Sprechbegabung wurden viele Jungtiere aus dem Nest gelockt und in Käfigen gehalten, was nicht zuletzt dazu geführt haben wird, daß diese, wenn auch geschützte, Spezies heute vom Aussterben bedroht ist. Einst waren sie geradezu eine Plage, weil sie sich über die Baumfrüchte der Plantagen hermachten und das Saatgut auf den Feldern wegpickten. Diese Nahrungsressourcen fehlen nun, aber dank eines Forschungsprojektes der STINAPA werden seit 1952 Obstbäume extra für die Papageien angepflanzt, um ihren Bestand zu sichern.

Für den Besuch des Washington Slagbaai Nationalparks, den man kaum zu Fuß erwandern kann, sollte man mindestens vier Stunden, am besten aber einen ganzen Tag reservieren. Neben der Eintrittskarte erhält man an der Kasse einen kostenlosen Wegeplan. Dennoch ist der Erwerb eines ›Excursion-Guide‹ ratsam, denn ihm sind die beiden Routen durch den Park mit seinen ca. 30 Stationen sowie ausführliche Beschreibungen der Tiere und Pflanzen zu entnehmen.

Bevor es auf die beiden als Einbahnstraßen angelegten und unterschiedlich langen Routen geht (gelb markiert: 45 km; grün markiert: 28 km), stimmt zum Auftakt ein kleines Museum am Eingang auf die Geschichte des Parks ein und zeigt eine eindrucksvolle Dokumentation über seine ökologische Bedeutung für die Fauna und Flora der Insel. Bei der Rundfahrt mit dem eigenen Auto ist nicht nur für Wasser und Verpflegung selbst zu sorgen – Ersatzrad und Wagenheber sind ebenso unabdinglich. Zigarettenkippen und Streichhölzer sind vor allem wegen der Brandgefahr im Auto zu entsorgen. Nachdrücklich aber freundlich wird man auf die Beachtung sämtlicher Markierungen hingewiesen: »Observe the signs – they are your bodyguards«.

An den oben erwähnten Stationen, also etwa dem *Vogelbeobachtungsposten* Put Bronswinkel, am Pos'i Mangel und an der Salina Slagbaai, ist äußerste Rücksicht geboten.

Noch ein Tip für Badewillige: Man meide die Nordküste, etwa an der Playa Chikitu, wegen gefährlicher Strömungen.

Öffnungszeiten des Nationalparks: tägl. 8–17 Uhr, letzter Einlaß 15.30 Uhr.

Rosa Wolken über Bonaire

Die Flamingos

Für die Roten Flamingos hat es hierzulande einst bessere Zeiten und ergiebigere Nahrungsplätze gegeben. Zwar werden heute noch etwa 50 000 Exemplare des *Phoenicopterus ruber ruber* gezählt, aber lediglich vier Brutkolonien im großkaribischen Raum – um die Jahrhundertwende waren es noch 35 – sind ihnen geblieben. Diese Brutplätze konzentrieren sich im Süden Bonaires bzw. vor der venezolanischen Küste, auf der mexikanischen Halbinsel Yucatan, auf Kuba und den Bahamas.

Im Jahre 1681 berichtete der holländische Seefahrer und Entdecker William Damier nach einer Expedition in die Karibik erstmals von den scheuen »großen roten Vögeln«. Einst brüteten die Flamingos an den Rändern sämtlicher Salzteiche rund um das Pekelmeer, spätestens der industrielle Salzabbau seit der Mitte des 20. Jh. sollte ihnen aber diese Stätten streitig machen. Bereits 1959 hatten Ökologen des World Wildlife Fund durch intensive Studien darauf hingewiesen, daß die Eingriffe in die natürlichen Salztümpel das Aus für die hier ansässigen Flamingo-Populationen bedeuten würden. Erst auf Druck der Inselregierung und etlicher holländischer Naturschutzorganisationen erklärte sich der AKZO-Konzern 1968 bereit, ein 55 ha großes Gebiet inmitten seines Geländes von der Nutzung auszuschließen und den Flamingos zu überlassen. Es war fünf vor zwölf! Erst nach dem behutsamen Ausbau der Destillationsteiche rund um das Naturschutzgebiet, dem *Flamingo Sanctuary,* und der Verlagerung geräuschvoller Förderbänder an den nördlichen Rand der Anlage kehrten wieder mehr Flamingos an ihre ›angestammten‹ Plätze zurück.

Mit etwas Glück kann man entweder am frühen Morgen oder späten Abend – vorzugsweise in den Monaten zwischen Dezember und März – riesige Flamingoschwärme im An- bzw. Abflug von oder auf die Insel beobachten: rosa Wolken über Bonaire. Auf der Suche nach Nahrung hat der ›Chogógo‹, wie die Einheimischen den hochbeinigen Vogel wegen seiner nasal klingenden Laute nennen, bis zu 100 km zurückzulegen. Vor dem Abflug sammeln sich die Tiere am Rande des Pekelmeeres – also außerhalb ihres Schutzgebietes – und brechen stets gemeinsam auf. Während der Brutzeit können es bis zu 1000 sein.

Aus dem sandig-salzigen Boden formen die Vogelpärchen einen etwa 25 cm hohen Kegel, in dessen flachgedrückte Mulde das Weibchen meist nur ein einziges Ei ablegt. Die erhöhte Position schützt die Brut vor dem ansteigenden Wasserspiegel. Auf Tausenden dicht beieinander angeordneten Nestern wächst so der Flamingo-Nachwuchs heran, von beiden Partnern abwechselnd bebrütet, aber zur notwendigen Nahrungssuche in den benachbarten Salztümpeln auch mal alleingelassen. Ein leicht mit Wasser getränkter Boden ist der ideale Lebensraum der Flamingos: Sie ernähren sich von Algen, kleinen Krebsen, Schnecken (vor allem der *Cerithium variabile* und der *Cerithidea costata purpurea*) und Muscheln, die sie vom salzigen Schlammgrund aufsammeln. Mit ihren langen Beinen und den mit Schwimmhäuten versehenen Füßen, vermögen die Vögel langsam und selbst noch durch knietiefes Wasser zu waten.

Den Eiern entschlüpfen im März winzige, graue Flaumknäuel, die nach sechs Wochen die ersten Geh- und nach zwei Monaten die ersten Flugversuche wagen. Ihre durchschnittliche Lebenserwartung beträgt 10 Jahre. Das Gefieder der jungen Vögel ist zunächst gräulichweiß und färbt sich erst mit der Zeit – dank karotinhaltiger Nahrung – rot. Nach ca. fünf Jahren sind sie mit einer Größe von um die 1,50 m paarungsfähig. Flamingo-Männchen und -Weibchen sehen gleich aus. Zu unterscheiden sind sie vielleicht in einer größeren Gruppe: Die Männchen pflegen ihre etwas längeren Hälse senkrecht, die weiblichen Tiere den ihren eher in einer grazilen S-Kurvenform zu halten.

Noch ist die Befürchtung alarmierend, daß die Flamingos die Insel als Brutstätte eines Tages meiden könnten. Mitunter ist es durch Unachtsamkeiten und Verstöße gegen die Naturschutzregeln vorgekommen, daß ganze Jahrgänge des Phoenicopterus ruber ruber nicht ausgebrütet und damit ausgelöscht wurden. Beispielsweise flogen, obwohl streng verboten, erwiesenermaßen 1973 und 1976 an drei aufeinanderfolgenden Tagen Flugzeuge vom nahegelegenen Flugplatz direkt über die Brutplätze; das allein führte dazu, daß alle Flamingos für mehrere Monate aus dem Pekelmeer verschwanden. – Trotz aller bisheriger Anstrengungen und der Schaffung verschiedener Reservate ist die Zahl der roten Vögel nicht wesentlich angestiegen, sondern hat sich in den letzten Jahren zwischen 1500 und 2000 eingependelt. Vieles wird davon abhängen, ob das Gleichgewicht der natürlichen Nahrungsvorräte im Pekelmeer erhalten bleibt und nicht etwa weiter durch die Einleitung organischer Stoffe von der AKZO ins Wanken gerät.

Indianische Zeugnisse in Onima

Auf der Fahrt vom Nationalpark zurück nach Kralendijk empfiehlt es sich, die Straße entlang der nördlichen Küste zu nehmen, die einen kurzen Abstecher zu den über 500 Jahre alten indianischen Felsmalereien von **Onima** ermöglichen. Onima ist keine Höhle, sondern eine offene Grotte unter einem großen Felsüberhang vor einer flachen Ebene, ca. 750 m vom Meer entfernt. Es war keine Wohnstätte der Ureinwohner Caiquetios, sondern eine Art Versammlungsplatz. Die dunkelroten Malereien an der Decke des Felsüberhangs sind noch gut zu erkennen, aber wohl nicht erschöpfend interpretiert worden.

Von Onima aus erreicht man über eine Piste entlang des Meeres die asphaltierte Straße. Sie führt zuerst als Kaminda Onima bzw. Kaminda Sabana an der Küste entlang, dann als Kaminda Tras di Montaña in südlicher Richtung zurück nach Kralendijk.

Im Süden

Viele Besucher der Insel lernen bereits im Anflug einen kleinen Teil Bonaires kennen, bevor ihre Maschine auf dem Flamingo Airport, 2 km südlich von Kralendijk landet. Der Flughafen besteht seit 1955, 1972 verlängerte man die Landebahn und vier Jahre später wurde der mit EG-Mitteln gebaute Terminal eröffnet.

Nicht nur zwischen Flughafen und den südlichen Ausläufern der Hauptstadt machen sich seit den letzten Jahren großflächige Ferienwohnanlagen breit – eine eindeutige Stadtgrenze ist dadurch nicht mehr auszumachen –, ja sie dehnen sich schon weiter bis zum **Punt Vierkant-Leuchtturm** aus. Einzusehen sind sie von der Küstenstraße aus, über die man nach ca. 5 km die **Salzwerke** der AKZO (Antilles Int. Salt Company) erreicht.

Schon von Ferne erkennt man die hohen, blendendweißen Salzberge und die weit ins Meer hinausreichenden Förderanlagen. Die Insel ist hier, soweit das Auge reicht, absolut flach (maximal einen Meter über NN). Deiche trennen die Pfannen (niederl. ›Pan‹) bzw. Mulden, in die das Meerwasser zur Salzgewinnung durch Verdunstung geleitet wird. Eine natürliche Methode, die seit 250 Jahren zur Anwendung kommt. Nur das Ernten und Verladen ist zwischenzeitlich voll automatisiert (s. S. 128).

Auf dem denkbar schmalen Küstenstreifen des Korallendamms verläuft jetzt die Straße zwischen den Salzteichen der Gewinnungsanlage und dem offenen Meer. Bevor man bei der Witte Pan anlangt, kann man an einem der schönsten Strände Bonaires, dem **Pink Beach** ein Bad nehmen. Ernüchternd ist dagegen der Anblick der ehemaligen **Sklavenhütten,** an der **Witte Pan** (s. S. 120 und Abb., S. 43). Sie drohten einzustürzen, als sie 1992 (übrigens im Auftrag der STINAPA) restauriert wurden. Die von außen fast idyllisch anmutenden, klitzekleinen Behausungen können trotz ihres leuchtend weißen und gelben Anstrichs nicht über das Elend hinwegtäuschen, das sich einst hinter diesen jeweils 2 × 2 m großen Mauern abgespielt haben muß. Noch schlimmer wird es gewesen sein, als die Sklaven bis 1850 anstelle jener Häuschen unter einem festen Dach mit armseligen, reisiggedeckten Lehmhütten vorlieb nehmen durften. Auf eine weitere, ähnliche Hüttensiedlung stößt man 4 km weiter südlich an der **Oranje Pan**.

Weiter geht es auf dem schmalen Korallendamm und vorbei an der Lagune **Pekelmeer** (Pekel = holl. Pökel bzw. Salz); in Sichtweite staksen Flamingos auf Nahrungssuche durch's seichte, mitunter vor Algen hellbraune Wasser. Das als Naturschutzgebiet ausgesparte *Flamingo Sanctuary* mit seinen etwa 1500 Nistplätzen ist von der Straße aus nicht einzusehen.

Strahlend-weiße Salzberge

Salz – Bonaires älteste Handelsware

Sie sind nicht zu übersehen, die schneeweißen, bis zu 60 m hohen ›Berge‹ unter dem strahlend blauen Himmel im Süden der Insel. Wie weiße Sanddünen erscheinen sie von Ferne, wenn die Sonne im Zenit steht. Erst wenn man näherkommt, erkennt man, daß es sich um riesige Anhäufungen von Salz, also um Berge besten Natriumchlorids handelt.

Salz war und ist ein wesentlicher Wirtschaftsfaktor für Bonaire. Als die Spanier den Holländern im 17. Jh. deren angestammte Plätze der Salzversorgung in Südamerika streitig machten, hielt die WIC in der Karibik Ausschau nach diesem notwendigen Rohstoff. Denn was nützten ihre Heringsfangschiffe ohne beträchtliche Salzvorräte?

Die Bedingungen im flachen Südteil der Insel Bonaire erwiesen sich als für die Salzgewinnung wie geschaffen. Dank der Sonne verdunstete hier schnell das Meerwasser, das bei Sturm in das küstennahe Flachland eindrang und sich in Mulden, den sogenannten Pfannen *(pan)*, sammelte. Die nach der Verdunstung zurückbleibenden Salzbrocken wurden von Sklaven eingesammelt, auf Schiffe verladen und in die Depots von Curaçao gebracht. 1672 belief sich der Wert der WIC-Salzvorräte in Amsterdam auf eine Mio. Gulden. Nachdem Bonaire samt seiner Salzfelder an die niederländische Regierung gefallen war, versuchte man die Gewinnung durch künstliche Erweiterung der natürlichen Salzpfannen zu großen, flachen Teichen zu optimieren. Der älteste dieser Salzteiche wurde dort angelegt, wo heute die große Verladerampe der AKZO ins Meer ragt. Er trägt damals wie heute den Namen *Blauwe Pan.*

Wegen der gesteigerten Nachfrage wurden 1825 drei weitere künstliche Salzteiche angelegt, so daß bald der ganze Südzipfel der Insel im Dienste der Salzgewinnung stand. Um den Schiffen, die das Salz abtransportierten, vor der flachen Küste eine Orientierungsmöglichkeit

Die Südküste erweist sich, mit allem was hier von Venezuela kommend angeschwemmt wird, als wahre Fundgrube für ›Sachensucher‹ und Treibholz-Schnitzer, die ihre künstlerischen Endprodukte mancherorts zum Verkauf anbieten.

Die Südspitze ziert der älteste Leuchtturm der Insel, der **Willemstoren.** Laut Überlieferung waren zuvor etliche Schiffe im seichten

zu bieten, errichtete der Vizegouverneur 1837 mangels natürlicher Erhebungen vor den Salzteichen jeweils einen ca. 20 m hohen Obelisken, die in den Farben der Niederlande angestrichen wurden: der nördlichste blau, der in der Mitte weiß, der anschließende orange und der letzte ganz im Süden rot. Die Schiffsleute, die ihre Kähne in der Höhe der Obelisken festmachten, benannten die Teiche nach deren Farben: *Roote Pan, Oranje Pan, Witte Pan* und *Blauwe Pan.* Mit Hilfe eines ausgeklügelten Flaggensystems wurden sie jeweils zu dem Obelisken dirigiert, dessen Wasserstelle gerade über genügend Salz verfügte. In der Nähe dieser Obelisken wurden auch die kleinen Häuschen errichtet, in denen die Sklaven wohnten (s. S. 127). Seit 1837 erleichterte dann der neue Leuchtturm Willemstoren die Orientierung im Süden der Insel.

Heute sind drei der ursprünglichen Markierungen und die Sklavenhütten touristische Ziele. Der weiße Obelisk ist 1932 in einem heftigen Sturm zusammengebrochen und anschließend entfernt worden.

1963 erwarb die US-amerikanische Firma ›Salt of Clarks Summit‹ aus Pennsylvania die gesamte Salzgewinnungsanlage und verkaufte sie 1967 an eine Tochtergesellschaft. Diese wiederum gehört seit 1968 zu 60 % dem holländischen Chemie-Giganten AKZO. Für den Konzern lohnte sich die Investition, denn Salz, das durch Sonnenenergie, also auf natürliche Weise gewonnen wird, ist in Zeiten zunehmenden ökologischen Bewußtseins leichter abzusetzen als Salz, das aus dem Erdinnern zutage gefördert werden muß.

Im Prinzip verläuft die Salzgewinnung nach dem gleichen Verfahren wie seit 300 Jahren. Aus Salzwasser wird durch Verdunstung unter freiem Himmel im Laufe von 18 Monaten reines Salz gewonnen, das von großen, schneepflugähnlichen Raupen aus den Becken geschaufelt wird. Über riesige Förderbänder erreicht es die Laderäume der Schiffe. Seit 1972 produziert das Werk auf diese Weise 400 000 Tonnen pro Jahr. Nur noch 50 Personen leisten die dazu erforderliche Handarbeit. 1850 – so in den Annalen nachzulesen – brachten es knapp 700 hart schuftende Sklaven gerade einmal auf 5000 Tonnen.

Gewässer auf Grund gelaufen. Die von den Betreibern der Salzfelder auf Steinhaufen entzündeten Holzfeuer hatten offensichtlich als Warnung nicht ausgereicht. Am Geburtstag des niederländischen Königs Willem, dem 24. August 1838, erstrahlte das Licht des neuen, nunmehr soliden, ca. 20 m hohen Willemstoren erstmalig.

Die Umrundung der Südspitze endet in einem **Sorobon** genannten

Gebiet, in dem staatlicherseits seit 1988 ein Forschungsprojekt betrieben wird: Die *Fundashon Mar Cultura* hat es sich zur Aufgabe gemacht, die natürlichen Ressourcen Bonaires, Sonne und Meerwasser, ökologisch sinnvoll und gleichzeitig ökonomisch effektiv zu nutzen. In riesigen Tanks und Aquarien werden beispielsweise Muscheln, Garnelen und Krebse gezüchtet und zum Teil wieder im Meer ausgesetzt (zwischen 1983 und 85 allein 3 Mio. Muscheln). Ab 1995 sollen zwei Windmühlen die (umweltfreundliche) Energie für dieses Projekt liefern.

Führungen zum Mar Cultura-Projekt: Di, Mi, Do 14–15 Uhr; Voranmeldung erwünscht: ✆ 85 95.

Der Strand nördlich der Mar Cultura-Station ist für FKK-Freunde (für 15 US-$ pro Person) reserviert: **Sorobon Beach** ist damit der einzige Nacktbadestrand der Niederländischen Antillen. Unmittelbar daneben erfreut die sogenannte *Jibe City* die Surfer der Welt. Sie nutzen den hier durchschnittlich mit 15 Knoten Geschwindigkeit blasenden Wind, um etwa in der nur knietiefen Lacbaai, einer wieder durch ein Riff vom offenen Meer geschützten Lagune, ihre ›Power Halsen‹ oder ›Duck Jibes‹ zu probieren. Jibe City besteht praktisch aus einem Sporthotel mit einfachem Komfort, einem Laden für entsprechendes Equipment mit Surfbrett-Verleih. Nur im September schließt der Holländer van Vlief seine kleine Stadt und begibt sich auf Heimatkurs.

Am südlichen Ufer der Bucht gabelt sich die Straße. Wer es eilig hat, kann den diagonal zur Westküste führenden Weg zurück wählen oder aber am Westufer der Lacbaai, vorbei am Hotel gleichen Namens mit seinem wunderschönen Sandstrand, noch eine Rundfahrt anschließen. An der nördlichen, von Mangroven eingefaßten Buchtseite zweigt eine wenig befestigte Straße gen Osten ab und führt durch Kakteenfelder bis zur Fischersiedlung Cai. Zwar liegt sie nur 2 km Luftlinie von Sorobon entfernt, aber eben auf der anderen Seite der Lagune – doch der lange Weg dorthin lohnt sich!

Nähert man sich **Cai,** glaubt man seinen Augen nicht zu trauen: Riesige, bis zu 4 m hohe Muschelberge türmen sich entlang des Strandes auf. Es sind jene schönen, bis zu 25 cm großen *Carco-Muscheln* (Strombus gigas), die nach Europa einzuführen wegen des Artenschutzabkommens untersagt ist. Wenn die Lacbaai auch voll davon ist, müssen sich die Fischer doch inzwischen mit durchschnittlich etwas kleineren Exemplaren begnügen. Das Innere dieser Muschelart besteht aus einem eßbaren Muskel, der wie Hühnerfleisch schmeckt. Um ihn leichter herauslösen zu können, bohrt man in den oberen Teil der Schale ein Loch, und da das Vakuum auf diese Weise seine Saugkraft einbüßt, kann man das

In Cai, wo sich die Muscheln türmen

Innere leichter herausziehen. Die leeren, guterhaltenen Carco-Muscheln werden in den Souvenirläden Kralendijks zum Verkauf angeboten. Wer dennoch entgegen den Einfuhrbedingungen eine Carco-Muschel zu erwerben beabsichtigt: in Cai zahlt man nur die Hälfte der Preise von Kralendijk und kann sich zudem aus den Muschelbergen eine aussuchen.

Für die Fahrt von Cai zurück in die Hauptstadt – via **Tera Kora,** jener von freigekauften Sklaven gegründeten Siedlung (s. S. 121), benötigt man ca. 30 Minuten.

Unterkunft: Lac Bay, kleines Hotel (eröffnet 1991); 12 km von Kralendijk entfernt im Südosten der Insel; schöner Strand, Kaminda Sorobon 64, ✆ 81 98, Fax 51 98, 10 Zimmer (150/100 US-$)

Klein Bonaire

Gegenüber von Kralendijk, nur einen Kilometer von der Küste entfernt, erhebt sich die flache ca. 5 km^2 große Insel Klein Bonaire aus dem Meer. Einst war sie mit Bäumen, darunter auch zahlreiche Kokospalmen, bewachsen, heute ist sie jedoch nur noch von dornigem Gestrüpp bedeckt. Ca. 20 herausragende **Tauchreviere,** die zu den schönsten Bonaires zählen und zum geschützten ›Marine Park‹ gehören (s. S. 210), umgeben die Insel.

Ab und zu belebt sich das ansonsten unbewohnte Eiland; dann ist es Ziel kommerzieller Ausflugsfahrten, mit Grillparty und Schnorchelmöglichkeit im Angebot. In den wenigen zugänglichen Buchten findet man herrliche, pulverweiße Sandstrände, aber keine Schattenplätze.

Curaçao

Amsterdam der Karibik: Willemstad

Der Schottegat – Siebtgrößter Hafen der Welt

Naturschönheiten im Christoffel Nationalpark

Faszinierende Plantagenhäuser

Blick über Fort Amsterdam zur Sint Annabaai

Alte holländische Giebelhäuser entlang der Sint Annabaai in Willemstad, viele traditionsreiche Plantagenlandsitze in allen Teilen der Insel aber auch ausgedehnte Strände und Buchten an der südlichen Küste. Curaçao pflegt das niederländische Erbe in besonderer Weise.

Die Insel des Orangenlikörs – Curaçao stellt sich vor

Im Staatswappen der größten der ABC-Inseln sind die Verbindungen der ehemaligen Kolonie zum ›Mutterland‹ Holland symbolisch festgehalten: Die drei Andreaskreuze spielen auf jene im Wappen Amsterdams an und auch die Kogge verweist auf die historisch begründeten engen Beziehungen. Außerdem finden wir im Wappen vier Punkte, die jene Kontinente symbolisieren, aus denen die Menschen nach Curaçao kamen: Zuerst landeten aus Europa die Spanier, dann die Holländer. Unter ihnen entwickelte sich Curaçao zum größten Depot afrikanischer Sklaven in der Karibik. Im 19. Jh. wanderten viele Flüchtlinge aus Südamerika ein, und im 20. Jh. kamen mit dem Erdöl Arbeitskräfte aus Asien.

Der Orangenbaum symbolisiert die Fruchtbarkeit der Insel. Auch heute noch sind weite Teile der Insel grün, und wer den Christoffel-Nationalpark im Nordwesten der Insel aufsucht, kann diese tropische Üppigkeit hautnah erleben. Der Orangenbaum versinnbildlicht aber auch den unnachahmlichen Orangenlikör, der den Namen der Insel rund um die Welt verbreiten half. Noch heute wird er in Willemstads Vorort Chololobo in seit 100 Jahren bewährter Art nach geheimen Rezepten der Familie Senor destilliert und abgefüllt.

»Laßt uns die Stimme erheben und die Pracht Curaçaos besingen« heißt es in der ersten Strophe der in Papiamento abgefaßten Nationalhymne. Schon nach wenigen Tagen wird man auch als Urlauber diese Auffassung teilen, wie auch die in der letzten Strophe anklingende Wehmut: »Und wenn wir fern von zu Hause sind, denken wir zurück an die Sonne und die Strände Curaçaos, unseren Stolz und unsere Freude.«

Willemstad

Bereits wenige Monate nach der Eroberung Curaçaos durch die

›Steckbrief‹ Curaçao

Fläche	444 km^2
Einwohner	150 000
Bevölkerungsdichte	326 Einwohner pro km^2
Bevölkerungswachstum	–1 %
Sprache	Holländisch, Papiamento
Analphabeten	1 %
Beschäftigung	Landwirtschaft/Fischerei 1 %, Dienstleistungen 25 %, Industrie 10 %, Öffentlicher Dienst 36 %
Staatsform	Autonome Inseldemokratie im Königreich der Niederlande
Hauptstadt	Willemstad
Landeswährung	Niederländische Antillengulden (NAf)
Handel	Einfuhr: 2,8 Mrd. NAf (davon 1,9 Mrd. für Rohöl) Ausfuhr: 2,6 Mrd. NAf (davon 2,4 Mrd. aus Erdölprodukten)

Holländer begann der Vertreter der WIC, Johan van Walbeeck, 1635 mit dem Bau einer mächtigen Befestigungsanlage am Zugang zur Sint Annabaai, um den dahinterliegenden natürlichen Hafen, den Schottegat, militärisch sichern zu können. Noch bevor die ersten Gebäude und große Teile der Mauer 1635 fertiggestellt waren, erhielt die Festung den Namen ›Fort Amsterdam‹, weil die Westindische Handelsgesellschaft (WIC) im fernen Amsterdam ihren Hauptsitz unterhielt. (**Karte s. hintere Umschlagklappe**)

Die Bastion wurde an der südwestlichen Spitze einer Landzunge erbaut. Dieses Gebiet erhielt wegen seiner strategischen Bedeutung umgangssprachlich pointiert den Namen ›De Punt‹ (Der Punkt); später wurde daraus in Papiamento *Punda*. Der Name der aus diesem ›Kern‹ hervorgehenden Stadt leitet sich aus der Verpflichtung der WIC gegenüber dem niederländischen Königshaus und seinem damals regierenden König Willem II. ab.

Von nun an war die Entwicklung der Insel historisch aufs engste mit jener von Willemstad und der Bedeutung seines Hafens verknüpft. Nördlich des Forts entstanden in den folgenden Jahren Wohnhäuser und Handelsniederlassungen, wobei zuerst die Straßen und dann die Gebäude (für die damalige Zeit re-

Viele koloniale Gebäude bedürfen der Schönheitspflege

volutionär!) geplant und fertiggestellt wurden. Südlich des Forts, also zur Meerseite hin, kamen später zusätzliche Befestigungsanlagen, ›Waterfort‹ genannt, hinzu.

Willemstad war bis zum Waaigat von einer 6 m hohen Mauer umschlossen. Damit nicht genug: Um die Stadt auch von der Landseite her zu schützen, baute die Handelsgesellschaft weitere Forts an strategisch bedeutsamen Punkten der Insel. Vor allem galt es, die Landung von Kriegsschiffen in anderen Buchten Curaçaos zu verhindern.

In der allmählichen Ausdehnung Willemstads schlug sich die wachsende Bedeutung des Handelsplatzes nieder, wenn auch Punda das unangefochtene Zentrum blieb. Viele der im 18. Jh. hier auf engem Raum errichteten Häuser sind bis heute erhalten geblieben. Gebaut wurde anfangs mit Ziegelsteinen, wie man es aus der Heimat her kannte. Hunderttausende von Backsteinen wurden auf Schiffen aus Holland herbeigeschafft, ebenso die typischen rotbraunen Ziegel für die Satteldächer. Erst später verwandte man den auf der Insel verfügbaren Kalkstein und verwendete Ziegelsteine nur noch für Fenster- und Türumrandungen. In die Breite konnten sich die Häuser nicht ausdehnen, dafür nutzte man die Tiefe des Grundstücks. Maximal dreistöckig war die Vorschrift und nur bei der Fassadengestaltung und sonstigen architektonischen Besonderheiten, wie beispielsweise vorgeblendete Laubengänge im Erdgeschoß, konnten die Handelsherren ihre persönliche Note zum Ausdruck bringen. Zudem mußten Handels- und Wohnräume unter einem Dach integriert werden. Die holländischen Baumeister des Willemstader Geldadels schufen dennoch entlang der Breedestraat, der Herenstraat und vor allem entlang der Handelskade aufwendige Stadthäuser, wie sie im ›Mutterland‹

nicht schöner hätten entstehen können.

1707 gab der Direktor der WIC vierzehn Grundstücke westlich der Sint Annabaai zur Bebauung frei. Erlaubt war aber für Wohn- und Handelshäuser dort nur eine einstöckige Bauweise. Schnell setzte sich für den neuentstehenden Stadtteil auf der ›anderen Seite‹ der Hafeneinfahrt in Papiamento der Name *Otrobanda* durch. Weil in Otrobanda genügend Platz vorhanden war, konnten vermögende Handelsleute ihre, wenn auch niedrigeren, Häuser in die Breite bauen und mit schönen Gärten umgeben. In den engeren Gassen siedelten sich mittelständische Handwerker an, für die Punda inzwischen zu teuer geworden war.

Willemstad und mit ihm Curaçao überhaupt avancierte in der zweiten Hälfte des 18. Jh. zu einer reichen und damit wichtigen holländischen Besitzung. Das erklärte Ziel aller öffentlichen Bauanstrengungen war deshalb, sie mili-

Bunte Häuserzeile in Punda

tärisch gegen Begehrlichkeiten von seiten Frankreichs oder Großbritanniens zu schützen. Von 1744 an wurde die weiter westlich gelegene Piscaderabaai durch das gleichnamige Fort gesichert, 1796 der Schutz des Schottegats und der Sint Annabaai durch das in nur einem Jahr Bauzeit fertiggestellte Fort Nassau verstärkt. Nach dem kurzen Zwischenspiel englischer Besatzung (1807–1815) setzte die holländische Regierung die Befestigungsarbeiten fort. Dutzende von Kanonen zu beiden Seiten der Sint Annabaai – im Waterfort und in dem ihm gegenüberliegenden, 1828 fertiggestellten Riffort – machten von nun an den Schottegat zum sichersten Hafen in der Karibik. Noch im Zweiten Weltkrieg vermochte man sich vor dem Eindringen deutscher U-Boote zu sichern, indem die holländische Marine zwischen den beiden Forts ein Metallnetz quer über die Sint Annabaai spannte.

Im 19. Jh. dehnte sich Willemstad weiter aus. Jenseits der Stadtmauern von Punda entstanden, in östlicher Ausdehnung, die stattlichen Wohnhäuser des heutigen Stadtteils Pietermaai und nördlich des Waaigat die von Scharloo, das einst nur über eine Zugbrücke mit dem Altstadtkern verbunden war.

Der Zeitenwandel brachte Stilwandel mit sich. Das ›typisch Niederländische‹ wich in den stadtnahen Bereichen einer Vielfalt der Bauformen: Villen à la amerikanischer Südstaatenarchitektur traten neben lateinamerikanisch beeinflußte Wohnbauten mit begrünten Innenhöfen oder zeigten sich deutlich dem Jugendstil verhaftet. Stets spielten die Herkunftsländer der Bauherren eine Rolle.

Mit den großen Investitionen der Shell zu Beginn des 20. Jh. zog die Moderne rund um den Schottegat ein. Der Anschluß an die Moderne vollzog sich darüber hinaus im Brückenbau. Die Sint Annabaai bildete nicht mehr nur die strategisch günstige Abschirmung zum Schottegat, sondern durchschnitt die expandierende Stadt; damit wurde sie vor allem seit dem Ende des letzten Jahrhunderts zum Hindernis für die innerstädtischen Verbindungen. 250 Jahre waren die Bewohner auf Fähren angewiesen, wenn sie von einem Stadtteil in den anderen wollten. Erst seit 1888 ermöglicht es die auf Pontons ruhende Emma-Brücke, die Bucht problemlos zu überqueren. Sie ist zum Wahrzeichen der Stadt geworden (s. S. 148ff.).

Weitere Brücken kamen hinzu. Seit 1928 verbindet die Wilhelmina-Brücke über dem Waaigat den Stadtteil Scharloo mit dem Zentrum in Punda, und seit 1974 gibt es die Juliana-Brücke. Seit Mitte der 50er Jahre wurden als Alternativen ein Tunnel unter der Sint Annabaai und der Bau einer hohen Brücke, unter der die Ozeanriesen hindurch in den Schottegat fahren konnten, diskutiert und kalkuliert. Weitsichtigkeit siegte. 1960 begannen dann die Arbeiten an der Juliana-Brücke, die jedoch von einem

Unglück überschattet wurden: Am 6. November 1967 brach die 1500 Tonnen schwere Stahlkonstruktion auf der Punda-Seite und stürzte in die Bucht. Erst 1969 wurden die schwierigen Arbeiten wieder aufgenommen und am 30. April 1974, dem Geburtstag der niederländischen Königin Juliana, konnten erstmalig selbst die größten Schiffe der Welt unter der 500 m langen und 56 m hohen Bogenbrücke hindurchfahren. Dank guter Anbindungsstraßen benötigt man heute mit dem Auto von Punda nach Otrobanda weniger als zehn Minuten.

Stadtrundgang

Möchte man in Willemstad auf den Spuren seiner historischen Entwicklung wandeln, sollte man im Stadtteil Punda beginnen. Diese Tour kann natürlich auch von der Otrobonda-Seite ihren Ausgang nehmen. In jedem Fall sollte man zur Besichtigung dieser beiden großen Stadtviertel jeweils einen halben Tag Zeit einplanen.

Beim Rundgang durch die Hauptstadt wird bald auffallen, daß vor allem keines der alten Häuser Weiß gestrichen ist, statt dessen herrschen leuchtende Farben bzw. unterschiedliche Nuancen von Okkergelb vor. Dies geht auf eine Anordnung einer der ersten niederländischen Gouverneure der WIC im Jahre 1817 zurück. Der von einer Augenkrankheit Geplagte bestand auf einer Abtönung der weißen Wände; das sollte die blendenden Reflexionen der Sonnenstrahlen augenschonend dämpfen.

Die drei Hauptsehenswürdigkeiten der Stadt liegen dicht beieinander und zwar in **Punda** die Emma-Brücke, die Handelskade mit dem Penha-Gebäude und das Fort Amsterdam.

Fort Amsterdam (1) ist das älteste Bauwerk auf Curaçao und die mächtigste Bastion des gesamten ›ABC‹-Archipels. Ursprünglich sollte der 1635, im Auftrag der WIC begonnene Bau über einem fünfeckigen Grundriß aufgehen, im Verlauf der Entstehung aber wurde er auf ein unregelmäßiges Viereck hin verengt. Nach seiner Fertigstellung, 1641, bestückte man das Fort mit Hunderten von Kanonen – heute sind nur noch wenige im Innenhof zu bestaunen.

Über dem Eingang zum Fort lag einst die Wohnung des Direktors der WIC, die später vom Insel-Gouverneur übernommen wurde und heute Vertretern der niederländischen Krone (einschließlich dem Gouverneur) mit Büroräumen zur Verfügung steht. Der Zugang zu diesem Stockwerk erfolgt über eine schöne Treppenanlage auf der Rückseite. Der Innenhof des Forts diente ehemals als Exerzier- und Paradeplatz, heute parken hier Regierungsfahrzeuge. Alte und gleichzeitig neue Verwaltungsgebäude bilden entlang der Mauern eine Häuserflucht. Bis ins 19. Jh. hinein bestimmten freistehende Häuser die Gestaltung des Innen-

Ein Gotteshaus umgeben von Kanonen, die protestantische Fortkerk

hofes statt dieser geschlossenen Gebäudefront mit ihren Galerien und Balkonen.

Genau gegenüber den Diensträumen des Gouverneurs, dessen Anwesenheit übrigens durch eine gehißte Flagge auf dem Fort signalisiert wird, erhebt sich die protestantische **Fortkerk (2),** die genauso alt ist wie das Fort selbst. Erst seit ihrer Restaurierung im Jahre 1992 (Gesamtkosten: mehr als zwei Mio. NAf) ist sie nach langer Zeit wieder für Besucher geöffnet.

Die Geschichte der Kirche reicht bis ins Jahr 1635 zurück. Kurz nach der Eroberung Curaçaos errichteten die Holländer an eben dieser Stelle aus Holz eine Garnisonskirche, die 1707 von einem kleinen Backsteinbau abgelöst und 1742 dann zum heute noch bestehenden Gotteshaus erweitert wurde. Allerdings konnte man es bis in die späten 60er Jahre des 18. Jh. zu ebener Erde betreten, bevor das gesamte Gebäude wegen allgemeinen Platzmangels im Fort aufgestockt und der sakrale Raum in die erste Etage verlegt wurde. Darunter richtete man zunächst ein Militärmagazin ein, später dann – kaum weniger erstaunlich – ein Rumlager. Seit 1775 ermöglicht eine imposante doppelte Freitreppe den Zugang zur Fortkerk. Mit ihrem roten Satteldach wirkt sie von außen keineswegs wie ein Gotteshaus. Nur das Kreuz auf dem Uhrturm verrät die Funktion.

Der dreischiffige Innenraum ist einfach gehalten und dezent ausgestattet. Nur die große Barockorgel links vom Eingang hebt sich von der allgemeinen Kargheit ab. Neben der Kirche wurde 1991 ein kleines Museum eröffnet, in dem sowohl die Geschichte der Kirche als auch die der protestantischen Gemeinde auf Curaçao anhand alter Fotografien dokumentiert wird. Wenige Meter neben dem Eingang ist noch das Einschlagloch einer Kanonenkugel zu sehen, die die Kirche traf, als Willemstad 1804 zum ersten Mal 26 Tage lang vergeblich von der britischen ›Bounty‹ beschossen wurde.

Besichtigung der Kirche und des Museums: Mo–Sa 9–12 und 14–17 Uhr.

Verläßt man Fort Amsterdam durch den westlichen Haupteingang wieder, stößt man zur Linken auf die *Plaza Piar.* Der Platz trägt den Namen des venezolanischen Freiheitskämpfers Manuel Corel (span. ›Carlos‹) Piar. Sein Standbild auf dem Platz erinnert an die historischen Verbindungen zwischen der niederländischen Kolonie und dem nördlichen Teil des damals noch nicht nationalstaatlich organisierten südamerikanischen Kontinents. An die Plaza Piar grenzt das einzige Hochhaus der Insel, das Van der Valk Plaza-Hotel. Ohne es richtig zu merken, befindet man sich damit schon auf dem Gelände einer alten Befestigungsanlage, dem sogenannten **Waterfort (3)**.

Entlang der Küste, südlich von Fort Amsterdam, entstand 1634 der erste Befestigungswall, um feindliche Schiffe an der Einfahrt in die Sint Annabaai zu hindern. Dieser Wall mit seinen Kanonen, Schießscharten und Unterständen erhielt bald wegen seiner Lage am Wasser den Namen Waterfort. 1748 verstärkten die Bürger von Willemstad diese Anlage auf eine Breite von 8 m. In den Wall wurden von innen Bogengewölbe eingezogen, um Lagermöglichkeiten für Munition und Vorräte zu schaffen. Aber zu einem Fort im traditionellen Sinn wurde sie nicht ausgebaut.

Seine bis heute erhaltenen Ausmaße erhielt Waterfort nach dem Schock, den die britische Besetzung bei den Bewohnern Willemstads verursachte. 1826 begannen die Arbeiten, und seit 1830 reicht der befestigte Wall als geschlossene Mauer mit Schießscharten und Zinnen von der Westecke von Fort Amsterdam entlang der Küste bis weit über die Ostecke von Fort Amsterdam hinaus.

Im Lauf vieler Jahrzehnte verlor Waterfort an Bedeutung. Während des Zweiten Weltkrieges diente es letztmalig militärischen Zwecken: als Stützpunkt für Artilleriegeschütze zur Abwehr deutscher Schiffe und als Soldatenunterkunft. Heute gehören Teile des Waterfort zum Komplex des Van der Valk Plaza-Hotels. Am östlichen Ende der Anlage findet sich heute die *Waterfort Arches* genannte Einkaufszeile mit zahlreichen Boutiquen und Restaurants; besonders sie profitieren von der exponierten Lage direkt an der Küste.

Von den Waterfort Arches gelangt man nach wenigen Metern auf den größten Platz des Stadtteils, den einem Park ähnlichen Wilhelminaplein. An diesem Platz, steht das altehrwürdige, klassizistische **Stadhuis (4),** in dem das Parlament der Niederländischen Antillen (›Staten‹) zusammentritt. Es wurde 1859 fertiggestellt und besticht durch seine beiden Treppenaufgänge, die zum Portikus hinaufführen. Den Giebel schmückt das Wappen des Hauses Oranien. Den Abschluß am Südrand des Wilhelminapleins markiert der 1867 errichtete Tempel Emanu-El, die Synagoge jener Reformgruppe der sephardischen Juden, die 1864 die Mikvé Israel-Gemeinde (s. S. 144) verließ. Derzeit wird das einstige Gotteshaus renoviert.

Die nördliche Begrenzung des Wilhelminapleins bildet die Breedestraat, eine der eindrucksvollen Straßen der Hauptstadt, in der zu beiden Seiten noch mehrere alte Gebäude aus dem 17. und 18. Jh. stehen. In diesen *kolonialen Häusern,* die durch ihre niederländisch geprägte Architektur mit ihren schönen Giebeln beeindrucken, befinden sich heute meist elegante Läden. In der Mitte der Breedestraat öffnet sich zur Rechten die Fußgängerzone Gomezplein mit mehreren Straßenrestaurants. Hier kann man mitten in der Innenstadt im Schatten der Bäume eine Kaffeepause einlegen. Am nördlichen Ende der Gomezplein verläuft die Hanchi di Snoa (früher: Kerkstraat), in die man nach rechts einbiegen muß, um zur **Synagoge Mikve Israel-Emanuel (5)** zu gelangen.

Mitten in Punda, umgeben von einer vier Meter hohen ockerfarbenen Mauer, steht die älteste Synagoge der westlichen Welt (1732 erbaut). Von außen hebt sie sich durch ihre massive Bauweise, ihre Giebelelemente und ihr rotes Ziegeldach kaum von den anderen historischen Gebäuden in der Columbusstraat bzw. der alten Kerkstraat ab.

Heute betritt man das Anwesen nicht mehr durch das mittlere der drei Rundbogentore in der Columbusstraat, sondern durch ein schweres Holzportal in der Hanchi di Snoa (Straße der Synagoge). Die viereckigen, grauweißen Marmorplatten des Innenhofes stehen in auffallendem Kontrast zum Pastellgelb der Synagoge mit ihren vielen Fenstern und den rotbraunen Fensterläden. Vier fast bis zum Giebel reichende weiße Säulen durchbrechen die Frontseite des Gotteshauses, das man durch ein Marmorportal betritt. Über dem Eingang steht in hebräischer Schrift zu lesen: »Herr, schaffe Raum für Jafet und lasse ihn wohnen in den Zelten Sems.« (1. Moses 9, Vers 27). Darunter, den Torbogen flankierend, die Zahl 5490, die dem Jahr 1730 im gregorianischen Kalender entspricht. Sie deutet auf das Jahr der Grundsteinlegung hin.

Willemstads Synagoge Mikve Israel-Emanuel

Den Boden des dreischiffigen, von Emporen eingefaßten Innenraums bedeckt weißer, festgetretener Sand wie ein dicker, weicher Teppich. Er symbolisiert den Sand der Wüste Sinai, die die Kinder Israel durchqueren mußten, als sie von Ägypten nach Kanaan auswanderten , bzw. er gilt als Erinnerung an die Verheißung Gottes gegenüber dem Patriarchen Abraham: »Ich will Dein Geschlecht segnen und mehren ... wie den Sand am Ufer des Meeres.« (1. Moses 22, Vers 17) Eine dritte Sinnebene knüpft an die Zeit der Inquisition an: Um nicht beim heimlichen Gebet gehört zu werden, hatten konvertierte Juden in Spanien bis 1492 und in Portugal bis 1499 schalldämpfenden Sand in den Räumen ihrer Zusammenkünfte verteilt. In der Synagoge von Curaçao erfüllte der Sand einst einen ähnlich ›praktischen‹ Zweck. Der Fußboden bestand ursprünglich aus Holzdielen, die mit zunehmendem Alter gewaltig zu knarren begannen. Da es immer wieder verspätet zum Gottesdienst eintreffende Gemeindemitglieder gab, ließ der erste Hakham (›Vorbeter‹) Geräusche-schluckenden Sand auf die Dielen streuen – und kein Knarren und Knirschen störte mehr die Andacht. Als man 1965 die alten Dielen durch einen Zementboden ersetzte, knüpfte man an die alte Tradition an.

Das Mittelschiff wird zu beiden Seiten durch schwere Holzbänke aus Mahagoni flankiert. Die Mitte

Von Hoffnung erfüllt:

Juden auf Curaçao

Nimmt man es ganz genau, so beginnt die Geschichte der Juden auf Curaçao mit der Geschichte der Holländer auf dieser Insel. Zum Beratertroß von Johan van Walbeeck gehörte 1634 auch der in Portugal geborene Jude Samuel Cohen, der als ›Fachmann‹ im Umgang mit indianischen Ethnien im Dienste der WIC stand.

Je unbarmherziger die Inquisition auch in den spanischen und portugiesischen Kolonien durchgriff, um so mehr Juden wurden aus ihrer neuen Heimat vertrieben. 1651 kam eine erste Gruppe sephardischer (urspr. iberische) Juden aus dem heutigen (damals portugiesischen) Brasilien in Curaçao an. Sie siedelten außerhalb von Willemstad, gründeten die Plantage ›De Hoop‹ und begannen, sich als Landwirte eine neue Existenz aufzubauen. Auf dem Gebiet der benachbarten Plantage Bleinheim, legten sie auch ihren Friedhof Beth Haim an (s. S. 159). Immer mehr Juden flüchteten vor der brasilianischen Inquisition. Ein Teil gelangte bis ins niederländische Neu-Amsterdam (New York), aber die meisten suchten doch den nächstgelegenen niederländischen Hafen auf, und das war Curaçao. Dort hatten sich mit Erlaubnis der WIC auch Familien aus Holland niedergelassen, so daß es 1654 zum Zusammenschluß von zwölf Familien und zur Gründung einer Gemeinde kam. Sie gaben ihr den Namen *Mikve Israel* (Hoffnung auf Israel) und organisierten sie nach dem Vorbild der sephardischen Judengemeinde in Amsterdam. 1674 reiste der bedeutende Hakham (der Hakham einer sephardischen Gemeinde ist vergleichbar mit dem Rabbi der ashkenasischen Glaubensrichtung) Josiao Pardo von Amsterdam nach Curaçao, um die Synagoge in Punda zu segnen.

Dieses erste Gotteshaus wurde zweimal erweitert bzw. in andere Häuser verlegt, weil sich die Gemeinschaft zu Beginn des 18. Jh. durch weitere Zuwanderer vergrößerte. In jener Zeit kamen viele Juden zu Ansehen und Vermögen durch Erfolge auf dem Handelssektor. Die Mikve Israel-Gemeinde war bereits 1729 in der Lage, die in New York ansässige durch eine größere Geldspende zu unterstützen, so jedenfalls weisen es die Annalen der Sheavith Israel – der ältesten jüdischen Gemeinde in den USA – aus. Im gleichen Jahr sollte endlich ein standesgemäßer Bau, sozusagen ein festes Haus in Willemstad entstehen. Man wählte einen repräsentativen Platz im Zentrum des ummauerten Punda, an der Kerk-/Ecke Columbusstraat. Am Passah-Fest 1732 wurde die neue Mikve Israel-Synagoge eingeweiht und zählte damit zur größten, einflußreichsten und wohlhabendsten Gemeinde des amerikanischen Kontinents. Mit Hilfe der über 2000 Mitglieder wurden Schulen und Erzieherseminare gebaut, philantropische Gesellschaften gegründet, Lehrer aus den eigenen Reihen vermittelt (z. B. Ezra Stiles, im 18. Jh. Rektor der Yale University).

Als in der Mitte des 19. Jh. Curaçao ökonomisch an Bedeutung verlor, verließen viele jüdische Familien die Insel und wanderten nach Nordamerika aus. Zudem spaltete sich die Gemeinde, und die Gruppierung, die sich dem *Temple Emanu-El* zugehörig fühlte, errichtete eine eigene Synagoge, wenige Schritte nur von dem ›Mutterhaus‹ entfernt. Mangels eines rituskundigen Gemeindevorstehers aus den eigenen Reihen übernahm der New Yorker Hakham Samuel Adler die religiöse Beratung. Übrigens wollten die Reformer auch den alten Beth Haim Friedhof nicht mehr mit ihren Glaubensbrüdern teilen und legten deshalb einen neuen in Berg Altena an.

1920 lebten statt der ehemals 2000 Juden noch wenige hundert auf Curaçao. Ihre Zahl sank kontinuierlich weiter. Nach dem Zweiten Weltkrieg und der Gründung des Staates Israel war abzusehen, daß nicht zwei jüdische Gemeinden sephardischer Glaubensrichtung auf Curaçao existieren konnten, zumal neuere Entwicklungen die alten Streitigkeiten zwischenzeitlich überholt hatten. 1964 vereinigten sich infolgedessen beide Gruppen zur ›Mikve-Israel-Emanuel‹-Gemeinde, woraufhin die Temple-Emanu-El-Synagoge geschlossen und die Mikve Israel-Synagoge aufwendig restauriert wurde.

Die sephardische Gemeinde auf Curaçao hat heute noch ca. 300, meist ältere Mitglieder. Etwa genauso groß ist die ashkenasische Gemeinde, deren Mitglieder aus mitteleuropäischen Staaten und den USA eingewandert sind. Die ›Mikve Israel Emanuel‹ gehört der ›World Union for progressive Judaism‹ an, einem weltweiten Zusammenschluß von liberalen, reformierten jüdischen Gemeinden. Gleichzeitig hält sie aber bis heute an liebgewordenen Traditionen fest, die nur aus ihrer lokalen Geschichte zu erklären sind: Das tägliche Morgengebet in der Mikve-Israel-Emanuel-Synagoge schließt immer das niederländische Königshaus ein. Es wird zudem auf Portugiesisch, der ersten gemeinsamen Verständigungssprache innerhalb der frühen Gemeinde, gesprochen.

nehmen die *Theba,* das Rednerpult des Hakham sowie der *Hekhal,* der Schrein mit den Thorarollen ein. Dieser wurde 1709 von Pieter de Mey in Amsterdam ebenfalls aus Mahagoni gefertigt. Die sieben Stühle auf dem von einer Balustrade umgebenen Podest auf der Nordseite wurden ehemals von den ›Parnassim‹, den Kirchenältesten, in Anspruch genommen. Heute sind sie für hochgestellte Persönlichkeiten reserviert.

Auf den Seitenschiff-Emporen folgten ehemals Männer und Frauen getrennt dem Gottesdienst und lauschten den Klängen der 1866 erworbenen Orgel mit ihrem schlicht-klassizistischen Prospekt.

Von der Decke schweben drei wuchtige, vom Beginn des 18. Jh. stammende Messingleuchter herab, bestückt mit je 24 Kerzen. Überhaupt sind Kerzen bevorzugte Requisiten in der Synagoge. Bei Hochzeiten und Feiertagen entfacht, verbreiten dann des Abends ca. 150 solcher Lichtquellen eine besonders festliche Atmosphäre. Tagsüber fällt genug Sonnenlicht durch die blauen Glasfenster herein, das den Kontrast zwischen dunklem Mobiliar und weißem Sand noch eigenartig verstärkt.

Die Juden Curaçaos sind sehr stolz auf ihre Synagoge, denn zu Recht wird die Mikvé Israel-Emanuel als die ›Mutter aller jüdischen Gemeinden in der Neuen Welt‹ bezeichnet.

Gegenüber dem Eingang zur Synagoge befindet sich das 1970 eröffnete **Museum der jüdischen Gemeinde (5),** das einen hervorragend dokumentierten Überblick über die Geschichte der Juden Curaçaos, ihre Lebensweise und ihre religiösen Bräuche vermittelt. Kostbare Thorarollen, alte, siebenarmige Menorah-Leuchter und silberne, in Amsterdam gefertigte Kultgeräte gehören zu jenen Ausstellungsstücken, die nur hier zu sehen sind. In das Museum integriert ist das alte rituelle Bad, die *Mikve,* im Innenhof. Da das Wasser der Mikve kein stehendes sein darf, wurden diese Bäder meist über unterirdischen Bächen errichtet. Deshalb führen auch hier Treppen hinab bis zur ehemaligen Höhe des Wasserspiegels.

Synagoge, Hanchi di Snoa 29, ✆ 61 10 67, Öffnungszeiten: Mo–Fr 9–11.45 und 14.30–16.45 Uhr; männliche Besucher sollten eine Kopfbedeckung nicht vergessen. **Museum:** Mo–Fr 9.00–11.45 und 14.30–17.00 Uhr, ✆ 62 38 73, geschl. an Feiertagen.

Biegt man hinter der Synagoge in die Columbusstraat ein, erreicht man an deren nördlichem Ende das Ufer des Waaigat mit der *Wilhelmina-Zugbrücke.* Sie muß man überqueren, will man in den jenseits der Bucht liegenden Stadtteil Scharloo gelangen. Rechts der Brücke fällt ein großes häßliches Rundgebäude ins Auge, die neue *zentrale Markthalle.* Im ersten Stock befindet sich die wegen ihres vielfältigen Angebots faszinierende

Der ›Schwimmende Markt‹

Fisch-Abteilung. In unmittelbarer Nähe der neuen Markthalle liegt die alte, in der man heute einheimische Schnellgerichte zu sich nehmen kann. Links der Wilhelmina-Brücke zieht sich an der Sha Caprileskade der **Schwimmende Markt (6)** (Floating Market) am Waaigat-Ufer entlang. Er bietet das größte Angebot an frischem Obst und Gemüse aus Venezuela. Wegen seiner schattenspendenden bunten Tücher und der eindrucksvoll präsentierten tropischen Früchtefülle ist er für Einheimische wie Auswärtige ein attraktiver Anziehungspunkt. Die Fassaden der die Sha Caprileskade säumenden alten Handelshäuser mit ihren niederländischen Giebeln veranschaulichen, welche Bedeutung der Waaigat im 18. Jh. gehabt haben muß.

Auf dem Spaziergang passiert man kurz vor dem Ufer der Sint Annabaai die Plaza Jojo Correa – einem beliebten Treffpunkt für Jung und Alt mit einem Straßencafé und schattenspendenden Bäumen.

Unmittelbar an der Plaza zweigt die Herenstraat nach links ab. Zusammen mit der parallel verlaufenden Handelskade und der Breedestraat an ihrem anderen Ende gehört die Herenstraat zu den historisch interessantesten (wegen des alten Baubestands) und zur Auge und Geldbörse anregendsten Flaniermeile Willemstads (wegen der schmucken Läden); zumal sie, im Gegensatz zu den beiden anderen Straßen, eine *Fußgängerzone* ist. Viele der historischen Häuser haben einen Namen und tragen das Jahr ihrer Grundsteinlegung auf der

Frontseite. So wurden z. B. das Palais Hindu, die Casa Blanca und das Haus »L'Amiga« (Herenstraat 29 bis 31) 1706 gebaut. Da ihre Besitzer sephardische Juden waren, erscheint auch die Jahreszahl nach jüdischer Zeitrechnung (5466). An der Ecke Herenstraat/Breedestraat stößt man auf das bekannteste Haus der Insel: das **Penha-Gebäude (7)** – ganz in Ockergelb. Es wurde 1708 in exponierter Lage direkt an der Sint Annabaai errichtet und ist beispielgebend für die niederländische Kolonialarchitektur des 18. Jh., ausgestaltet mit den roten Satteldächern, den Giebeln und Galerien und den weißen Stuckverzierungen über Tor- und Fensterbögen. Heute bietet ›Penha‹ auf zwei Stockwerken Parfums, Kosmetik und Kleidung an. Auch wenn man an diesen Artikeln nicht interessiert ist, sollte man einen Besuch nicht scheuen. Danach geht es dann über die bemerkenswerte Ponton-Konstruktion, die Emma-Brücke, nach Otrobanda.

Am 8. Mai 1988 feierte Willemstad den 100. Geburtstag seines Wahrzeichens, der **Emma-Brücke** (Koningin Emma Brug). Die Intensität des Festes entsprach der Bedeutung des schwimmenden Bauwerks. Um Schiffen den Zugang zum Schottegat zu ermöglichen, kann die Brücke innerhalb von nur drei Minuten geöffnet werden. Zwei starke Dieselmotoren an den letzten Pontons auf der Punda-Seite schieben dann den 140 m langen beweglichen, an der Otrobanda-Seite auf einer Drehscheibe befestigten Brückenteil im Halbkreis über die Sint Annabaai hinüber auf die ›andere Seite‹. Nirgendwo sonst auf der Welt können Ozeanriesen dank dieser Konstruktion mitten durch eine Stadt und so Häuser-nah vorbeifahren wie hier (s. S. 150).

Die Brücke wurde im Laufe der Jahre mehrmals aufwendig erneuert und überholt, zuletzt 1961. Längst sind die alten hölzernen Pontons durch metallene ausgetauscht, die Holzplanken durch Asphaltfahrbahnen ersetzt worden, bedient man sich bei den Öffnungsvorbereitungen moderner Funkgeräte statt der vormals üblichen Hand-

Die Emma-Brücke mit dem Penha-Gebäude an der Handelskade rechts im Hintergrund

und Fahnensignale. Allein die Existenz dieser über 100 Jahre alten ›schwimmenden‹ Brücke sichert die traditionsreiche Atmosphäre Willemstads. Seit 1974 ist die Emma-Brücke ausschließlich Fußgängern vorbehalten; selbst Radfahrer müssen absteigen. Nur einmal im Jahr sind Autos und motorisierte Fahrzeuge zugelassen: Am Karnevalssonntag nämlich bewegt sich die ›Grand Carnival Parade‹ von Punda über die Brücke nach Otrobanda.

Durchschnittlich 25mal am Tag wird die Brücke für einfahrende Schiffe geöffnet. Dies wird mit einem Signalton und dem Hissen einer blauen Fahne auf den alten Zollhäuschen zu beiden Seiten der Brücke rechtzeitig und öffentlichkeitswirksam kundgetan. Dann kommt plötzlich Bewegung in die Fußgänger auf der Punda-Seite: Hast und Eile breiten sich aus, um ja noch die Brücke zu erreichen, bevor sie ›abfährt‹.

Für die, die es nicht mehr geschafft haben, bieten Fährschiffe ihre (kostenlosen) Dienste an. Sie verkehren immer dann, wenn die ›Swinging Old Lady‹ auf ihrer 20minütigen Reise ist.

Der Stadtteil **Otrobanda** ist entstanden, weil Punda irgendwann aus den Nähten platzte. Innerhalb der Mauern Pundas konnten also keine Bauplätze mehr ausgewiesen werden, so daß die WIC 1707 zum ersten Male den Bau von einstöckigen Wohnhäusern auf der anderen Seite der Sint Annabaai erlaubte.

Überquert man von Punda kommend die Emma-Brücke, so stößt man direkt auf den bäumeumstandenen Brionplein (Plaza Brion). In der Mitte des Platzes steht ein 1956 enthülltes *Denkmal*, das an Luis Brion (1792–1821) erinnert. Er kämpfte an der Seite Simon Bolivars um die Unabhängigkeit Südamerikas.

Südlich des Brionplein, direkt an der Landspitze seitlich der Einfahrt zur Sint Annabaai erhebt sich die Befestigungsanlage **Riffort (1)**.

Emma – die ›Swinging Old Lady‹

Eine Brücke erregt Aufsehen

Je weiter sich Willemstad zu beiden Seiten der Sint Annabaai ausdehnte, desto mehr Menschen und Waren mußten täglich die Bucht überqueren; überhaupt herrschte reger Pendelverkehr zwischen den Stadtteilen. Wer etwa zur katholischen Santa-Anna-Kirche oder ins Krankenhaus wollte, mußte sich auf die Otrobanda-Seite begeben, die protestantische Fortkerk und die Synagoge warteten wiederum im gegenüberliegenden Punda auf die Gläubigen.

In den Statuten des Polizeidirektors, der den ordnungsgemäßen Ablauf des Fährbetriebes kontrollierte, wurden die gestatteten Lasten und Gewichte sowie Passagierzahlen genau festgelegt. Diese Werte gaben gleichzeitig die Abgaben an die Stadtverwaltung vor. 1868 etwa wurden werktags durchschnittlich 4000, sonntags bis zu 5000 Menschen auf den 121 zugelassenen Fähren über die Sint Annabaai befördert. Mitunter kam es dabei vor, daß die Boote bei starkem Wind auf's Meer hinausgetrieben wurden.

Neben großen Transport- und kleineren Personenfähren gab es auch spezielle für besondere Anlässe, wie beispielsweise Begräbnisfähren. Sie wurden vor allem von den Mitgliedern der jüdischen Gemeinde in Anspruch genommen, da sich ihr Friedhof in Otrobanda befand. Sämtliche dieser öffentlichen Verkehrsmittel wurden wie die Gondeln in Venedig fortbewegt, am Ruder standen in Willemstad allerdings zumeist Sklaven. Sie verhalfen ihren Besitzern zu erklecklichen Einnahmen, waren jedoch selbst auch am Gewinn beteiligt.

Einmal im Jahr standen die Fähren, festlich geschmückt, im Zentrum des Interesses: Am Geburtstag des niederländischen Königs ›paradierten‹ sie auf der Sint Annabaai in Höhe des Forts Amsterdam. Die Tage dieser schwimmenden Gefährte aber waren gezählt.

Zunächst dachte man noch zögerlich über eine Brückenverbindung nach. Bereits 1870 trug der niederländische Gouverneur De Rouville dem Stadtrat dahingehende Pläne vor, wurde aber mit Hinweis auf entstehende Kosten und drohende Behinderungen des Schiffsverkehrs in der Baai zurückgewiesen. Die Stadtverwaltung versprach sich zudem vom Einsatz zweier Dampfschiffe eine deutliche Entspannung im Fährverkehr. Schon zwei Jahre später aber waren diese schon verschlissen und wurden abgewrackt. Das war die Stunde des Amerikaners Leonard Burlington Smith; von Beruf Kapitän und Ingenieur, seit 1877 Einwohner Curaçaos und seit 1884 Konsul der USA in Willemstad.

Smith unterbreitete dem neuen Gouverneur Nicolaas van den Brandhof den Vorschlag, eine Brücke zu konstruieren, die den Schiffsverkehr garantiert nicht behindere. Er bot an, sie auf eigene Kosten bauen zu lassen, wenn ihm dafür die Benutzergebühren zufielen. Smith erhielt die Konzession. Nach nur einjähriger Bauzeit wurde seine ›schwimmende Brücke‹, getragen von 16 Kähnen als Pontons, am 8. Mai 1888 der Öffentlichkeit übergeben. Schnell war ein Name gefunden: Gouverneur Brandhof schlug ›Emma‹ vor – nach der Gattin König Willems III. – und Smith stimmte zu, hieß doch seine eigene Tochter ebenso.

Von allen Unternehmen, die Smith auf Curaçao besaß, war die Brücke die ertragreichste. Sie brachte ihm 50 000 Gulden pro Jahr, denn die Brücke war damals zu beiden Seiten durch hölzerne Wachhäuschen flankiert, wo man den sogen. ›Brückenzoll‹ zu entrichten hatte: Fußgänger 2 Cents, Wagen 25 und 10 für ein Pferd.

Als Kapitän Smith 1898 starb, verkauften seine Erben die Konzession an die spätere ›Curaçao Trading Company‹ (C.T.C.). Diese sorgte für die Modernisierung und Verstärkung der Brückenkonstruktion, denn inzwischen hatte man sich auf die Frequentierung durch schwerere Lasten einzustellen, wie etwa Autos. 1930 übernahm dann die Inselregierung die Verwaltung der ›Swinging Old Lady‹; erst während des Zweiten Weltkrieges wurde der Brückenzoll abgeschafft.

Ganz ohne Unfälle verlief die mehr als 100jährige Geschichte dieser raffinierten Konstruktion nicht. Durch die Unachtsamkeit von Lotsen trug sie so manche Blessuren davon. Besonderes Aufsehen erregten 1946 bzw. 1948 zwei Unfälle, verursacht durch die Schiffe ›Cabo de Hornos‹ und ›Agatha‹: Sie rammten die geschlossene Brücke – Menschen kamen Gott sei Dank nie zu Tode, dafür belief sich der angerichtete Sachschaden jedesmal auf beträchtliche Summen.

Da die Zahl der zugelassenen Autos auf Curaçao innerhalb relativ kurzer Zeit sprunghaft anstieg, 5000 im Jahre 1949 gegenüber 1961 dann mit 12 000, kam es auf der Handelskade immer wieder zu vierspurigen Staus, wenn die Verbindung zur anderen Seite wegen passierender Schiffe unterbrochen war. 1974 wurde die Emma-Brücke deshalb endgültig für den Autoverkehr gesperrt und nur noch für Fußgänger freigegeben. Damit kehrte ein wenig von der Atmosphäre nach Willemstad zurück, wie sie um die Jahrhundertwende wohl geherrscht haben muß.

Zwischen 1824 und 1828 gebaut, ist sie das Pendant zum gegenüberliegenden Waterfort. Beide Forts sicherten die Zufahrt zum Schottegat.

Riffort betritt man durch ein hohes Tor. Direkt dahinter führt eine Treppe hinauf zum flachen Dach der äußeren Befestigungsanlage, von dem aus man einen herrlichen Blick hinüber zum Fort Amsterdam hat. Weniger schön ist der Anblick des langgezogenen Innenhofs. Um ihn gruppieren sich die alten Kasernen und Munitionsmagazine, die heute als Lagerhallen genutzt werden. An den ehemaligen Glanz erinnern nur noch die Rundbögen an ihren Außenseiten. Derzeit sind Restaurierungsarbeiten im Gange. An der Meerseite sind sie bereits abgeschlossen. Ein Teil des Forts wird von einem Restaurant genutzt (s. S. 160).

Haus Stromzicht

Unweit des Riffort erstreckt sich der Pater Eeuwensweg, der zur Uferschnellstraße ausgebaut wurde, um den Verkehr aus Otrobanda Richtung Westen zügig ablaufen zu lassen. Als Fußweg ist diese Straße zwar wenig geeignet, aber sie bietet doch den Zugang zu zwei schönen alten Wohnhäusern aus dem 18. Jh. Sie liegen nebeneinander (Nr. 35 und Nr. 37), das eine weiß mit zwei blauen Frontverzierungen, **Haus Stromzicht (2)**, das andere, pastellrot, **Haus Batavia (3)**. Beide wurden 1956 von Grund auf saniert und befinden sich heute in Privatbesitz. Das Haus Stromzicht gehört dem bekannten Inselarzt und -künstler Chris Engels, der das Haus als Atelier und einen Anbau als Praxis benutzt. Man erzählt sich, Haus Batavia sei rot angestrichen, weil seinen einstigen Besitzern aufgrund eines Lottogewinns der Kauf des Gebäudes ermöglicht wurde: Der Lottoschein war rot und so trugen sie die glücksbringende Farbe auch auf die Fassade auf.

Vorstellungen vom Leben in Otrobanda kann man am besten in den schmalen Gäßchen entwickeln, die zu beiden Seiten von einstöckigen Häusern aus der 2. Hälfte des 18. Jh. begrenzt werden. Dazu gehören z. B. die Gravenstraat, die Gasthuisstraat, der Van

Dijksteeg, die Schrijnwerkersstraat und der Conscientiesteeg. In der Gasthuisstraat stehen die Gebäude besonders dicht nebeneinander und fallen durch ihre bescheidene Größe auf. Nr. 5 und Nr. 15 sind so klein, daß man sich fragt, wie eine Familie auf so engem Raum zusammenleben konnte.

Zwischen Conscientiesteeg und Breedestraat – wie in Punda, so heißt auch hier der Hauptverkehrsweg Breedestraat – steht die **Sint Anna-Basilika (4)**, die erste katholische Kirche der Niederländischen Antillen. Sie geht auf eine 1757 errichtete Kapelle zurück. Einer ihrer früheren Priester, Martinus Johannus Niewindt, brachte es 1848 zum Bischof von Curaçao. Bis zu seinem Tode im Jahre 1860 gelangen ihm große Missionserfolge, insbesondere unter den schwarzen Sklaven und deren Kindern. Niewandt widersetzte sich massiv der Sklaverei, erlebte aber deren Aufhebung nicht mehr. Er war es übrigens auch, der mit Unterstützung durch katholische Ordensschwestern, den ›Sisters of Roosendaal‹, die ersten Privatschulen auf Curaçao gründete.

Vom Conscientiesteeg, der ältesten Straße im Stadtteil, zweigt die Sebastopolstraat ab; namengebend ist Nr. 26, das gelbe **Haus Sebastopol (5)**.

Die Breedestraat ist die Pulsader des Stadtteils. Von der Markthalle im Westen führt sie geradewegs zur Sint Annabaai im Osten. Die Häuser in der hiesigen Breedestraat sind nicht so eindrucksvoll wie die der namensgleichen Straßenzeile in Punda. Auch die Atmosphäre ist anders: Sie wird mehr vom Alltäglichen bestimmt. Hier machen die Einheimischen ihre Besorgungen, vor den Läden stehen Stühle, auf denen man sich zu einem Schwätzchen niederläßt.

Am östlichen Ende der Breedestraat stößt man auf das neuerrichtete *Hotel Otrobanda*. Nach einem Kaffee auf der Terrasse des hoteleigenen Cafés löst man sich nur ungern von dem herrlichen Blick hinüber nach Punda.

Information: Curaçao Tourism Development Bureau, Pietermaai 19, ✆ 61 60 00, Mo–Fr 8–17 Uhr; Zweigstelle an den Waterfort Arches, ✆ 61 33 97

Unterkunft: *Luxus* (DZ über 100 US-$): Avila Beach, 200 Jahre altes Gouverneurshaus mit neuem Trakt und schönem Strand, stilvollstes Hotel der Stadt, etwas außerhalb in östlicher Richtung (85 Zimmer), Penstraat 130-134, ✆ 61 43 77, Fax 61 14 93; Curaçao Caribbean, fünfstockiger Großbau mit allen Einrichtungen an einer Bucht, Sandstrand, etwas außerhalb in westlicher Richtung (200 Zimmer), Piscaderabaai, ✆ 62 50 00, Fax 62 58 46; Holiday Beach, dreistöckiger Fertigbau mit standardisiertem Komfort, alter Baumbestand und langer Sandstrand, außerhalb in westlicher Richtung (200 Zimmer), Pater Eeuwensweg 31, ✆ 62 54 00, Fax 62 43 97, Buchung c/o ITR Europe, München, ✆ 0 89-55 53 35, Fax 5 23 22 12; Sonesta Beach, weiträumige Anlage von dreistökkigen Wohneinheiten im Holland-Look an langem Sandstrand, 1993 eröffnet, etwas außerhalb in westlicher Richtung (248 Zimmer), Piscaderabaai, ✆ 36 88 00, Fax 62 76 02; *Obere Preisklasse* (DZ ab 75 US-$): Las Palmas, Zentralbau und Bungalows (mit eigener Küche) in tropischer Parkanlage, westlicher Stadtrand von Otrobanda, Piscaderabaai, ✆ 62 52 00, Fax 62 59 62; Otrobanda, direkt an der Annabaai mit herrlichem Blick auf Punda (45 Zimmer), Breedestraat, Ecke De Rouvilleweg, ✆ 62 74 00, Fax 62 72 99; Van der Valk Plaza, fünfzehnstöckiges Hochhaushotel innerhalb der Mauern von Fort Amsterdam, direkt an der Sint Annabaai, nach mehrmaligem Besitzerwechsel jetzt Buchungshotel eines holländischen Reisegroßunternehmens (254 Zimmer), Plaza Piar, ✆ 61 25 00, Fax 61 65 43; *Mittlere Preisklasse* (DZ ab 50 US-$): Trupial Inn, nette Bungalowanlage im Motelstil, etwas außerhalb im Stadtteil Otrobanda (74 Zimmer), Groot Davelaarweg 5, ✆ 7 82 00, Fax 37 15 45; *Einfache Hotels* (DZ 15–25 US-$): Central, betagtes Haus im Zentrum von Punda, alle Zimmer mit AC (18 Zimmer), Scharlooweg 12, ✆ 61 39 65; San Marco, gepflegtes Hotel in der Nähe der Synagoge mitten in Punda (60 Zimmer), Columbusstraat/Ecke Pasaatstraat, ✆ 61 29 88 und 61 24 02; Stelaris, älteres Anwesen in Otrobanda in zentraler Lage mit Blick auf die Sant Annabaai (28 Zimmer), De Rouvilleweg 57, ✆ 62 57 40

Einkaufen (s. auch Gelber Teil S. 232): *Kunst:* Gallery Eighty-Six, Blocksteeg/Beginn der Breedestraat, ✆ 1 34 17, Di–Fr 9.30–12 und 15–17.30 Uhr; *Kunsthandwerk:* Willemstad Kas di Arte, Breedestraat 126; *Parfüm:* Penha & Sons, direkt an der Königin Emma-Brücke

Straßencafé in Punda

Stadtführung: Zwei Stunden zu Fuß durch Otrobanda, Mi 17–19 Uhr, Prof. Joop Hart, ✆ 37 87 18

Busse: Innerstädtische Verbindung um den Schottegat vom zentralen Busbahnhof in Punda zu jenem in Otrobanda. Der Bus fährt in zweistündlichem Takt ab 6.20 Uhr in Otrobanda und ab 7.20 Uhr in Punda ab; letzter Bus 23.20 Uhr ab Bunda. Fahrtzeit: ca. 45 Minuten. An der Route liegen: Bolivar Museum, Avila Beach Hotel, Landhaus Chololobo (Curacao Liquer Destillery), Postamt, Curaçao Golf- & Squash-Club, der jüdische Friedhof Beth Haim, Curaçao Museum.

Leihwagen: A1 Car Rental, Sta Rosaweg 65, ✆ 60 18 00; Avis, Anthony Veder Bldg., Stadtteil Zeelandia, ✆ 61 12 55, am Flughafen, ✆ 68 11 63; Blue Cars, Bottelier 248, ✆ 61 54 66; Budget, F. D. Rooseveltweg 517, ✆ 68 34 66, am Flughafen, ✆ 68 34 20, sowie in den Hotels Curaçao Caribbean ✆ 62 50 00, Holiday Beach ✆ 62 54 00, Avila Beach (✆ 61 43 77) und Princess Beach ✆ 61 49 44; Caribe Rentals, Mecaniciensweg, ✆ 61 30 89, 61 56 66; Dollar Rent A Car, Salina 137, ✆ 61 31 44, am Flughafen ✆ 69 02 62; Hertz Rent-A-Car, Perseusweg 22 (✆ 61 36 22), am Flughafen ✆ 68 11 82, 68 31 28; Jeep Car Rental, Sta Rosaweg 107, ✆ 37 79 59, 37 45 70; Love Car Rental, Sta Rosaweg/Ecke Doormanweg, ✆ 37 90 44, 69 04 44, Fax 37 72 77; National Car Rental, Büro am Flughafen, ✆ 68 34 89, 68 03 73, sowie in den Hotels Van der Valk Plaza (✆ 61 25 00), Lion's Dive Hotel und Marina (✆ 61 81 00)

Restaurants: Bistro Le Clochard, in den historischen Räumen des Riffort, direkt am Eingang der Sint Annabaai (Otrobanda), französisch-schweizerische Küche (s. S. 160); Down Town Terrace, zentral gelegenes Terrassenrestaurant inmitten von Fußgängerzone und Einkaufspassagen im Stadtteil Punda, tägl. 9–20 Uhr, Plaza Gomez 4, ✆ 61 67 22; El Marinero, größte Auswahl an Fischgerichten, die Einrichtung erinnert an ein Fischerboot, etwas außerhalb, tägl. 12–15 und 18.30–23.30 Uhr, Schottegatweg Noord 87, ✆ 37 98 33; Grand Café, direkt an der Verlängerung der Waterfort-Küste, französische Küche und vegetarische Menüs, private Atmosphäre, nette Terrasse; tägl. 10–24 Uhr, Pietermaai 18, ✆ 61 70 77; Harbourview, internationales Restaurant im ersten Stock des Otrobanda-Hotels, herrlicher Blick über die Sint Annabaai zur gegenüberliegenden Handelskade, tägl. ab 17 Uhr, De Rouvilleweg, ✆ 62 74 00; Mashé, hinter dem Postamt in der alten Markthalle. Hier essen viele Einwohner (für ca. 5 NAf) an weißen Holztischen frisch zubereitete Eintopf- und Fischgerichte, nur mittags 11–14 Uhr; Rum Runners, karibisches Restaurant in Otrobanda, direkt an der Sint Annabaai, internationale Küche, Spezialität: Tapas; viele junge Leute, tägl 11–1 Uhr (Freitagabend spielt eine Kapelle), Koral Agostini, De Rouvilleweg 9, ✆ 62 30 38; Seaview, Terrassenrestaurant direkt am Meer am Ende der Waterfort Arches, internationale Küche, tägl. 12–14 und ab 18 Uhr, ✆ 61 66 88; Surabaya, indonesische Küche und südostasiatisches Interieur, kleines Restaurant direkt am Meer, große Portionen (z. B. Reistafel, bestehend aus 21 ›Untergerichten‹!), Di–Fr 12–14 Uhr, tägl. außer Mo 18–23 Uhr, Waterfort Arches, ✆ 61 73 88

Nachtleben: *Bars und Pubs:* Bachelors, Bar für gehobene Ansprüche mit gedämpfter Musik, tägl. ab 21 Uhr, Waterfort Arches, ✆ 61 86 80; Caribana, eigentlich ein gehobenes Restaurant mit Blick von Otrobanda auf die Handelskade, Fr und Sa verwandelt sich die Bar ab 22 Uhr in einen Nightclub (Fr sogar von 23–4 Uhr Live Music), De Rouvilleweg 9, Koral Agostini, ✆ 62 30 88; Calypso, kleine klassische Cocktailbar, tägl. (außer So) 17.30–24 Uhr, Pietermaai 25, ✆ 61 71 80; Infinity, Bar im Fort Nassau, nur Fr und Sa von 21–2 Uhr, Tanzgelegenheit; Fort Nassau, ✆ 61 34 50; Landhuis Brievengat (s. S. 179), Fr ab 20 Uhr, Speise- und Tanzgelegenheit (Live Music!) auf der Terrasse, So hat die Bar auf der Terrasse ab 16 Uhr geöffnet, ›Happy Hour‹ tägl. 18–19 Uhr, ✆ 37 83 44; Tap Maar Inn, beliebte Kneipe der Amstel-Brauerei, tägl. (außer So) ab 17, Sa ab 19 Uhr, Sta Rosaweg 27, ✆ 37 73 44; The Pub, große traditionsreiche Kneipe im Stadtteil Saliña, tägl. 21–3 Uhr, ›Happy Hour‹ von 21–22 Uhr, einmal in der Woche an wechselnden Tagen ›Ladie's Night‹ mit Live Music.

Diskotheken: Facade, neu (früher: Naick's Place) und groß im Stadtteil Saliña, Mi–So 22–4 Uhr, Live Music: Mi, Fr und Sa, Lindberghweg 32–34, ✆ 6 14 60; Escape, Bar und Diskothek im Stadtteil Saliña, manchmal Programm, tägl. außer Mo 22–4 Uhr, Di ›Ladie's Night‹; L'Aristocat, in der Szene verabredet man sich im ›L.A.‹ in Saliña, stilvoller Tanzpalast, Di–So von 21–4 Uhr karibische Musik (Fr und Sa ab 22 Uhr Live Music!), Mi ›Ladie's Night‹, Lindberghweg, ✆ 61 43 53; Luxor Disco Theatre, Diskothek mit Programm, nur Mi–So ab 21 Uhr, ›Happy Hour‹ immer bis 22 Uhr, Mi lateinamerikanische Musik, Do Blues and Soul Night, Fr und Sa Pump up the jam mit DJ's, Caracasbaaiweg 14, ✆ 65 53 35, 65 79 31; The Cube, neueröffnet im Stadtteil Saliña, nur Fr–So von 22–4 Uhr, Programm und Live Music, Junoweg 2, ✆ 65 65 13

Krankenhaus: Sint Elisabeth Hospitaal (Otrobanda), Breedestraat 193, ✆ 62 49 00, 62 51 00, 69 01 22

Die Außenbezirke Willemstads rund um den Schottegat

Die beiden historischen Stadtteile Punda und Otrobanda bilden das Zentrum jenes städtischen Großraums Willemstad, der sich im Laufe der letzten 300 Jahre um den natürlichen Hafen des Schottegat entwickelte. Seit der Eröffnung der Königin Juliana-Brücke und nach der Fertigstellung der Autoringstraße Schottegatweg lassen sich heute viele lohnende Ziele in der unmittelbaren Umgebung von Willemstad relativ leicht per Pkw erreichen.

Wer zuvor einen Eindruck vom Schottegat mit seiner Marinebasis, den Trockendocks und den Erdölraffinerien gewinnen will, kann sich zu einer einstündigen Rundfahrt an Bord des Motorboots ›Miss Hilda Veronica‹ begeben. Die Hafenrundfahrt beginnt und endet in der Sint Annabaai, an den sogenannten *Vessel Docks*, an der Handelskade in Punda (Mo–Fr 10 und 12.30 Uhr, außerhalb der Hauptsaison nur So 17.30 und 19 Uhr; fährt nur bei genügender Teilnehmerzahl; ✆ 61 12 57).

Westliche Außenbezirke

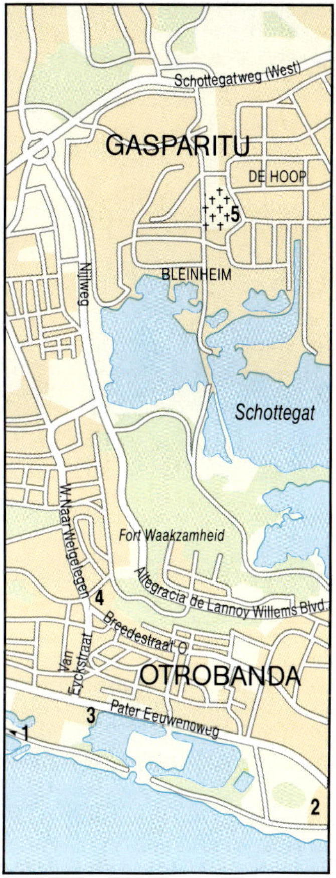

Westliche Außenbezirke Willemstads
1 Fort Piscaderabaai 2 Meerwasser-Entsalzungsanlage 3 Tula-Denkmal 4 Curaçao Museum 5 Friedhof Beth Haim

In unmittelbarer Nähe der großen Hotels Sonesta, Holiday Beach und Curaçao Caribbean im Westen von Willemstad trifft man auf die Ruinen von **Fort Piscaderabaai (1)** (vom Strandhotel ›Curaçao Caribbean‹ erreicht man es in wenigen Minuten zu Fuß). Die alte holländische Bastion wurde 1744 im Auftrag der WIC am Eingang der Bucht von Piscadera errichtet, um schon hier – vor den Toren der Stadt – mögliche Angriffe feindlicher Kriegsschiffe zu vereiteln. 1804 gelang es den Briten dennoch, das Fort zu stürmen und Willemstad eine Woche lang zu beschießen, bis holländische Truppen unter Führung von Manuel Piar die Briten wieder auf ihre Schiffe zurücktrieben.

Folgt man der parallel zur Küste, wieder in Richtung Otrobanda verlaufenden Rector Zwijsenstraat bzw. dem Pater Eeuwensweg (so heißt sie etwa nach der Hälfte) bis zum Ende, stößt man auf die große **Meerwasser-Entsalzungsanlage (2)**. Sie deckt den Süßwasserbedarf der gesamten Insel. 50 000 Tonnen Salzwasser pro Tag werden hier in der ›Kodela‹ (Kompania die produkshon i distribushon di awa i elektrisidat di korsou) verarbeitet. Südlich der Abzweigung zur Van Eyckstraat erhebt sich direkt an der Küste das **Tula-Denkmal (3)**. Der weiße, vom Meerwasser stark verwitterte Obelisk ist das einzige öffentliche Monument, das an die unrühmliche Geschichte der Sklaverei auf Curaçao erinnert. Unter

Kontrastreiches Otrobanda

der Führung von Tula erhoben sich 1795 zum ersten und einzigen Male für kurze Zeit die Sklaven auf der Insel; der Aufstand wurde jedoch grausam niedergeschlagen (s. S. 30).

Nicht weit davon entfernt, in nördlicher Richtung, gelangt man zum **Curaçao Museum (4)**. Seit dem Ende der 40er Jahre dient das ehemalige, in der Mitte des 19. Jh. erbaute Militärkrankenhaus als Ausstellungsort. Den repräsentativen Haupteingang schmücken zwei schöne Kandelaber von der Insel Saba. Überhaupt lohnt sich schon allein des Gebäudes wegen der Besuch.

Das Museum hat mehrere Sammlungsschwerpunkte. Sie reichen von archäologischen Fundstücken über Stilmöbel (Schenkungen von Bürgern anläßlich der Museumseröffnung im Jahre 1948) bis zu Gemälden (auch) bedeutender Maler – die erste Van Gogh-Ausstellung auf Curaçao kam beispielsweise hier zustande. Im Museum gibt es außerdem ein Glokkenspiel zu bestaunen. Es stammt aus Aster, einem Dorf im belgischen Brabant, und ein Meisterspieler aus Delft brachte es erstmals 1951 zum Klingen. Jede der 45 Glocken trägt die Namen ihrer Spender eingraviert oder aber die der im Zweiten Weltkrieg auf Curaçao umgekommenen Bewohner.

Im Museumsvorhof ist jenes Flugzeug zu bewundern, das 1934 für KLM zum ersten Mal von Amsterdam aus Curaçao anflog. Es ist ein Fokker-Modell und heißt ›De Snip‹.

Anthonie van Leeuwenhoekstraat, ✆ 62 38 73, Di–Sa 9–12 und 14–17 Uhr, So 10–16 Uhr.

Die nächste Station auf der Fahrt entlang der westlichen Begrenzung des Schottegats erreicht man über die anfangs de Lannoy Willems Blvd. und dann Nijlweg und schließlich Schottegatweg West benannte Ringstraße. Hinter dem ersten Abzweig nach rechts trifft man auf den alten jüdischen **Friedhof Beth Haim (5)** (männliche Besucher sollten vor Betreten der geweihten Stätte eine Kopfbedeckung aufsetzen).

Außerhalb von Willemstad hatten einst auch die ersten Juden auf Curaçao Fuß gefaßt. Auf dem Gelände ihrer Plantage ›Bleinheim‹ legten sie 1659 ihre erste Begräbnisstätte an, der sie bald danach den Namen ›Haus der Lebenden‹, also Beth Haim verliehen. Dieser Friedhof mit seinen mehr als 5000 Gräbern ist der älteste jüdische der Neuen Welt. Fast die Hälfte der Grabsteine ist stark verwittert. Schuld daran sind die giftigen Abgase der nahegelegenen Raffinerie. Bald werden diese historischen Spuren wohl ganz verschwunden sein, da die jüdischen Religionsgesetze eine Verlegung der Grabstätten bzw. eine Erneuerung der Grabsteine verbieten.

Viele der Namen auf den zahllosen Grabsteinen hat der eine oder andere vielleicht an Geschäften oder Bankhäusern in Willemstad City gelesen: etwa Maduro, Capriles oder Cardozo. Sie deuten auf die portugiesische Herkunft der ersten jüdischen Siedler hin. Man kann aber auch hebräische, spanische, englische und französische Inschriften entziffern. Aus aller Herren Länder kamen sie also auf die Insel in der Karibik. Wer aber fertigte die schönen Steine und die beeindruckenden Grabplatten mit skulpturalem oder reliefiertem Schmuck an? Auf Curaçao gab es weder Marmor noch Bildhauer. Dank familiärer Bindungen nach Holland wurden sie vielfach in Amsterdam geschaffen und durch die WIC hierher transportiert. Später kamen die Grabmäler dann aus dem italienischen Genua; erst seit dem Beginn des 20. Jh. werden sie in Curaçao aus importierten Steinen gemeißelt.

Beth Haim gehört heute zu der sephardischen Mikve Israel-Emanuel Gemeinde. Um die Erinnerung an das historische Erbe wachzuhalten, beherbergt das Jüdische Museum (s. S. 146) wenigstens Kopien der kunstvollsten Grabplatten.

Würde man nun der den gesamten Schottegat umwindenden Ringstraße einmal ganz folgen, wären die Dimensionen dieses siebtgrößten Hafens der Welt leichter nachzuvollziehen, zuvor ist allerdings ein Zwischenstopp an der gepflegten Parkanlage des örtlichen *Golf Clubs* empfehlenswert – sofern es einen nach sportlicher Betätigung verlangt (vom Schottegatweg Nord

Speisen in historischer Umgebung

Alte, wehrhafte Befestigungsanlagen und prächtige Landhäuser sind die architektonischen Denkmäler der niederländischen Kolonialzeit auf Curaçao. Seit einem Jahrzehnt versucht die Inselregierung, dieses Erbe durch aufwendige Restaurierungen der Nachwelt zu erhalten und anderen Nutzungen zuzuführen, zum Beispiel als Restaurants der gehobenen Preisklasse.

Riffort (s. hintere Umschlagklappe)
Wenn man mit dem Schiff in Willemstad ankommt, beeindrucken zuerst die beiden Jahrhunderte alten Befestigungsanlagen am Eingang der Sint Annabaai: Waterfort rechts in Punda und Riffort auf der gegenüberliegenden Otrobanda-Seite. Hinter den zur Hafenseite gerichteten Mauern verbirgt sich seit 1978 das französische Lokal-Bistro ›Le Clochard‹.

Der Gast kann sich entscheiden zwischen einem rustikal gehaltenen Innenraum, der ganz entfernt an die ehemalige Nutzung als Kerker erinnert oder der mit gelben Segeln überdachten Terrasse mit Blick hinüber auf die Handelskade. In jedem Fall wird er angetan sein von der vorzüglichen Küche. Für die Verwendung garantiert stets frischer Zutaten steht der in der Schweiz ausgebildete Besitzer und Küchenchef Freddy Berends ein. Wer – mitten in der Karibik – Appetit auf Käsefondue oder Mousse au Chocolate à la Suisse verspürt, der sollte das Bistro ›Le Clochard‹ aufsuchen. An Werktagen kann man hier auch zwischen 12 und 14 Uhr zu Mittag essen, ansonsten öffnet das Lokal jeden Tag erst um 18.30 Uhr (Reservierung: ✆ 62 56 66).

Fort Nassau (s. Karte S. 164)
Hoch über Willemstad wurde 1796 zum Schutze des landeinwärts liegenden Teils der Sint Annabaai an den Ufern des Schottegats ein mächtiges Fort errichtet. Seit 1816 trägt es den Namen des niederländischen Königshauses, und seit 1990 ist der New Yorker Thomas Sadler Chef jenes eindrucksvollen Lokals, in das man den Westflügel von Fort Nassau verwandelte. Es präsentiert sich ein stilvolles Ambiente – rustikales Interieur, Kerzenlicht, Damast, edles Geschirr und Kristall – das, abgerundet durch eine hervorragende Küche und den Blick über die Bucht, die Erinnerung an Fort Nassau lange wach halten wird. Die

Das alte Landhaus Groot Davelaar

Speisekarte bietet u. a. Steaks, frischen Fisch und kalifornische Weine; zum Lokal gehört eine nette Bar.

Geöffnet täglich ab 19 Uhr, die Bar 17.30 Uhr zur ›Sunset Happy Hour‹. Mo bis Fr kann man hier zwischen 12 und 14 Uhr speisen (Reservierung: ✆ 61 34 50/61 30 86).

Wer nach dem Essen noch einen Cocktail zu sich nehmen oder hoch über Willemstad tanzen möchte, für den öffnet ab 21 Uhr der ›Club Infinity‹ unterhalb des Restaurants.

Fort Waakzaamheid (s. Karte S. 157)
Schützte Fort Nassau Willemstad und den Schottegat von der Punda-Seite her, so erfüllte Fort Waakzaamheid diesen Zweck auf der Otrobanda-Seite; allerdings weiter im Hinterland situiert. Heute beherbergt auch diese alte Festung ein Restaurant, von dessen Terrasse aus man einen herrlichen Ausblick auf die Stadt und den Hafen hat.

Im ›Terrace Bistro Bon Bini‹ erkennt man wenig vom historischen Erbe Fort Waakzaamheids. Dafür ist das Essen gut und üppig, und immer sorgt eine kühle Brise für einen angenehmen Aufenthalt. Wer bereits zwischen 17 und 19 Uhr hier zu Abend ißt, kann ein Drei-Gänge-Menü als ›Early Bird Dinner‹ für 25 NAf bekommen. Zum Nachtisch ist ein wunderschöner Sonnenuntergang im Preis inbegriffen (Reservierung: ✆ 62 36 33).

Landhuis Groot Davelaar (s. Karte S. 164)
Der kleinen Plantage, in deren Mitte das Landhaus um 1865 am östlichen Rand des Schottegats errichtet wurde, waren landwirtschaftlich keine großen Erträge beschieden. Als wesentlich erfolgreicher erwies sich dafür ihr Besitzer, Guzman Blanco, der aus Venezuela ins politische Exil nach Curaçao floh, um später als Präsident wieder in seine Heimat zurückzukehren.

Das Landhaus ist über einem achteckigen Grundriß (s. Abb. S. 161) erbaut und von Renaissance-Elementen geprägt. Auf den terrakottagefließten Böden der Innenräume stehen noch immer die originalen Möbel aus der Kolonialzeit, heben sich die dunklen Deckenbalken von den weißgekalkten Wänden ab. ›De Taverne‹ ist der bescheidene Name des gepflegten Restaurants, das von dieser historischen Behausung Besitz genommen hat. Seiner wohl abgestimmten Küche wegen gehört ›De Taverne‹ zu den besten Häusern der Stadt. Alles paßt hier zusammen: das stilvolle Mobiliar, ein vorzügliches Tagesmenü, eine umfangreiche Weinkarte und nicht zuletzt der sehr freundliche Service. Von dem kleinen oktogonalen ›Penthouse‹ auf dem Dach der gastlichen Stätte hat man übrigens einen schönen Ausblick auf weitere Landhäuser in der näheren Umgebung (tägl., außer So, 12–14 und 18–24 Uhr, Reservierung: ✆ 37 06 69).

Landhuis Zeelandia (s. Karte S. 164)
In der Abendsonne vermittelt das ockergelbe Landhaus (s. auch S. 163) noch etwas von jenem Stolz, den reiche Plantagenbesitzer auch in der Architektur ihrer Wohnhäuser demonstrativ zum Ausdruck bringen wollten. Zeelandia wurde in der zweiten Hälfte des 18. Jh. erbaut und besticht durch den mächtigen Portikus im Westen.

Sowohl auf der Terrasse als auch im Innern des 1986 renovierten Gebäudes werden den Besuchern französische und holländische Köstlichkeiten serviert. Da das Restaurant nur 35 Plätze hat, ist eine Reservierung empfehlenswert (tägl. außer So ab 18 Uhr, Polarisweg 28, ✆ 61 46 99).

hinter der Raffinerie rechts in die Wilhelminalaan).

Auf der ehemaligen Plantage Kas Kora, weiter in östlicher Richtung, wurde der einzige *Zoo* (s. Karte S. 164) der Niederländischen Antillen angelegt. Seine Besonderheit: der Eintritt ist frei (tägl. 9–17.30 Uhr; geschl. an Weihnachten, Neujahr und über Karneval).

Östliche Außenbezirke

(s. Karte S. 164)

Östlich des Schottegats war der Akkerboden besonders ertragreich. Deshalb ließen sich in diesem Gebiet, in der Nähe des sicheren Hafens, viele der frühen holländischen Siedler nieder. Im Zentrum ihrer Garten-ähnlichen Plantagen errichteten sie Landhäuser, von denen heute noch eine Vielzahl erhalten sind, aber nur wenige renoviert und der Öffentlichkeit zugänglich.

Ein besonders schönes und überdies historisch bedeutsames ist **Rooi Catootje (1)**, das 1820 auf der Plantage ›Rust en Vree‹ (Ruhe und Frieden) gebaut wurde. In diesem-Haus tagte 1950 die sogenannte ›Round-Table-Conference‹, die die Unabhängigkeit der Niederländischen Antillen vorbereitete. An der Nordseite des Hauses stößt man auf die alte ›Sklavenglocke‹, die jedes Landhaus besaß. Immer wenn sie anhaltend läutete, mußten sich alle Sklaven vor den Stufen des Hauses zum Appell sammeln. Heute wird das Gelände als Hühnerfarm genutzt. Im Landhaus selbst, das seit 1853 der jüdischen Familie Maduro gehört, ist die Bibliothek ›Mongui Madanes‹ untergebracht mit alten, ledergebundenen Büchern aus vielen Wissensgebieten (Besuch nach Vereinbarung, ✆ 37 52 61).

Ein sehr schönes und ebenfalls gut erhaltenes Landhaus östlich des Schottegats ist **Groot Davelaar (2)**, in dem heute das Restaurant ›De Taveerne‹ Gäste mit gehobenen Ansprüchen verwöhnt. Auch das etwas weiter südlich gelegene, alte **Landhaus Zeelandia (3)** hat seine alte Funktion gegen die eines Restaurants eingetauscht (s. S. 162).

Grüne Orangen, der berühmte Likör im Urzustand

Nur im **Landhaus Chobolobo (4)** haben seine Besitzer ihre Einkommensbasis in den letzten 100 Jahren unverändert beibehalten: Sie stellen hier nach traditionellen Rezepten den weltberühmten Curaçao-Likör her (s. S. 166 f.). Auch die **Amstel-Brauerei (5)** hat hier östlich des Schottegats am Rijkseenheid Blvd. ihre großen Herstellungsanlagen. Von hier aus werden sämtliche Antilleninseln mit Bier versorgt. (Führung s. S. 233)

Je weiter man nach Süden fährt, um so dichter wird die Bebauung, hier im Außenbezirk *Saliña* (oder Salinja), der bekannt ist wegen seiner Diskotheken (s. S. 156). Im Zentrum dieses Stadtteils ist der Verkehrsknotenpunkt am **Unabhängig-**

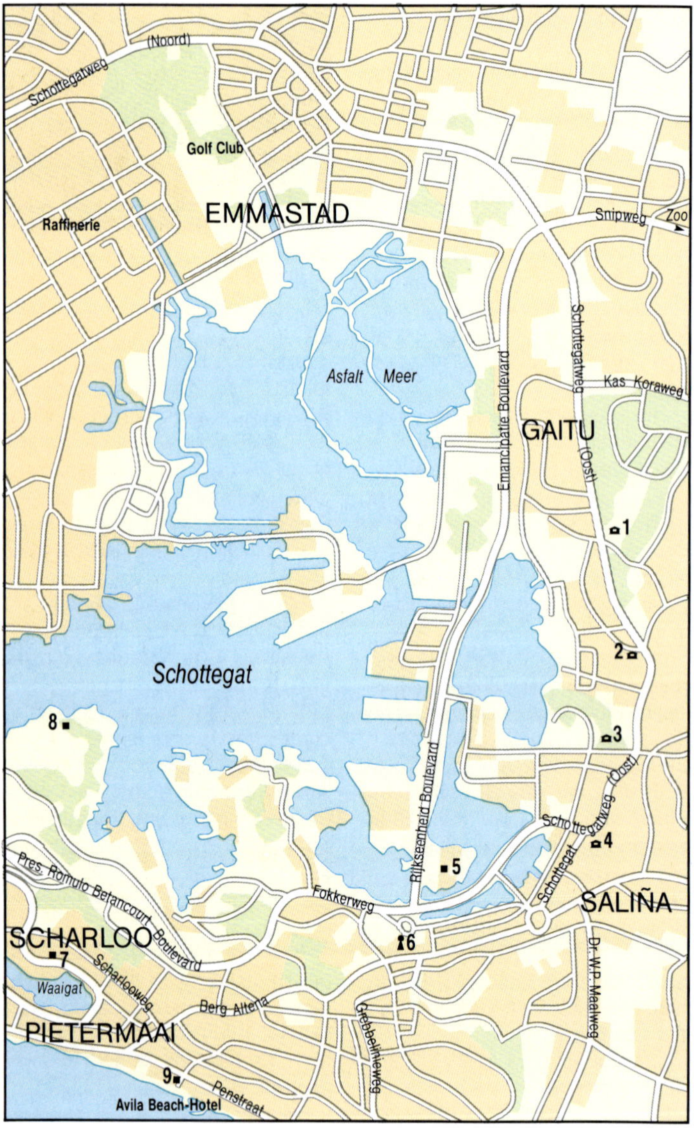
(Noord)
Schottegatweg
Golf Club
EMMASTAD
Raffinerie
Snipweg
Zoo
Schottegatweg
Asfalt Meer
Emancipatie Boulevard
Kas Koraweg
GAITU
(Oost)
1
2
Schottegat
8
3
Schottegatweg (Oost)
Rijkseenheid Boulevard
4
5
Schottegat
Pres. Romulo Betancourt Boulevard
Fokkerweg
SALIÑA
SCHARLOO
6
7
Scharlooweg
Waaigat
Dr. W.P. Maalweg
Berg Altena
Grebbelinieweg
PIETERMAAI
9
Penstraat
Avila Beach-Hotel

keitsdenkmal (6). Es wurde 1955 aus Anlaß der Unabhängigkeit der Antillen enthüllt: Über einem Ring erheben sich sechs flügelschlagende Tauben, den Bund der sechs antillischen Inseln symbolisierend (damals gehörte Aruba noch dazu). »Vertrauend auf unsere Kraft, unterstützten wir einander«, steht als Losung auf dem Sockel des Denkmals.

Vom Stadtteil Saliña in Richtung Punda bzw. zum nordöstlich davon gelegenen Stadtteil *Scharloo* sind es nur 5 km. Es war um die Jahrhundertwende ein Wohnviertel reicher Kaufleute. Viele eindrucksvolle Landhäuser sind noch im Scharlooweg zu bewundern, darunter auch das Landhaus mit dem seltsamen Namen ›Bolo di Bruid‹ (Schwanz der Braut), in das vor einem Jahrzehnt das **Zentralhistorische Archiv (7)** der Niederländischen Antillen einzog (Scharlooweg 77). Es wurde 1916 gebaut und fällt durch seine üppigen Außendekorationen mit weißem Stuck auf grünem Grund auf. Eine breite Eingangstreppe führt auf die mit Balustern umrandete Terrasse des zweistöckigen Hauses.

Am Übergang von der Sint Annabaai zum Schottegat erhebt sich das mächtige **Fort Nassau (8)**. Zu Baubeginn (1795) waren die Niederlande eine Republik, der holländische König lebte im britischen Exil. Für die Sicherheit Curaçaos und seiner Besitzungen war ein ›Militärkomitee‹ zuständig, an dessen Spitze Johan Rudolph Lauffer stand. Er gab dem Fort 1796 nach seiner Fertigstellung zunächst den Namen ›Fort Republiek‹. Als die Briten 1807 Willemstad eroberten, tauften diese die Festung zu Ehren ihres Königs in ›Fort George‹ um. So hieß sie, bis Curaçao 1816 wieder an die Niederlande zurückfiel, wo inzwischen die königliche Familie wieder das Sagen hatte. Deshalb hieß das Fort von da an offiziell ›Fort Oranje Nassau‹.

Bis in die jüngste Zeit diente die Bastion wegen ihrer exponierten Lage als ›Kontrollzentrum‹, um das rechtzeitige Öffnen der Emma-Brücke und den Schiffsverkehr in der Sint Annabaai zu überwachen. In den vorderen Teil von Fort Nassau sind heute ein Restaurant für gehobene Ansprüche und eine Bar (s. S. 160f.) eingezogen. Das Fort hat die Jahrhunderte unverändert überdauert und die Aussicht auf die Stadt ist wie eh und je unverbaut.

Östliche Außenbezirke Willemstads 1 Landhaus ›Rooi Catootje‹ 2 Landhaus ›Groot Davelaar‹ 3 Landhaus ›Zeelandia‹ 4 Landhaus ›Chobolobo‹ (Likör-Destillerie) 5 Amstel-Brauerei 6 Unabhängigkeitsdenkmal 7 Zentralhistorisches Archiv (Landhaus ›Bolo di Bruid‹) 8 Fort Nassau 9 ›Octagon‹ (Museo Bolivariano)

Um noch ein wenig auf historischen Spuren zu wandeln, muß man dem Schottegat den Rücken kehren, um noch einmal in die Kernstadt einzutauchen. An Punda schließt sich südlich des Waaigat der alte Stadtteil *Pietermaai* an, der einst von jüdischen Kaufleuten als Wohngegend bevorzugt wurde. Am Pietermaaiweg – einer parallel zur Küste verlaufenden, einst wichtigen Tangente – sind noch einige schöne Wohn- und Geschäftsbauten aus dem 19. Jh. erhalten. Der Weg entlang dieser Häuserzeilen mündet schließlich in der Penstraat. Zu Beginn des vergangenen Jahrhunderts standen hier ebenfalls Landhäuser, darunter eines des britischen Gouverneurs John Hodgson. Die 1812 erbaute Residenz ›Belle Alliance‹ ging später im heutigen ›Avila Beach Hotel‹ auf – zumindest wurden einige Etagen des Vorgängerbaus in den modernen Komplex integriert.

In seiner unmittelbaren Nähe befindet sich, von einem herrli-

Citrus Aurantium Curassuviensis

Curaçaos berühmtester Exportartikel

Den Namen eines Landes kann man urheberrechtlich nicht schützen. Weil aber der Likör mit dem Namen Curaçao so beliebt ist, wird er von vielen Unternehmen in allen Teilen der Welt hergestellt und unter dieser Bezeichnung verkauft. Der echte kommt natürlich nur von der Insel, deren Namen er trägt und auf der er zum ersten Mal vor ca. 100 Jahren hergestellt wurde.

Den Spaniern ist es zu verdanken, daß Orangenbäume in der Karibik heimisch und nach 1520 auch auf Curaçao gepflanzt wurden. Doch statt saftiger Orangen brachten die Bäume aus Valencia nur kleine, bittere, ungenießbare Früchte. Schuld an dieser Mutation waren wohl der karge Boden, seine mineralogische Beschaffenheit und das trockene Klima. Der weitere Anbau von Orangen wurde schnell aufgegeben, die vorhandenen Bäume sich selbst überlassen.

Erst in der Mitte des 18. Jh. kam ein Apotheker aus Willemstad durch Zufall auf die Idee, aus den getrockneten Schalen jener Pomeranzen duftendes, ätherisches Öl herzustellen. Allerdings mußte die Frucht dazu in unreifem, grünem Zustand geerntet werden. In der Folge stellten sich viele aus dem Öl der bitteren Orangen wohlschmekkende Liköre nach eigenen Rezepten zusammen, die wegen ihres Aro-

chen Garten umgeben,das *Museo Bolivariano*. Untergebracht ist es im sog. **Octagon (9)**, einem zweistökkigen Landhaus über achteckigem Grundriß mit Blick auf das Karibische Meer. Wegen seines silbergrauen, weithin sichtbaren Kuppeldaches nennen die Einheimischen das Anwesen einfach ›Daki Parasol‹ (Sonnenschirm-Dach). Gebaut und eingerichtet hat es der aus Amsterdam stammende jüdische Rechtsanwalt Mordechay Ricardo zu Beginn des 19. Jh. Bekannt wurde es aber durch seine Bewohner, die Schwestern des venezolanischen Freiheitskämpfers Simon Bolivar. Dieser verbrachte 1812 zwei Monate im Haus von Juana und Antonia, nachdem er wegen seiner revolutionären Aktivitäten den südamerikanischen Kontinent hatte überstürzt verlassen müssen. Der zu jener Zeit regierende britische Gouverneur duldete diesen ›privaten Besuch‹; er stellte sich gegenüber spanischen Auslieferungsersuchen taub.

mas und Bouquets so nur auf Curaçao vorzufinden waren. Doch die Produktionen für den Familiengebrauch wurden Anfang des 19. Jh. eingestellt. Nur die eingesessene Handelsfamilie Senior, die sich auf Anbau und Handel von exotischen Gewürzen spezialisiert hatte, experimentierte weiter und entdeckte ein Destillationsverfahren für einen besonders schmackhaften Orangenlikör. In ihrem *Landhaus Chobolobo* im Stadtteil Saliña installierten sie 1896 einen großen Kupferkessel und begannen mit der Herstellung größerer Mengen nach einem bis heute streng gehüteten Rezept. Familie Senior gab ihrem Produkt jenen Namen, unter dem dieser Orangenlikör von nun an weltbekannt werden sollte.

Die frühen Destillationsverfahren mit den grünen Apfelsinenschalen brachten grünlich-blaufarbene Öle hervor, bei den heutigen Verfahren ist die Grundsubstanz des Likörs farblos; deshalb werden den Destillaten nachträglich natürliche Farbstoffe beigemischt, gewonnen aus Rosinen, Karamel oder Kakao, so daß der Likör in fünf unterschiedlichen Farben: Orange, Bernstein, Grün, Blau und Weiß auf den Markt gelangt, sämtlich absolut identisch im Geschmack.

Die großen Apfelsinenplantagen der Familie Senior liegen außerhalb von Willemstad. Näher hat man es da zum Landhaus Chobolobo, wo der Likör noch wie zuvor und zum großen Teil in Handarbeit hergestellt wird. Nach einer Kostprobe erwerben hier viele eine Flasche des »echten« Curaçao; wer will, kann sich ihn auch in einen Porzellankrug mit einer Abbildung des Landhauses Chobolobo in Delfter Blau abfüllen lassen (Öffnungszeiten: Mo–Fr 8–12 und 13–17 Uhr).

herrlicher Ausblick und totale Ruhe, ✆ 7 79 93, Fax 7 40 94; ... *in der Mitte*: Hotel Holland, direkt am Flughafen, mit Schwimmbad und Babysitter-Service, 46 Zi., DZ ab 40 US-$, Franklin D. Rooseveltweg 524, ✆ 68 80 14, Fax 68 81 14; Landhaus Daniel, Tauchsporthotel an der Landstraße nach Westpunt, 12 Zi, DZ ab 35 US-$, ✆ 64 84 00, Fax 64 84 00

Strände: Den verschiedenen Prospekten zufolge kann man auf Curaçao zwischen 38 Badestränden wählen. Die meisten Bademöglichkeiten im offenen Meer offerieren sich entlang der *Westküste*. Schattenspender oder Palmen sucht man bei den meisten jedoch vergeblich (an Sonnenschirm oder ggf. Kopfbedeckung denken!), ebenso Restaurants und Umkleidemöglichkeiten; bei einem halben Dutzend wird Eintritt erhoben.

Die ersten beiden Sandstrände westlich Willemstads gehören zu den Hotels Sonesta und Curaçao Caribbean, sie sind aber auch für Nicht-Gäste zugänglich; Strand der *Piscaderabaai*, direkt neben dem Curaçao Caribbean-Hotel; der Privatstrand an der *Blauwbaai* jenseits des Jack Evertzberges empfiehlt sich unter der Woche, dann ist er leerer und bietet ohnedies eine gute Infrastruktur; empfehlenswert sind auch zwei kleine Strände an Curaçaos schmalster Stelle zwischen Blauw- und Bullenbaai, nämlich die *Sint Michielsbaai* nahe dem gleichnamigen Fischerdorf sowie die *Vaarsenbaai*, beide mit schattenspendenden Bäumen etwas landeinwärts, aber einem bescheidenen Versorgungsangebot; das Coral Cliff Hotel, am Eingang zur Sint Maartabaai, verfügt über einen langen *Sandstrand* mit Schattenspendern, Wassersportmöglichkeiten und Ballverleih (Eintritt); die von Schnorchlern und Tauchern bevorzugte und von Korallen übersäte *Playa Hundu* ist etwa anderthalb Kilometer entfernt, zu erreichen über die Plantage Santa Marta; am *Boka Santa Krus* erstreckt sich der längste öffentliche Badestrand der Nordwestküste, mit guter Infrastruktur; zur Plantage *Jeremi* gehört eine Bucht bzw. die Playa gleichen Namens, mit schattenspendenden Bäumen, aber ohne Umkleidekabinen; auch der angrenzenden Knip-Plantage ist eine gleichnamige Bucht mit zwei kleineren Stränden ›zugeordnet‹, die über Feldwege zu erreichen sind: ganz abgeschieden liegt *Klein Knip*, während *Knip Grandi* belebter ist (mit Live Music am Wochenende) und über sämtliche Annehmlichkeiten verfügt; der schmale, etwas steinige, rotbraun-sandige *Strand von Westpunt* erstreckt sich am Fuße einer 20 m hohen Steilküste und gehört zum bekanntesten der Insel, beliebt bei Schnorchlern, aber auch Ausflüglern – wegen des herrlichen Blicks über die ganze Westpuntbaai von der Küstenstraße aus und wegen der zahlreichen umliegenden Einkehrmöglichkeiten.

Die »Banda Riba«-Tour in den Süden und Osten

Die Landschaften, die den Reisenden erwarten, sind felsiger und karger als jene im Westen, weshalb die Einheimischen sie mit der Bezeichnung »banda riba«, felsige Hügel, charakterisieren. Von dieser Ursprünglichkeit ist angesichts der sich ausbreitenden Besiedlung und deren ausschließlich künstlicher Bewässerung allerdings wenig geblieben.

Das von der Straße zurückgesetzte Haus wurde 1970 vollkommen renoviert. In seinen historisch möblierten Räumen werden Dokumente, Zeitungen und Bücher aus der Zeit des kurzen Aufenthalts von Simon Bolivar ausgestellt. Vom Balkon des Octagons aus hat man einen schönen Blick auf den Strand des Avila Beach-Hotels.

Museo Bolivariano, tägl. 9–12 und 15–18 Uhr, Penstraat 126–128, ✆ 61 55 75.

»Banda Bou« – Im Westen der Insel

Will man in den Westteil (s. vordere Umschlagklappe) fahren, den die Einheimischen lautmalerisch »banda Bou« nennen, orientiert man sich in Willemstad an den Richtungsschildern ›Westpunt‹ oder ›Luchthaven‹ (Flughafen). Noch bevor man schon nach wenigen Kilometern den Ort **Julianadorp** erreicht, den geographischen Mittelpunkt der Insel, stößt man zur Linken auf die Universität der Niederländischen Antillen. Für Absolventen der höheren Schulen ist es seit 1979 nicht mehr notwendig, sich in Holland oder im Ausland immatrikulieren zu müssen. Die qualifizierte Weiterbildung kann in der Heimat erfolgen. Zu den angebotenen Fächern gehören z. Zt. beispielsweise Sozial- und Wirtschaftswissenschaften, Architektur, Industrie-Ingenieurwesen sowie Pädagogik und (im Aufbau befindlich) Medizin.

Bevor man hinter Julianadorp gleich dem Weg gen Westpunt folgt, bietet sich noch ein Abstecher zu den nur ca. 2 km östlich des Flughafens befindlichen **Tropfsteinhöhlen von Hato** (›Kueba di Hato‹) an. Es sind Hohlräume unter sich in Jahrmillionen auftürmenden Kalksteinterrassen infolge von Korallenablagerungen. Diese waren im Zuge der eruptiven Entstehung der Insel mit aus dem Meer gehoben worden. Faszinierende Dome und Labyrinthe sowie zusammengewachsene Säulen aus Stalagmiten und Stalaktiten erwarten den Besucher. Besonders beeindrukkend sind der unterirdische See, die sogen. ›große Kathedrale‹, sowie der Höhlenkomplex La Veneta (das Fenster), in das Sonnenlicht einfällt. Die Hato-Höhlen dienten den präkolumbischen Ureinwohnern als Unterschlupf; darauf weisen die Felsenmalereien am benachbarten Klippenübergang hin.

Führungen: tägl. 10–17 Uhr, ✆ 69 32 11 oder 68 03 79.

Jenseits von Julianadorp beginnt der ländliche Teil der Insel. Vorbei an einer lokalen Radiostation und dem **Landhaus ›Papaya‹** führt die Straße durch eine hügelige Landschaft. Man läßt zunächst den ca. 100 m hohen *Grote Berg* hinter sich, dann zur Rechten das nicht zugängliche Landhaus ›Seru Gran-

Ländliche Idylle im Westen Curaçaos

di‹, bevor man den *Kleine Berg* überquert. Etwas abseits der Straße liegt das gleichnamige, im 19. Jh. erbaute **Landhaus Martha Koosje** (s. S. 176). Heute wie damals ist es eine Raststätte; das in rustikalem Stil und liebevoll mit Antiquitäten ausgestattete Restaurant trägt den Namen einer ehemaligen Besitzerin.

Wieder zurück auf der Hauptstraße, stößt man alsbald auf einen kapellenähnlichen, bemalten Bau. Lucilia Engels, Frau des Willemstader Arztes und Künstlers Chris, hat hier eine *Kunsthalle* gestaltet. Unmittelbar hinter dem Abzweig nach Sint Willibrordus schließt sich **Landhaus Daniel** an, benannt nach dem Handelsherren Daniel Ellis, der es 1650 errichten ließ; heute ist es Hotel und Tauchbasis. Ellis soll, der Überlieferung nach, am Namenstag des heiligen Daniel als Schiffbrüchiger schwimmend Curaçaos Küste erreicht haben; später zu Reichtum und Ansehen gekommen, nahm er selbst diesen Vornamen aus Dankbarkeit für die wundersame Rettung an.

Das Landhaus war niemals Zentrum einer Plantage, statt dessen wurde es als eine Art Raststätte für Reiter und Pferde genutzt. Einst trug der große Baum im Vorhof als Hinweis auf seine Funktion ein schwarzes Kreuz: hier wurden zum Tode Verurteilte gehängt. Heute laden im Garten Bänke zum Verweilen ein; geöffnet tägl. ab 9 Uhr bis Sonnenuntergang, ✆ 64 84 00

Die Straße nach Westpunt verläuft weiter parallel zur Küste. Nach der Abzweigung Richtung Soto verweist ein Schild auf den 2 km in entgegengesetzter Richtung liegenden Küstenabschnitt ›San Pedro‹ hin. Der Weg dorthin führt durch eine eindrucksvolle Kakteen-Landschaft direkt zum Meer. Weil man sich schließlich auf höher gelegenen Kalkterrassen befindet, gestaltet sich der Abstieg zum Ufer für PKW recht schwierig – zu Fuß geht's also besser! Bei klarem Wetter kann man bis nach Bonaire hinüberschauen. Die Küste um den **Boka San Pedro** wird von den Einheimischen ›Houtjesbaai‹ genannt, weil hier sehr viel Treibholz angeschwemmt wird.

Zurück auf der Hauptstraße fallen einem die vielen Divi Divi-Bäume rechts und links der Strecke auf. Da die Straße allmählich etwas abfällt, sieht man schon aus der Ferne das große **Landhaus ›Ascension‹** vor sich. Es gehört der Generation der bereits von den Spaniern im 16. Jh. errichteten Wohnsitze an. Ursprünglich hieß die es umgebende Plantage ›El Pueblo de la Madre de Dios de la Ascuncion‹. Geblieben sind ein Teil des Namens und ein im 18. Jh. erweitertes und 1963 aufwendig restauriertes Landhaus, das sich heute im Besitz der Marine befindet, aber für die Öffentlichkeit zugänglich ist (s. S. 179).

Öffnungszeiten: jeden ersten So im Monat von 10–14 Uhr, ✆ 64 19 50.

Barber, der größte Ort im Nordwesten der Insel (mit einer Tankstelle!), liegt etwa 4 km hinter Ascension. Wenn möglich, sollte man an einem Sonntagmittag durch Barber fahren. Dann nämlich strö-

Den Wanderer belohnt ein herrlicher Ausblick vom Sint Christoffel

men aus den umliegenden ländlichen Siedlungen – mit Autos oder altertümlichen Pferdekutschen – viele festlich gekleidete Menschen in die große Kirche im Zentrum des Ortes.

10 km hinter Barber beginnt das größte Naturschutzgebiet der Insel, der **Christoffelpark**, an dessen Eingang das **Landhaus ›Savonet‹** steht.

Der Zugang zum 1860 ha umfassenden Naturschutzgebiet Christoffelpark befindet sich direkt an der Straße nach Westpunt. Anfang der 70er Jahre kaufte die Inselregierung die drei ehemaligen Plantagen Savonet, Zorgvliet und Zevenbergen und übereignete sie der Stiftung STINAPA. Dieser gelang es, binnen weniger Jahre, mit Hilfe des holländischen Landschaftsarchitekten Jan Voskens und dank großzügiger finanzieller Unterstützung durch die Niederlande und des World Wildlife Funds einen aufregend schönen Nationalpark zu

schaffen. Er trägt den Namen des im südwestlichen Teil des Parks gelegenen 372 m hohen Sint Christoffelbergs.

Am Eingang kann man einen bebilderten Führer durch den Park (›Excursion Guide to the Christoffel Park Curaçao‹) erwerben.

Zum Christoffelpark gehört das *Savonet Museum.* Es ist in einem Wirtschaftsgebäude gegenüber dem Landhaus untergebracht und dokumentiert anhand von Ausgrabungsfunden auf dem Parkgelände die Ur- und Frühgeschichte der Insel.

Auf drei vorbildlich markierten Routen, die im Begleitheft (s. o.) nachvollzogen werden können, gelangt man mit dem Auto in sehr unterschiedliche Bereiche des Parks:

Savonet-Route (blau) Sie beginnt am Landhaus gleichen Namens und führt zum Boka Grandi an der Nordküste, vorbei an prächtigen Divi Divi-Bäumen zu drei Höhlen, die wegen ihrer Formationen und Farben (besonders sehenswert die ›Kathedrale‹) und durch präkolumbische Indianerzeichnungen beeindrucken; die Strecke ist 9 km lang.

Zorgvliet-Route (grün) Sie beginnt jenseits der Straße nach Westpunt, führt zu den Ruinen des ehemaligen Landhauses Zorgvliet und weiter zu den Aussichtsposten Rancho Grande, von dem man den ganzen Nordwesten der Insel und Boka Tabla an der Küste hervorragend übersehen kann. Auf der Fahrt zurück lohnen sich ein Stop in Seru Mangel wegen des schönen Blicks auf das Landhaus Knip (s. S. 173), eine Pause am Fuße des Sint Christoffel und der Besuch einer ehemaligen Kupfermine; die Strecke ist 12 km lang, es wird aber auch eine Abkürzung von 7,5 km angeboten.

Zevenbergen-Route (gelb) Sie startet am Fuße des Sint Christoffel und leitet in den südlichen Teil des Nationalparks mit einer herrlichen Aussicht auf die Südwestküste. An der Strecke liegen die Ruinen des Landhauses Zevenberg. Vom ersten Stock aus sind tatsächlich jene sieben Berge zu sehen, die der Plantage ihren Namen gaben. Auf dem Rückweg passiert man ein altes Lagerhaus (›magasina‹), das Tula während des Sklavenaufstandes im Jahre 1795 als Unterschlupf diente (s. S. 30); die Strecke ist 11 km lang.

Für *Wanderer* bieten sich zwei besondere Routen an: 1. vom Parkeingang bis zum Boka Grandi an der Nordküste; Dauer ca. eine Stunde, und 2. vom Eingang bis zum Sint Christoffel mit Aufstieg zum Gipfel (›Bergbeklimmersroute‹); Dauer ca. drei Stunden.

Christoffel-Nationalpark, Öffnungszeiten: Mo–Sa 8–17 Uhr, So 6–15 Uhr, ✆ 64 03 63.

Wenn man nach dem Besuch des Christoffelparks die Fahrt in nordwestlicher Richtung fortsetzt, erreicht man nach 2 km einen Abzweig in Form einer schmalen, asphaltierten Straße zur nördlich gelegenen Küste. Auf ihr erreicht man nach nur 800 m die Klippen von **Boka Tabla** – vom Parkplatz muß man das letzte Stück zu Fuß gehen. Zwar ist es schon ein Abenteuer für sich, auf den Felsen herumzuklettern und von der Gischt durchnäßt zu werden, aber wer Mut hat, kann an der linken Seite der Felsen bis zum Wasser hinunterklettern, um in eine Grotte zu gelangen. Aus ihr blickt man an der offenen Seite hinaus auf das tosende Meer.

Von der Abzweigung nach Boka Tabla sind es nur noch ca. 10 km bis zur nordwestlichen Spitze der Insel, wo es genaugenommen zwei markante Endpunkte gibt: den an der westlichen Nordspitze über keinerlei befestigte Straße oder Piste zu erreichenden **Noordpunt** und gegenüber den an der nördlichen Westspitze direkt an der Straße gelegenen **Westpunt** mit dem Dorf gleichen Namens. Westpunt ist wegen seines Strandes (s. S. 177), seiner Aussicht und seines Restaurants Playa Forti (s. S. 176) ein beliebtes Ausflugsziel. Wer am Westpunt baden möchte, benutzt am besten die Treppe hinunter zum Strand, die an der rechten Seite des Parkplatzes am Eingang des Restaurants beginnt.

Von Westpunt nun wieder in Richtung Süden, erkennt man schon bald aus der Ferne das auf einer Anhöhe direkt an der Straße situierte und in hellem Gelb erstrahlende **Landhaus ›Knip‹**. Das Gebäude, inmitten einer Plantage, ist wegen seines Baustils, seiner Lage an den westlichen Ausläufern des bewaldeten Christoffelberges und seiner Geschichte das bedeutendste Landhaus auf Curaçao (1985 restauriert). Mitsamt seinen Nebengebäuden und deren roten, ziegelgedeckten Satteldächern entspricht es exakt den Formvorgaben der klassischen Plantagenhaus-Architektur des 17. Jh.: Wohngebäude und Stallungen bilden einen großen viereckigen Innenhof, ein Turm markiert die vertikale Begrenzung des Komplexes. ›Knip‹ gehörte auch noch im 18. und 19. Jh. zu den in ihrer Ausdehnung imposantesten Plantagen. Eine amtliche Statistik aus dem Jahre 1867 führt 353 Personen sowie an Nutzvieh 364 Kühe, 2400 Schafe, 680 Ziegen, 30 Pferde und 100 Schweine auf. In die Annalen schrieb sich Knip ein, da der Sklavenaufstand im August 1795 von hier seinen Ausgang nahm (s. S. 30).

Das Landhaus ist nur So 14–18 Uhr für Besucher geöffnet.

Nach einem Abstecher zur nahegelegenen *Knipbaai* oder zur *Playa Jeremi* (s. S. 177) geleitet die Hauptstraße wieder zurück ins Landesinnere bis zur Ortschaft **Soto**. Wer zum Coral Cliff Hotel an der Sint Maartabaai möchte, um von der

Blick über die Sint Maartabaai ▷

Terrasse einen herrlichen Blick auf das Meer zu genießen, muß in Soto in die ausgeschilderte Küstenstraße einbiegen.

Ansonsten geht es von Soto weiter Richtung Sint Willibrordus, vorbei an einem weiteren Landhaus mit dem ungewöhnlichen Namen **›Pannekoek‹**. Es liegt weder auf einem Hügel noch im Zentrum einer Pflanzung, sondern in einem Tal am nördlichen Rand der Plantage San Juan. Ein gewisser Gerrit Pannekoek begann hier im 18. Jh. sein Land zu bestellen. Heute beherbergt sein ehemaliger Wohnsitz ein Jugendzentrum für Schulklassen aus Willemstad.

Hat man Sint Willibrordus passiert, ist zur Linken, auf einem Hügel gelegen, das weiße, 1750 erbaute **Landhaus ›Jan Kok‹** auszumachen. Der Haupterwerb der Plantage war die Salzgewinnung in der nahen Sint Mariebaai. Der einstige Plantagenbesitzer Kok muß ein grausamer Mensch gewesen sein. Darauf jedenfalls lassen die Erzählungen des Führers durch das Landhaus schließen, ja dieser gibt sich sogar ganz sicher, daß noch heute der ruhelose Geist des bösen Kok umherirrt. Zum Ausgleich hat man immerhin einen schönen Blick auf das benachbarte Landhaus ›Sint Hermanus‹ im Osten und auf die große Kirche von Sint Willibrordus im Westen. Wer sich indessen lange genug in der netten Bar im Parterre aufhält, trifft ihn vielleicht, den verblichenen Hausherrn.

Führungen: So 15 Uhr; Bar geöffnet Sa und So, manchmal wird Live Music geboten, ✆ 64 80 87.

Der Kreis der Rundreise schließt sich in Höhe des Landhauses Daniel, wenn man wieder die Hauptstraße Richtung Willemstad erreicht.

Restaurants im *Westen und Nordwesten:* Martha Koosje, an der schmalsten Stelle der Insel Curaçao ist in das 150 Jahre alte Landhaus ›Seru Chiki‹ (Kleiner Berg) ein rustikales Restaurant eingezogen, zu dessen Spezialitäten herzhafte Gerichte und vorzüglicher Fisch gehören; tägl. ab 15 Uhr, Martha Koosje 10, ✆ 64 82 35; Kadushi Cliffs, am nordwestlichsten Punkt der Insel in der Hotelanlage gleichen Namens befindet sich ein hervorragendes Restaurant, herrlicher Blick aufs Meer, nur Di–Sa, ✆ 64 03 33; Oasis, direkt gegenüber dem nördlichen Eingang des Christoffelparks lädt ein winziges Restaurant mit schmaler Terrasse zu einfachen, aber guten Gerichten ein, tägl. 12–21 Uhr, ✆ 64 00 85; Playa Forti, südlich des Westpunt. Am Eingang des Restaurants sind zwei alte Kanonenrohre postiert, von der Terrasse hat man den schönsten Blick über die Bucht, preiswerte und gute Gerichte, tägl. außer Mo 12–16 Uhr, ✆ 64 02 73.

Unterkunft: *an der Westküste*: Coral Cliff, Bungalow-Hotel oberhalb einer der schönsten Buchten der westlichen Südküste, standardisierter Komfort, große Gartenanlage, Sandstrand, eigene Tauchschule, 35 Zi., DZ ab 60 US-$, Santa Marta Baai, ✆ 64 16 10, Fax 64 17 81; Kadushi Cliffs, Hotelanlage oberhalb der Klippen am Westpunt, ›Time share-Apartments‹,

Spuren kolonialer Herrschaft

Die Landhäuser und ihre Geschichte

Infolge der Eroberung durch die Holländer im Jahre 1634 begann die Westindische Handelsgesellschaft zuerst im Osten der Sint Annabaai und des Schottegats mit der landwirtschaftlichen Nutzung in sogenannten ›Gärten‹, um die autarke Versorgung mit Lebensmitteln zu sichern. Manche dieser Gärten dehnten sich rasch aus und erreichten mit ihren für die Viehhaltung urbar gemachten Flächen bald die Ausmaße großer Ländereien. Mit der Zeit erwarben auch Privatleute Grundstücke, und um 1725 gab es kein Stückchen Land mehr auf Curaçao, das nicht zu irgendeiner der über 100 Plantagen gehörte.

In der Mitte der Plantagen oder auch der kleineren Gärten, meist auf einer Anhöhe, errichteten die überwiegend holländischen Grundbesitzer ihre herrschaftlichen Wohnhäuser aus Stein. Stilistisch orientierten sich die Bauherren – mit ziegelgedeckten Dächern, Giebelvariationen, ausladenden Terrassen und umlaufenden Galerien – an Bauformen ihrer niederländischen Heimat, zugleich aber waren die Herrschaftshäuser ihrer tropisch-karibischen Umgebung durchaus so angepaßt, daß man ihnen einen kulturellen Eigenwert und architektonische Einmaligkeit nicht absprechen kann. Jedes ›Landhuis‹ oder *Kas grandi*, wie es die Einheimischen nennen, ist nach ähnlichem Muster konzipiert und doch gleicht keines dem anderen.

Am Beispiel des Landhauses *Ascension* im Nordwesten der Insel in der Nähe von Barber läßt sich die Bedeutung der erhöhten Lage der Herrschaftshäuser noch heute besonders gut nachvollziehen: Zum einen konnte die kühlende Wirkung der ständig wehenden Passatwinde besser genutzt werden, zum anderen war es ›von oben‹ einfacher, die Arbeit der Sklaven im Auge zu behalten und sich im Falle von Unruhen per Feuerzeichen mit den benachbarten Landhäusern verständigen zu können, um Unterstützung anzufordern. Auf dem Dach von ›Ascension‹ sieht man noch die eiserne Schale, in der solche Signale im Bedarfsfall entfacht wurden.

Nur der Dienerschaft, den sogenannten ›Haussklaven‹, war es erlaubt, das Haus zu betreten, ja sie durften gar darin wohnen, wenn auch in einem abgelegenen Flügel. Manche mußten aber auch mit kleinen Hütten vorlieb nehmen: Die ›Feldsklaven‹ lebten weiter entfernt vom Kas grandi in größeren Gemeinschaftsunterkünften. Der Arbeitstag dieser weniger Privilegierten dauerte 12 Stunden, der Sonntag war immerhin arbeitsfrei. Ihnen oblagen von September bis März die saisonbedingten Anbau- und Erntearbeiten. Während der folgenden Trockenzeit mußten sie Steine von den Feldern auflesen, Zäune reparieren, Straßen bauen und Brunnen anlegen. Darüber hinaus hatten sie mitunter auch Reparaturen am Haupthaus zu erledigen. Im Gegensatz zu vielen anderen Karibik-Inseln gab es auf Curaçao bis zum Ende des 18. Jh. keine Sklavenaufstände gegen die weißen Herren. Diese trügerische Ruhe wurde allerdings jäh durchbrochen, als man auf Curaçao Kunde von den Idealen der Französischen Revolution erhielt. Es sollte aber noch bis zum Jahre 1863 dauern, bis die Sklaverei aufgehoben wurde. Von diesem Zeitpunkt an begann sich die landwirtschaftliche Ausrichtung Curaçaos langsam zu verschieben, und mit der erdölorientierten Industrialisierung zu Beginn des 20. Jh. verlor dieser Wirtschaftszweig noch mehr an Bedeutung. Viele Äcker lagen seitdem brach, die Landhäuser gingen ihrer einstigen Funktion verlustig und verfielen. 1955 standen von den meisten der außerhalb des nahen Einzugsgebietes von Willemstad gelegenen Landhuizen nur noch Teile der Außenwände. Da begann eine eigens ins Leben gerufene Stiftung (›Stichting Monumentenzorg Curaçao‹) ihre Arbeit, deren Ziel es bis heute ist, künstlerisch und architektonisch wertvolle Bauwerke auf Curaçao zu erhalten bzw. zu restaurieren. Mit ihrer Hilfe sind heute ca. 25 Landhäuser wieder in ihrem ursprünglichen Zustand, werden bewohnt oder anderweitig genutzt (s. S. 162), immer aber sind sie Zeugnisse einer für die Insel sehr bedeutenden geschichtlichen Epoche.

Zwei Beispiele: Die Erdölgesellschaft Shell hatte in den 20er Jahren die Plantage *Brievengat* gekauft, aber weder Haus noch Land – sondern nur die Wasservorkommen – genutzt. In den 50er Jahren sollte das Haus dann abgerissen werden, da es einzustürzen drohte. 1955 schenkte der Konzern das Landhaus der Stiftung, die es mit privaten Spenden und staatlichen Zuschüssen renovierte. Heute gehört Brievengat zu den schönsten Landhäusern der Insel, ein Verein organisiert die Führungen und die Amstel-Brauerei kümmert sich um die Bewirtung (s. S. 182).

Beim Landhuis Ascension verlief die glückliche Rettung in ähnlicher Weise. 1958 erwarb die Stiftung das sehr heruntergekommene Haus, renovierte es von Grund auf und übergab es drei Jahre später der Niederländischen Marine (s. S. 170).

Unterwasserpracht im Meeresaquarium

Die Uferstraße entlang der Küste führt zunächst aus dem Zentrum von Willemstad hinaus (s. Karte vordere Umschlagklappe), vorbei an verschiedenen beeindruckenden Hotelkomplexen (Avila Beach und Princess Beach), vorbei auch am langgezogenen öffentlichen Strand, der den Namen der nahegelegenen **›Seaquarium‹-Anlage** trägt. Darin integriert sind ein Yachthafen, ein Hotel mit eigener Tauchschule (›Lion's Dive‹), mehrere Restaurants und ein herausragendes Meeresaquarium. Normalerweise lernen nur Schnorchler und Taucher die herrliche Unterwasserwelt Curaçaos kennen. Wer nun aber trockenen Fußes einige karibische Meeresbewohner in ihrem nahezu natürlichen Lebensraum erleben möchte, kann hier entsprechende Eindrücke gewinnen.

Das Meeresaquarium setzt sich aus einem Dutzend großer, sechseckiger, lichtdurchfluteter Räume zusammen, durch deren glasverkleidete Seitenwände der Besucher Hunderte von tropischen Fischarten beobachten kann. Dazu gehören so gefährliche wie Stachelrochen, Feuerfische und Haie. Es dümpeln aber auch zum Beispiel Seelöwen oder Schildkröten durch das Wasser ebenso Langusten und Krebse.

Öffnungszeiten: tägl. 8–21 Uhr, ✆ 61 66 66 oder 61 66 70.

In Höhe des ›Seaquarium‹ beginnt auch das **Naturschutzgebiet ›Underwater Park‹**, das sich von hier bis zum östlichen Zipfel der Insel, dem Oostpunt, erstreckt. Das Riff entlang dieses Küstenabschnitts zählt bei Tauchern und Schnorchlern zu den schönsten der Karibik (s. S. 214).

Wer weiter ins Landesinnere vordringen möchte, muß in Höhe des Princess Beach-Hotels von der Küste zur breiten Landstraße abbiegen, die ihn nach Bottelier und weiter bis zu den nördlichen Uferabschnitten der Lagune Spaanse Water bringt. Auf diesem Weg gelangt man zuvor auch zur Lagune Jan Thiel (s. S. 183) und zur **Caracasbaai**. Es ist nicht nur eine schöne Badebucht, von hier aus sind auch jene vor Anker gegangenen Ozeanriesen zu sehen, denen die Einfahrt in die Sint Annabaai zu aufwendig ist, wie beispielsweise das britische Kreuzfahrtschiff ›Queen Elizabeth‹.

An der Ostseite der Baai steht das guterhaltene **Fort Beekenburg**, eine der von der WIC im 18. Jh. an strategisch wichtigen Knotenpunkten errichteten Befestigungsanlagen. Nicolaas van Beek, nach Peter Stuyvesant der wohl berühmteste Direktor der überseeischen Handelsgesellschaft, schienen die Fortifikationen in Willemstad nicht ausreichend – Angreifer sollten bereits weit außerhalb der Stadtgrenzen zurückgeschlagen werden. Gerade die großen Buchten waren bevorzugte Anlaufstellen für feindliche Manöver, allen voran die größte Lagune Spaanse Water. Deshalb ließ van Beek 1703 die sechseckige Festung zwischen ihr und der Caracasbaai errichten und noch einmal durch einen starken Turm sichern, darin eine Zisterne und ein Pulverlager. Im 18. Jh. hat Fort Beekenburg zahlreichen Piraten das Leben schwer gemacht, und das Jahr 1805 ging in die Annalen ein, als es dem damaligen Kommandeur Louis Brion gelang, britische Truppen zurückzutreiben. Das Fort befindet sich heute innerhalb eines privaten Industriegrundstückes und kann deshalb nur mit besonderer Erlaubnis besichtigt werden.

Über Brakkeput kommt man zu den Stränden bzw. auf die östliche Seite von **Spaanse Water** (Spanische Lagune), dem größten Segelrevier der Insel. Vier Yachtclubs und etliche Privathäuser mit Bootsanlegestellen säumen die Ufer. An den Wochenenden kreuzen Hunderte von Segelbooten auf der ca. 25 km^2 großen Lagune, an deren Ostseite sich der weithin sichtbare ›Tafelberg‹ erhebt. Wegen seiner Ähnlichkeit mit dem Wahrzeichen der südafrikanischen Metropole Kapstadt erhielt er denselben Namen. Bei der karibischen Variante handelt es sich allerdings um eine riesige Abraumhalde auf dem Gelände der ehemaligen Santa Barbara-Plantage. Hier wird heute Phosphat abgebaut.

Vom **Landhaus ›Santa Barbara‹**, das man auf dem Weg zum Tafelberg passiert, hat man einen faszinierenden Blick über Spaanse Water. Das Gebäude ist seiner exponierten Lage entsprechend – die Plantage gehörte zu den größten Curaçaos – aufwendig gestaltet:

zweiflügelige Anlage, breitangelegte Treppenaufgänge, umlaufende Galerien, großzügige Terrasse, Stallungen, umgeben von einem herrlichen Garten. Der Engländer John Godden erwarb Grund und Boden in der Mitte des 19. Jh. und begann mit dem Phosphatabbau. Heute im Besitz einer internationalen Aktiengesellschaft, ist das Gebäude stark renovierungsbedürftig.

Spaanse Water am südöstlichen Küstenabschnitt korrespondiert mit der im nordöstlichen Teil gelegenen **Sint Jorisbaai**; beide trennen nur ca. 4 km und doch wird letztere nur von wenigen Wassersportlern aufgesucht. Überhaupt ist es hier landschaftlich weniger anziehend. Da es so gut wie keine befestigten Straßen gibt, benötigt einen Jeep, wer an die Küste will. Die Ufer der Joorisbaai gehörten im 18. Jh. zu zwei Anpflanzungen: ›Groot Sint Joris‹ die eine, ›Klein Sint Joris‹ die andere. Beide Plantagen waren einst berüchtigt für ihre Sklavenlager, die die WIC hier unterhielt. Heute befinden sich die jeweiligen Landhäuser in Privatbesitz und sind nicht zugänglich. Dafür gibt es noch zwei weitere, die man vor dem Rückweg nach Willemstad aufsuchen kann: Ronde Klip und Brievengat.

Vom Ort Montani Rei führte die Straße nach *Santa Rosa*. Von dort geht es weiter in Richtung Norden nach Abrahams. Nach weiteren 2 km folgt hinter Vetter, von einem weiträumigen Garten umgeben, das Landhaus ›**Ronde Klip**‹. Es wurde erst in der Mitte des 19. Jh. errichtet, teilweise sogar erst 1904 fertiggestellt. Der breite Treppenaufgang, der zu der großzügigen Terrasse am Fuße der zweistöckigen Gebäudetrakte führt, verleiht dem Anwesen ein prächtiges, majestätisches Aussehen; auch wenn das Gut stark von der Witterung gezeichnet und deshalb dringend renovierungsbedürftig ist, so strahlt es doch einen eigentümlichen Charme der Morbidität aus. Nicht zuletzt deshalb wird es wohl wiederholt als Filmkulisse gedient haben.

Nur 4 km westlich von Ronde Klip liegt **Brievengat**, das wohl bekannteste Landhaus der Insel. Der Shell-Konzern hatte es 1925 erworben und 1954 dann einer Stiftung zur Erhaltung historischer Denkmäler übereignet (s. S. 179).

Das Gebäude selbst entstand 1750. Besonders ins Auge fallen die die Terrasse flankierenden turmähnlichen Gebäude, deren Funktion bis heute nicht völlig geklärt ist. Vielleicht waren sie ursprünglich als Wachtürme gedacht, später dienten sie als Gefängnis für Sklaven. Mitunter müssen sie aber auch lustvollen Zwecken gedient haben, denn im Volksmund heißen sie ›Casa di palomba‹ (Liebesnest). Einst genoß Brievengat wegen seiner Rinder- und Ziegenzucht großes Ansehen. Als im Jahre 1877 der gesamte Bestand infolge einer Sturmkatastrophe einging, hat sich die Plantage nicht mehr von diesem Schlag erholt. Heute ist hier wieder Leben eingekehrt (Führungen wochentags 10–16 Uhr). Freitagsabends kann man auf der Terrasse speisen und tanzen und sonntags öffnet ab 16 Uhr vor dem Landhaus eine Bar. In einem Nebengebäude werden in der ›Arawak Clay Factory‹ handgemachte Tonarbeiten angeboten (Mo–Fr 9–17, Sa 9–13 Uhr).

Von Brievengat aus erreicht man auf direktem Weg die Hauptstadt in ca. 20 Minuten.

Restaurants *im Osten und Südosten:* baffo & bretella, eines der besten italienischen Restaurants in den Anlagen des ›Seaquariums‹ direkt an der Küste. Die Besitzer, Mario Rossi (›Baffo‹) und Toto Sicardi (›Bretella‹), bieten in hellen, eleganten Räumen neben vorzüglichen Antipasta di Mare alle nur erdenklichen italienischen Köstlichkeiten, tägl. ab 19 Uhr, ✆ 61 87 00

Unterkunft *an der Ostküste*: Aqualife, Bungalow-Anlage (für jew. 4 Pers.) direkt an der Küste von ›Spaanse Water‹, 15 Min. von Willemstad, 70 US-$ pro Bungalow, Jan Sofat, ✆ 67 71 49, Fax 67 70 97; Bon Bini Seaside, neues Bungalow-Motel oberhalb des ›Seaquarium‹-Komplexes, 28 Zi., DZ ab 66 US-$, Baber Kibra, ✆ 61 80 00, Fax 61 75 00

Strände: Die beiden Strände der Hotels Avila Beach und Princess Beach können auch von ›Nicht-Gästen‹ genutzt werden; öffentlicher Sandstrand ›seaquarium‹ direkt im Anschluß, wegen seiner vorgelagerten Wellenbrecher und zwei riesigen Wasserrutschen (nur am Wochenende in Betrieb) besonders gut für Familien mit Kindern geeignet, mit Duschen und Umkleidekabinen (Eintritt); Jan Thiel-Strand an der gleichnamigen Lagune, sehr schöner Privatstrand mit vielen Annehmlichkeiten, wegen des klaren Wassers und der Zugangsmöglichkeit zum ›Underwater Park‹ von Schnorchlern und Tauchern bevorzugt (Eintritt, Di geschl.); Strände des *Spaanse Water*: Caracasbaai, kleinerer Strand, hier bieten Fischer morgens und mittags ihren ›catch of the day‹ an; Barbara Beach auf der anderen Seite der Lagune am Fuße des ›Tafelberges‹ mit herrlichem Sand, azurblauem Wasser, schattenspendenden Bäumen, landschaftlich beeindruckend (Eintritt am Wochenende erhöht) – wegen der mitunter kreuzenden Motorboote in der Lagune nicht ganz ruhig.

Die Inseln ›über dem Winde‹

Saba – die Kleinste

Sint Eustatius – die Beschauliche

Sint Maarten – die Geteilte

Sint Maarten, Blick hinüber zur Baie Nettlé

Als gebirgige Vulkaninseln unterscheiden sich die drei kleinen *Leeward Islands* erheblich von den drei großen Schwestern ›unter dem Winde‹ mit ihren flachen Sandstränden. Statt dessen also: Landschaften wie in der Schweiz und doch ein Klima à la Karibik.

Saba

Saba ist die kleinste Insel der Niederländischen Antillen. Sie liegt knapp 900 km nördlich von Curaçao und ca. 50 km südlich von Sint Maarten und stellt gewissermaßen die Spitze eines erloschenen Vulkans dar, die aus dem Meer herausragt. Deshalb gibt es auf der nur ca. 13 km^2 großen Felseninsel ohne Sandstrände so gut wie keine Ebenen. Einzige Ausnahme bildet die wenige Meter ins Meer hineinragende Landzunge **Flat Point** an der Nordostspitze, auf der 1963 ein kleiner Flughafen eröffnet wurde.

Inmitten des erloschenen Vulkankraters, der sich in Millionen von Jahren zu einer Schale abgeflacht hat und dessen Ränder sich in grasbewachsene Weiden verwandelten, liegt in 250 m Höhe die ›Hauptstadt‹ Sabas: **The Bottom** (De Bottom), eine Bezeichnung, die auf ihre Lage in einer Talsohle, dem heute tiefsten Punkt des Kraters, anspielt.

Fast die Hälfte der ca. 1000 Bewohner Sabas lebt in The Bottom, das eher einem Spielzeugdorf als einer Stadt gleicht: Überwiegend weiße, aber auch pastellfarben bemalte Häuschen zu beiden Seiten der Wilhelminestraat, dazu der ›Regierungssitz‹ des Inselgouverneurs und das Hauptquartier der Polizei, vor denen jeweils ein paar Jeeps parken.

Entdeckt wurde Saba im gleichen Jahr wie die beiden benachbarten Inseln Sint Maarten und Sint Eustatius: 1493 segelte Kolumbus auf seiner zweiten großen Reise als erster an ihr vorbei. Hundert Jahre später wurden sie von Sir Francis Drake in seinen Aufzeichnungen erwähnt, und 1624 sichtete auch der Holländer Piet Heyn die Inselgruppe. 1632 landeten englische

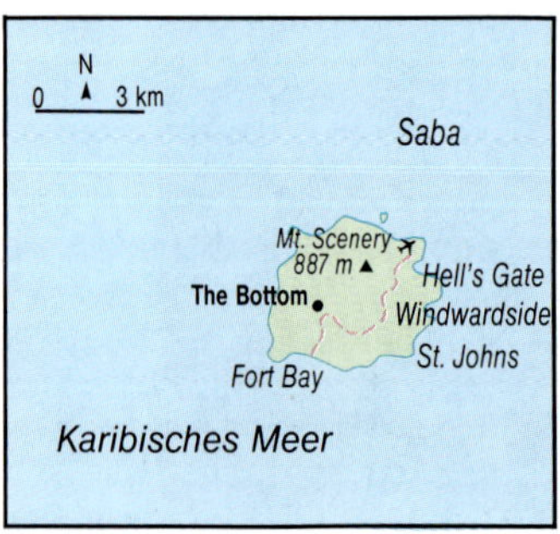

Inselhauptstadt The Bottom

Schiffbrüchige auf Saba, trafen aber auf keinerlei Bewohner. In der Mitte des 17. Jh. wurde die Insel von Holländern besetzt, die sich zuerst an der südlichen Westküste in Fort Bay niederließen und oberhalb der Klippen in 250 m Höhe die heutige Hauptstadt gründeten. Mehrmals wechselte Saba die Besitzer: Engländer, Franzosen, Spanier und Holländer vertrieben einander insgesamt zwölfmal, bevor Saba am 21. Februar 1816 endgültig der Niederländischen Krone zugesprochen wurde. Zugang zur Insel hatte man damals auf ganz abenteuerliche Weise nur mit kleinen Booten: In der schmalen Bucht mußte man ungeachtet der schäumenden Brandung anlegen und über 600 in die steile Felswand hineingeschlagene Stufen (›The Ladder‹) hinauf nach The Bottom steigen – einen anderen Zugang gab es nicht. Auf diese Weise wurden natürlich auch Waren herangeschafft; sogar ein Klavier hievten zwölf kräftige Träger über ›The Ladder‹ hinauf. Heute haben es Bewohner und Besucher leichter, zumal seit 1972 die *Leo A. Clance Pier,* ein großes Quai in der Fort Bay, auch größeren Schiffen das Anlegen erleichtert.

Obwohl seit 1816 holländischer Besitz, wird auf der Insel vorwiegend Englisch gesprochen. Nur bei Behördengängen müssen sich die Bewohner des Niederländischen als der offiziellen Amtssprache bedienen.

Saba ist eine grüne Insel mit zahllosen Erhebungen, von denen die höchste der 887 m hohe *Mount Scenery* ist. Ansonsten wird das Landschaftsbild durch buschige Vegetation, bunte Blumen sowie vereinzelte, meist einstöckige, helle Häuschen mit holländischen Giebeln unter ziegelroten Dächern und ein paar Kühen bestimmt, die an den Berghängen grasen. Palmen und Sandstrände sucht man vergebens.

Ein Drittel der ca. 2500 Besucher, die pro Jahr hierher kommen,

Gipfelsturm zum Mount Scenery

reist per Flugzeug an. Die Landebahn des Juancho E. Yrausquin-Flughafens am Rande der Klippen entspricht mit ihren 400 m der Länge eines Flugzeugträgers und gehört damit zu den kleinsten der Welt. Anflug und Landung gehören damit zum Aufregendsten, was die Insel zu bieten hat. Vor der flachen, kleinen Abfertigungshalle stehen meist nicht mehr als vier Taxis, deren Fahrer sich als die kundigsten Reiseführer für eine Inselrundfahrt erweisen.

Die Antilleninsel besitzt nur eine größere Straße (›*The Road*‹), die am Flat Point beginnt und in engen Haarnadelkurven zunächst 400 Höhenmeter bis zu den Orten Lower und Upper **Hell's Gate** überwindet; sie führt weiter – vorbei an Bananenplantagen und ausgedehnten Farnkrautfeldern – nach **Windwardside**, einem Dörfchen, das in 600 m Höhe am Rande des Mount Scenery liegt. Hier befinden sich das *Touristeninformationsbüro* und mehrere Restaurants sowie – im Hause eines ehemaligen holländischen Kapitäns – das einzige *Museum* der Insel (Harry L. Johnson Memorial Museum).

Von Windwardside geleitet die Straße entlang der südöstlichen Ausläufer von Peter Simon's Hill nach **St. John's**. Von dort oben hat man einen herrlichen Blick hinüber nach Sint Eustatius, bevor sich im tiefer gelegenen The Bottom die Straße gabelt, um wieder hinunter zur im Süden der Westküste gelegenen Fort Bay abzusteigen. Alles in allem eine 10 km lange, recht schmale Straßenführung ohne Verkehrsschilder und mit so gut wie keinem Gegenverkehr.

Eigentlich hätte diese Tangente nicht gebaut werden dürfen, wäre es nach den Ingenieuren des holländischen Verkehrsministeriums gegangen: Sie hatten aus Sicherheitsgründen schon den Weiterbau einer schmalen befestigten Trasse verweigert, die in fünfjähriger Eigenleistung der Inselbewohner während des Zweiten Weltkrieges von Fort Bay bis hinauf nach The Bottom geführt worden war; aber die Einheimischen gaben nicht auf. 1947 wurde auf Saba das erste Auto gesichtet: Ein amerikanischer Armee-Jeep erreichte die Insel per Ruderboot. Lambert Hassel, ein Sohn Sabas, absolvierte zwei Jahre später sein Ingenieursexamen (in ›Road Construction‹) und baute – ohne holländisches Einverständnis – 1952 die Straße weiter nach St. John's aus und trieb außerdem ab 1959 den Bau der Landebahn am Flat Point voran. Pünktlich zur Eröffnung des Flughafens im Jahre 1963 war auch die kurvenreiche Straßenanbindung über Upper Hell's Gate fertiggestellt. Heute überwindet sie in engsten Haarnadelkurven insgesamt 600 m Höhenunterschied und ermöglicht die schönsten Ausblicke über die Insel.

Holländisch geprägtes Umweltbewußtsein und die ökonomische Notwendigkeit, Saba auch für Touristen attraktiv zu machen, haben dazu geführt, daß 1987 die ganze Küste der Insel zum *Saba Marine Park* erklärt und unter Naturschutz gestellt wurde. Nur an zwei ausgewiesenen Stellen der Westküste dürfen Schiffe anlegen. Ansonsten ist die ganze Küste mit ihren herrlichen Korallenriffen ausschließlich Tauchern, Schnorchlern und Schwimmern vorbehalten. Wer Spaß am Tauchen und Freude am Wandern hat oder am liebsten beides verbinden möchte, der wird die »unberührte Königin der Karibik« gerne besuchen.

Information: Saba Tourist Bureau, ✆ 6 22 31, Fax 6 23 50

Flugverbindungen: Winair fliegt fünfmal am Tag zwischen Saba und Sint Maarten und einmal täglich von Saba nach Sint Eustatius (Preis ca. 70 US-$ für den Roundtrip); Flughafengebühr: 5 US-$; Winward Islands Airways; Philipsburg, Sint Maarten, ✆ 4 25 68

Schiffsverbindungen: zwischen Sint Maarten und Saba: Di–So Schnellboot ›Style‹, Preis: ca. 50 US-$ Roundtrip; Abfahrt um 9 Uhr ab Sint Maarten, Great Bay Marina, 17 Uhr Saba, Fort Bay.

Leihwagen: Johnson's Rent A Car, ✆ 6 22 69

Unterkunft: Captain's Quarters, ältestes und berühmtestes Hotel, 12 Zi mit herrlichem Ausblick und Schwimmbad, DZ 125 US-$; Windward-Side, ✆ 6 22 01, Fax 6 23 77; Caribe Guesthouse, Apartmenthaus mit fünf Zi, DZ 50 US-$, The Bottom, ✆/Fax 6 32 59; Juliana's, zehn kleine Holzhäuser-Apartments, schöner Blick, DZ 85–100 US-$, ✆ 6 22 69, Fax 6 23 89; Scout's Place, neues Hotel mit Schwimmbad und Blick aufs Meer, DZ 85 US-$, Windwardside, ✆ 6 22 05, Fax 6 33 88

Gute und preiswerte Privatzimmer bzw. -apartments werden auch durch das Tourist Bureau (s. o.) vermittelt.

Restaurants: Captain's Quarters, bekanntestes Restaurant der Insel in Windwardside mit schönem, offenem Speiseraum, die Bar ist ein beliebter Treff (s. o.); Sharon's Ocean View in Hell's Gate, herrlicher Blick, guter Fisch; Queen's in The Bottom, bevorzugt einheimische Gerichte, z. B. Callaloo-Suppe

Diskothek: Birds of Paradise, The Bottom, nur Fr u. Sa.

Einkaufen: Saba-typisch ist ein besonders schmackhafter Rum aus vielen Früchten (genannt ›Saba Spice‹) sowie Spitzenstickereiarbeiten, deren Herstellung im vorigen Jahrhundert von einer gewissen Mary Gertrud Johnson aus Venezuela auf Saba eingeführt wurde. Inzwischen haben sich viele Familien in den Dörfern auf besondere Muster spezialisiert, die sie zu höchster Präzision entwickelten.

Tauchen: *Informationen*: Saba Marine Park, Fort Bay, P. O. Box 18, De Bottom, ✆/Fax 6 32 95; Sea Saba Dive Center, Windwardside, ✆ 6 22 46, Fax 6 23 62; Saba Deep, Fort Bay, ✆ 6 33 47; Wilson's Dive Shop, Fort Bay, ✆ 6 34 10

Sint Eustatius

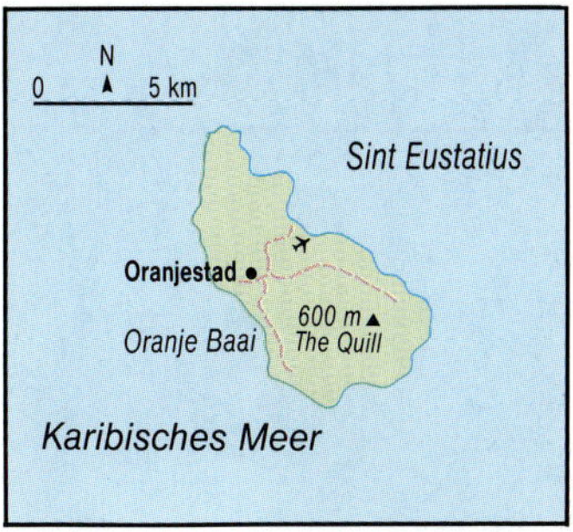

Sint Eustatius – auch verkürzt *Statia* genannt – gilt heute als eine der besonders ruhigen Inseln im karibischen Raum.

Das 21 km^2 große Eiland liegt 70 km südlich Sint Maarten und hat 1500 Einwohner. Oberflächenform und Entstehung verdankt sie zwei erloschenen Vulkanmassiven, die wie zwei Eckpfeiler die langgezogene Insel (an beiden Enden) stabilisieren. Zwischen dem inzwischen abgeflachten, knapp 300 m hohen *Boven* im Nordwesten und dem 550 m hohen Krater Quill im Südosten bildete eine flache, nach Norden sich neigende Hochebene jene Verbindung, auf der die Landepiste des Franklin D. Roosevelt Flughafens genügend Platz fand. Sein Name erinnert an die engen Beziehungen, die in der zweiten Hälfte des 18. Jh. zwischen Sint Eustatius und den für ihre Unabhängigkeit kämpfenden britischen Kolonien in Amerika bestanden, an die Zeiten also, in denen es auf Sint Eustatius weit weniger ruhig zuging als heute.

Seit Ende des 17. und zu Beginn des 18. Jh. lebten auf dieser ›holländischen‹ Insel mehr als 15 000 Menschen, und **Oranjestad**, die Hauptstadt an der Westküste, war eines der blühendsten Handelszentren der Karibik. Im oberhalb der Klippen gelegenen Teil der Stadt – ›Upper Town‹ genannt – spielte sich das Alltagsleben ab. Unten an den Quais der Oranje Baai – in ›Lower Town‹ – reihten sich einst die Lagerhäuser und Warendepots voller Güter aus Europa aneinander, die im damals einzigen ›Freihafen‹ der Karibik reißenden Absatz fanden. Mit den britischen Blockaden während des amerikanischen Unabhängigkeitskrieges (1775–83) erlebte Sint Eustatius seinen wirtschaftlichen Höhepunkt. Bis zu 100 Schiffe pro Tag, so zählten die Chronisten, sollen damals in Oranjestad Kleidung, Waffen, Munition und Nahrungsmittel für die Armee von George Washington be- bzw. entladen haben. Überhaupt: Kriege bedeuteten immer blühende Zeiten für den Freihafen Sint Eustatius. Seine wohlhabenden Einwohner fühlten sich im Schutze der mächtigen Bastionen – **Fort Oranje** (1636) oberhalb der Klippen von Oranjestad und **Fort De Windt** am Südzipfel der Insel – in ihrer Neutralität gesichert. Von Benjamin Franklin wird erzählt, er habe für seine Postsendungen deshalb stets die sichere Route über Sint Eustatius ge-

Fort Oranje

wählt, den »goldenen Felsen«, wie die Niederländer ihre Besitzung einst bezeichneten.

Als sich das Kriegsschiff ›Andrea Doria‹ unter neuer amerikanischer Flagge am 16. November 1776 dem Hafen von Oranjestad näherte und die üblichen 13 Schuß Salut der niederländischen Krone erbrachte, erwiderte Gouverneur Johannes de Graaf den Gruß mit elf Schuß Gegensalut. Diese Ehrbezeugung gegenüber der neuen amerikanischen Flagge gilt als die erste offizielle diplomatische Anerkennung der USA durch eine andere Nation. Das wiederum nahmen die Briten dem Inselgouverneur sehr übel. Unter Führung von Admiral George Bridges Rodney besetzten sie Statia 1781, hißten aber weiterhin die niederländische Flagge auf den Forts. So kaperten sie binnen weniger Monate ca. 200 aus den Niederlanden kommende Schiffe, die in Oranjestad arglos anlegten mitsamt ihrer Ladung. Nach dieser listenreichen Vergeltung ließ Rodney die Stadt plündern und anschließend alle Lagerhäuser längs der Küste zerstören. Von diesem Schlag hat sich Sint Eustatius nie mehr erholt.

Aus der ruhmreichen Vergangenheit der Insel sind mächtige Ruinen übriggeblieben. So kann man heute in Oranjestads Lower Town die Ziegelfundamente jener zerstörten Depots betrachten, und in der Oberstadt noch die Überreste der 1738 erbauten Synagoge Honen Dalimu und der alten niederländisch-reformierten Kirche aus dem Jahr 1775. Die beiden Forts der Insel präsentieren sich in relativ gut erhaltenem Zustand.

Während man im **Museum** von Oranjestad auch mittels alter Stiche, Karten und Zeichnungen die glanzvolle Vergangenheit wachrufen kann, bietet die Natur – oberhalb wie unterhalb des Meeresspiegels – interessante und faszinierende Einsichten.

Zu den herausragenden Erlebnissen auf Sint Eustatius gehört eine Wanderung auf den 600 m hohen *The Quill*, jenen Vulkan im Südosten der Insel mit geradezu klassischen Umrissen. Der ca. zweistündige Aufstieg führt durch tropischen Regenwald, vorbei an vielen Bananenstauden. Vom Rand blickt man nach innen hinab auf die 300 m steil abfallenden Kraterwände zum Grund des erloschenen ›Feuerberges‹. Krater und Steilwände sind überzogen von üppigster tropischer Vegetation: dichter Regenwald mit Dutzenden von Orchideenarten, alten Mahagonibäumen und mannshohen Farnen.

Statia ist wirklich eine Insel der Ruhe. Villen und die wenigen vereinzelten Hotels liegen geradezu diskret abseits. Genau das aber lieben jene Urlauber, die der übervollen Badeinseln der Karibik überdrüssig sind. Auf Sint Eustatius müssen sie die dunklen Vulkanstrände und das kristallklare Meer mit seiner farbenfrohen Unterwasserwelt bis jetzt nur mit wenigen teilen.

Information: St. Eustatius Tourist Bureau Oranjestad, ✆ 8 24 33, 8 22 09, Fax 8 24 33

Flugverbindungen: Winair, R. Fortin, Oranjestad, ✆ 8 23 81, Flughafen 8 23 62 (s. auch unter Saba, S. 190)

Unterkunft: Golden Era Hotel, direkt an der Küste von Oranjestad, mit Swimmingpool, 20 DZ, DZ 90 US-$, ✆ 8 23 45, Fax 8 24 45; La Maison sur la Plage, Bungalowstrandhotel mit Swimmingpool, 10 DZ, DZ 75 US-$, ✆ 8 22 56; Old Gin House, bedeutendstes Hotel der Insel, inmitten historischer Ruinen, DZ 150 US-$, Tauchzentrum, ✆ 8 23 19, Fax 8 25 55; Talk of the Town, einfaches Stadthotel mit acht Zi, DZ 60 US-$, ✆ 8 22 36.

Restaurants: King's Well, direkt an der Oranje Baai, Bay Road, schmackhafte Fleischgerichte, ✆ 8 25 38; La Maison sur la Plage, am Zeelandia Beach; französische Küche, ✆ 8 22 56; mehrere einfache Restaurants befinden sich im Zentrum von Oranjestad.

Strände: Lynch Beach, brauner Sandstrand in der Mitte der Insel an der Atlantik-Seite, hohe Wellen; Oranje Beach, langer, beige bis schwarzer Sandstrand unterhalb der Hauptstadt, geringe Brandung; Zeelandia Beach, dunkler Sandstrand in der 3 km langen Zeelandia Bay im Nordosten der Insel, hohe Wellen, starke Brandung. An den Stränden der Insel gibt es keinen Rettungsdienst!

Tauchen: Möglichkeiten an 30 gekennzeichneten Tauchplätzen rund um die Insel; zu entdecken gibt es aufregende Korallenriffe und alte Schiffswracks; beliebteste Taucherfunde: alte Flaschen und holländisches Porzellan. Auskunft: *Dive Statia*, ✆ 8 24 35

Sint Maarten

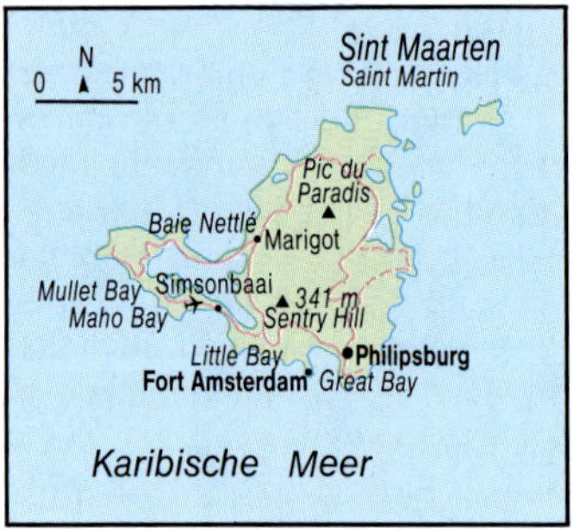

Sint Maarten ist zwar die größte Insel der drei Niederländischen Antillen ›über dem Winde‹ und dennoch das kleinste Eiland der Welt, das sich zwei Staaten teilen. Die Grenze zwischen dem französischen Teil im Norden und dem niederländischen im Süden verläuft seit 1648 mitten durch die nur 86 km^2 große Insel. Jede der beiden Sektionen hat ihre eigene Hauptstadt – die niederländische: **Philipsburg,** die französische: **Marigot** – jede ihren höchsten Berg – die niederländische den Sentry Hill (341 m), die französische den Pic du Paradis (424 m) – und jeder ihren eigenen Flughafen – die niederländische den *Queen Juliana Airport* und die französische den Grand Case. Der besondere Reiz der Insel liegt in den beiden unterschiedlichen Welten, die hier aufeinanderstoßen: Das französische Saint Martin hat einen völlig anderen Charakter als das niederländische Sint Maarten. Eine faktische Grenze gibt es jedoch nicht – Grenzposten, Grenzformalitäten und Schlagbäume sind vollkommen unbekannt; lediglich eine Gedenktafel an der Straße zwischen Philipsburg und Marigot erinnert an die historische Teilung. Wie es zu dieser Grenze kam, gehört zu den meisterzählten Geschichten der Insel.

Entdeckt und nach dem heiligen Martin benannt, wurde die Insel 1493 von Christoph Kolumbus auf dessen zweiter Reise. Aber für die Spanier zählte San Martino – genau wie die ABC-Inseln – zu den ›islas inutiles‹, zu den wertlosen Inseln ihres karibischen Besitzes; hierhin verbannten sie im 17. Jh. also ihre Gefangenen. Ein Aufstand der Deportierten führte schließlich zum Ende der spanischen Herrschaft. Fast zur gleichen Zeit landeten holländische und französische Einwanderer auf der Insel, die jeweils ihre Regierungen im fernen Europa ersuchten, ihre neue Heimstatt zu annektieren. Aber nach Europa war es eben weit, und Nachrichten brauchten lange. Als sie weder aus Paris noch aus Amsterdam eine Antwort erhielten, vereinbarten die Siedler 1638 die friedliche, sozusagen eigenverantwortliche Teilung. Der zustandegekommene Grenzvertrag ist wohl der am längsten eingehaltene aller internationalen Abmachungen. Aber wie kam es nun zur Grenzziehung? Vom Boundary Point an der Westküste starteten zur gleichen Zeit ein französischer und ein holländischer Siedler in jeweils entgegengesetzter Richtung, die Insel zu umrunden. An der Stelle des Aufeinandertreffens der beiden wurde dann die Grenze auf der anderen Seite der Insel ›markiert‹. Aber warum wurde den Franzosen der wesentlich größere Teil zuerkannt? Ganz einfach: Der Niederländer trank unterwegs zuviel Genever, und der machte ihn träge. Der Franzose dagegen bevorzugte Rotwein und blieb leichtfüßig. Aber betrunken waren sie am Ende beide, weshalb die Grenze auch nie so richtig ernstgenommen wurde, außerdem sind Strände und Buchten entlang der Küste ja sowieso nicht teilbar.

Sint Maarten gehört heute formal zum Territorium der Niederländischen Antillen und wird von Willemstad auf Curaçao aus verwaltet. Saint Martin ist eine Subpräfektur des französischen Übersee-Departments in Paris, dessen karibischer Verwaltungssitz derzeit in Basse-Terre auf Guadeloupe liegt. Da Saint Martin formal als französisches Territorium gilt, ist es somit auch Teil der Europäischen Union.

Zwar sind Gulden und Franc die offiziellen Zahlungsmittel, aber das europäische Traumziel von einer gemeinsamen Währung ist auf Saint Martin bzw. Sint Maarten bereits verwirklicht: Überall auf der Insel werden die Preise in US-$ angegeben, so daß er die eigentliche Währung darstellt.

Die **Front Street,** die Hauptstraße von Philipsburg, ist eine einzige

Blick über die Simsonbaai

Ansammlung von Duty Free-Läden, Restaurants und Bierstuben.

Die Mehrzahl der Dauerbesucher landet dagegen auf dem Juliana Airport, der 1990 für Großraumflugzeuge erweitert wurde. Diese Passagiere kommen in erster Linie wegen der Strände, von denen es – laut Fremdenverkehrsamt – insgesamt 36 gibt, allerdings von recht unterschiedlichem Charakter: von perlweißen Sandstränden in unmittelbarer Nähe der Hotels bis zu kleinen, intimen Buchten voller Kieselsteine. Die Dauerbesucher orientieren sich in erster Linie an der Hauptattraktivität der Insel: Sonne, Sand, Meer und Ruhe.

Als die beliebtesten Strände im niederländischen Teil gelten der *Dwan Beach* und die Strände in der *Little Bay, Maho Bay* und *Mullet Bay.*

Zur Urlaubsqualität Sint Maartens gehört auch das abwechslungsreiche Vergnügungsangebot nach Sonnenuntergang. Fast jedes größere Hotel verfügt über ein eigenes Spielcasino, über einen Nachtclub, eine eigene Discothek und mehrere Restaurants.

Wem dieses Angebot im niederländischen Teil noch nicht genügt, der kann ähnliches im französischen Teil wahrnehmen. Wesentlicher Unterschied: Hier wird man mit Bonsoir! statt Good evening! begrüßt.

Information: Tourist Office, Imperial Building, Walter I. Nisbeth Road 23, ✆ 2 23 37, Fax 3 11 59

Verkehr: *Busse:* zwischen 6 und 24 Uhr fährt jeweils zur vollen Stunde in Marigot (Rue de la Republique) und in Philipsburg (Camille Richardson Road) ein Bus in die jeweils andere Hauptstadt ab, der u. a. auch den Queen Juliana-Flughafen passiert. *Taxi:* Standplätze am Flughafen, in Philipsburg und in Marigot; zentrale Vermittlung ✆ 2 23 59 bzw. 5 43 17 (Flughafen)

Unterkunft: Auf der Insel gibt es mehr als 50 Hotels, darunter riesige Ferienanlagen mit mehr als 600 DZ (z. B. Maho Beach Hotel, Mullet Bay Ressort, Pelican Resort); ein *Hotel-Verzeichnis* erhält man über die Kamer van Koophandel (Handelskammer), Walter I. Nisbeth Road, Philipsburg, ✆ 2 35 95, Fax 2 35 12. (In der Hauptsaison, Mitte Dez. bis Mitte April, sind die Hotelpreise bis zu 100 % teurer als sonst). Empfehlenswert: Beach House, kleines persönliches Strandhotel mitten in Philipsburg, Frontstreet 161, ✆ 2 24 56, Fax 3 03 08 (DZ 58 US-$; La Belle Creole (Conrad-Kette), Pointe de Bluff, mittelgroßes Luxushotel (156 DZ) in herrlicher Strandlage, ✆ 87 66 00, Fax 87 56 66 (DZ ab 165 US-$); La Vista, kleines Strandhotel (24 DZ) zwischen Philipsburg und Flughafen, karibische Atmosphäre inmitten tropischer Vegetation, ✆ 4 30 05, Fax 4 30 10 (DZ ab 95 US-$); Oyster Pond, elegante Gästehäuser-Anlage mit Yachthafen an der Ostküste (40 DZ), unmittelbar an der niederländisch-französischen Grenze, ✆ 2 22 06, Fax 2 56 95 (DZ ab 120 US-$)

Restaurants: L'Escargot, altes Landhaus im Zentrum von Philipsburg, französisch-kreolische Küche, tägl. ab 18.30 Uhr, Frontstreet 84, ✆ 2 24 83; Paradise Café, oberhalb des Casino Royal in der Maho Bay, interna-

Kinderkarneval in Philipsburg

tionale Küche, mit großem Schwimmbad zur Erfrischung zwischen den Gängen, Sa und So ›California Champagne Brunch‹, ✆ 5 28 42; La Provence, zwischen Marigot und Terres Basses im La Belle Creole, eines der ganz teuren Restaurants der Insel mit herrlichem Blick über die Bucht ›Baie Nettlé‹, ✆ 87 58 66

Einkaufen: Zentren des beliebten ›duty free shopping‹ sind Simsonbaai und Maho Bay, beides Viertel in unmittelbarer Nähe des Queen Juliana-Flughafens, und vor allem die Frontstreet in Philipsburg. Bevorzugt angeboten werden alle teuren Markenartikel der Welt.

Polizei: ✆ 2 22 22

Gesundheit: Erste Hilfe und Krankenhaus ✆ 3 11 11

ABC Aktiv

Schwimmen

Tauchen

Surfen

Segeln

Wandern

Sonnen

Touren

Taucher mit ›Venusfächer‹

Sich sportlich betätigen, zu Land und insbesondere im Wasser – das verbinden fast alle Besucher mit ihren Erwartungen an einen erlebnisreichen Karibikurlaub. Auf den ABC-Inseln können sie sich diese Träume fast uneingeschränkt erfüllen. Vor allem Taucher und Surfer kommen allenthalben auf ihre Kosten.

Aruba zu Wasser und zu Lande

Das klare, blaue, ruhige Wasser vor der Westküste Arubas ist in der Karibik kaum zu übertreffen. Schwimmen wird zum wahren Vergnügen, zumal dank des ablandigen Windes weder Teerrückstände noch Plastikabfälle vom Meer an den Strand gespült werden. *Gold Coast* – Goldküste nennen die Arubaner deshalb auch den 10 km langen Strand an der Westküste, zur Vereinfachung in Palm bzw. Eagle Beach unterteilt.

Natürlich kann man auf Aruba auch Tennis spielen, Reiten, Kegeln oder Golf spielen, aber für den Wassersport wird eben ein besonderer Rahmen geboten.

Tauchen und Schnorcheln

Die schönsten Korallenriffe Arubas liegen vor der Südküste, insbesondere vor der Spanischen Lagune. Die Sicht unter Wasser beträgt hier bis zu 20 m.

Die Attraktion und zugleich eine der ungewöhnlichsten Sehenswürdigkeiten Arubas ist das Wrack des deutschen Handelsschiffes ›Antilla‹ (mit einer Länge von ca. 120 m gilt es als das größte in der Karibik). Auf den aus dem Wasser herausragenden Rumpfteilen des Wracks sonnen sich tagsüber die Möwen. Unter Wasser erreicht man in 20 m Tiefe den Kiel.

Auf Aruba haben in den letzten 10 Jahren mehrere vorzügliche *Tauchstationen* eröffnet; ihre Lehrer müssen das US-amerikanische PADI-Zertifikat besitzen. Alles, was man zum Tauchen benötigt, kann man ausleihen. Für Tauchgänge muß man inkl. Ausrüstung von 50 US-$ aufwärts aufwenden.

Tauchschulen: Aruba Pro Dive, Fergusonstraat 19, ✆ 2 55 20, 2 77 78; Charlie's Buddies S.E.A. Scuba, zwischen Oranjestad und San Nicolas, diese Tauchschule ist in einem 100 Jahre alten Cunucu-Haus untergebracht, verfügt über hervorragende Lehrer, die sich sehr gut an der Südostküste Arubas auskennen, ✆ 4 79 30; Mermaid Sports Divers, L.G. Smith Blvd. 55, ✆ 35546; Pelican Watersports,

Die Tauch- und Surfreviere Arubas

Emanstr. 1, ✆ 31228, 2 47 39 (Niederlassung am Strand des Holiday Inn); Red Sail Sport, L. G. Smith Blvd. 83, ✆ 3 16 03, 2 45 00; Habourtown, ✆ 3 57 21 (Niederlassung am Americana Aruba Hotel); Scuba Aruba, Seaport Village Mall, ✆ 3 41 42 (Niederlassung am Aruba Palm Beach Hotel)

Zum **Schnorcheln** eignet sich das Gebiet gleichermaßen. Wenn man mit einem Boot zu den Riffen hinausfährt, kann man die beeindruckenden Korallenformationen und die bunten Tropenfische, aber auch das Wrack sehr gut durch die Taucherbrille von der Meeresoberfläche aus sehen. Um einen Sonnenbrand zu vermeiden, sollte man beim Schnorcheln immer ein T-Shirt anziehen.

Alle Tauchschulen verleihen neben kompletten Tauchausrüstungen auch Taucherbrillen und Schnorchel.

Die Tauch- und Surfreviere Arubas (s. Karte S. 201)

»Scuba in Aruba« reimen die Tauchlehrer, wenn sie von den vielen Stellen rund um die Insel schwärmen, wo Tauchen besonderen Spaß macht. »Schöner kann Surfen nicht sein«, behaupten die einheimischen Surf-Freaks, denn auf Aruba gibt's ganzjährig Starkwind und warmes Wasser.

1. Arashi
Ein Tauchgebiet für Anfänger. Schon bei einer Tiefe von ca. 12 m stößt man auf Korallenbänke und Meeresfarne sowie Papageien- und Engelfische.

2. Antilla-Wrack
Es ist eingebettet in Korallen und Röhrenschwämme. Inmitten von Schwärmen tropischer Fische können Taucher das Innere des Wracks

erkunden. Des Nachts ist es besonders spannend, weil dann die Hummer aus ihren Verstecken kommen.

3. Malmok Riff

Das Riff in 22 m Tiefe ist bekannt für seinen Hummer-Reichtum und für die schönen, weit ausgedehnten Korallenteppiche. Für Unterwasser-Fotografen bieten Stachelrochen vor den purpurroten, orangefarbenen und grünen Schwämmen herrliche Motive.

4. Pedernalis-Wrack

Eine einmalige Tauchgelegenheit für Anfänger sind die Überreste eines Tankers, der während des Zweiten Weltkrieges von dem Torpedo eines deutschen U-Bootes versenkt wurde. Das zerstörte Mittelteil des Schiffes, das die US-Marine auf dem Meeresboden zurück-

ließ – Heck und Bug wurden abgetrennt und in die USA. gebracht – kann nun von Tauchern in einer Tiefe von nur 7,5 m erkundet werden. Erhalten geblieben sind Kabinen, Waschräume, Toiletten und viele Rohrleitungen.

5. Harbour Riff
Die artenreiche Pflanzenwelt, die Korallen und die gelben und roten Schwämme an den ›Baranca‹-Hängen lassen das Tauchen auch für Anfänger zu einem Naturerlebnis werden.

6. Schlepper-Wrack
Vollkommen von Korallen bewachsen liegt in einer Tiefe von 12 m das Wrack eines alten Schleppers. Nicht selten werden Taucher hier von Rochen auf ihren Tauchgängen begleitet.

7. Barcadera Riff
Auf sandigem, schräg abfallendem Grund wachsen hier in 8 m Tiefe Meeresfarne, die durch ihre stetigen Bewegungen faszinieren; beeindruckend sind auch die vielen bunten Korallen.

8. Kantil Riff
Ein abwechslungsreiches und farbenfrohes Naturschauspiel bietet sich dem Taucher in einer Tiefe ab 12 bis hinunter zu 34 m: Mantas und Rochen ziehen vorbei, Muränen lauern in Felsspalten, Korallen und Meeresfarne an einer bunt bewachsenen Felswand fesseln den Blick des Tauchers.

9. Pionco Riff
Der Meeresgrund dieses Riffs in 8 m Tiefe ist von großen zusammenhängenden Korallenformationen übersät. In den Spalten der steil abfallenden Felsen leben grüne Muränen und Hummer.

10. Skalahein
Das Riff eignet sich hervorragend für geübte Strömungstaucher. Die faszinierenden Korallenbänke erstrecken sich von 6 m bis in die Tiefe von über 25 m. Skalahein ist zudem das Reich der Barrakudas und Mantas.

11. Mike Riff
Vor den Augen des Tauchers breitet sich in 8 m Tiefe ein bunter Flikkenteppich der verschiedensten Korallenarten aus. Eine überwältigende Szenerie für Unterwasser-Fotografen! Wer will, kann am Riff auch bis zu 35 m abtauchen.

12. Mangel Halto Riff
Ein steiler Hang von 4 bis hinunter auf 30 m Tiefe ermöglicht den Ausblick auf ein wunderschönes Nebeneinander verschiedener Korallenarten, Seeanemonen und Röhrenschwämme. Auch Tintenfische, Seepferdchen und Gelbschwänze sind zahlreich vertreten.

13. Puerto Chiquito
Unter der Meeresoberfläche ab 6 m Tiefe eröffnet sich für den Taucher eine Korallenvielfalt ohnegleichen. Vereinzelt begegnet man auch hier Manta-Rochen und

Schildkröten. Die einheimischen Taucher gaben dem Revier den Namen ›Snapper-City‹, wegen des reichen Vorkommens dieser Fische.

14. Isla de Oro Riff
Es ähnelt dem Riff von Mangel Halto (12), fasziniert aber außerdem durch seine Ausbuchtung, in der sich Schwärme von Schnappern tummeln. Das steil abfallende Riff bietet die Möglichkeit, in eine Tiefe von bis zu 30 m vorzustoßen.

15. Commandeurs Riff
Die Attraktion eines Tauchgangs am Commandeurs Riff sind Korallenbänke und eine ausgedehnte Unterwasserfauna, z. B. Schnapper und Zackenbarsche. Es können einem auch Barrakudas begegnen.

16. Lago Riff
Mit knapp 40 m Tiefe ist das Lago Riff die tiefste Stelle, die von den Tauchschulen Arubas angesteuert wird. Es ist in seinen verschiedenen Terrassenstufen von Korallen unterschiedlichster Art, von Gorgonen, Schwämmen und Seeanemonen bewachsen. Auch der Fischreichtum sucht seinesgleichen.

17. Baby Beach Riff
Hier können Taucher leicht von der Küste aus den Tauchgang beginnen. Die vielen Elchhornkorallen stellen einen perfekten Lebensraum für Krabben, Tintenfische und Hummer dar. In einer Tiefe von ca. 15 m stößt man auf Hornkorallen und Meeresfarne.

18. Santana Riff
Dieses Riff bietet dem Taucher die gleichen Attraktionen wie das benachbarte Baby Beach Riff. Beide Tauchstellen sind leicht mit dem Auto zu erreichen.

19. Cabez Riff
Das Riff eignet sich aufgrund der rauhen See und der starken Strömung nur für erfahrene Taucher. In 15 m Tiefe eröffnet sich eine verzauberte Welt mit Schwärmen von Barrakudas und Großen Bernsteinfischen. Auch Stachelrochen und verschiedene Arten kleiner Tropenfische sind hier zu Hause.

20. Natural Bridge Riff
Beeindruckend sind hier vor der Küste der berühmtesten Sehenswürdigkeit der Insel die monströsen Unterwasserfelsen, auf denen sich Korallen ausgebreitet haben. Sie beginnen in 6 m Tiefe und reichen bis über 30 m. Gigantische Schwämme schmücken den Meeresboden. Nur für erfahrene Taucher!

21. California-Wrack
Es liegt in einer Tiefe zwischen neun bis 14 m vor der Nordwestspitze Arubas. Die ›California‹ ist bekannt geworden als das Schiff, das auf empfangene Notsignale der ›Titanic‹ nicht reagierte. Das Wrack, bedeckt von großen Korallenbänken und umschwärmt von einer Vielzahl tropischer Fischarten, bietet Unterwasser-Fotografen aufregende Motive.

Surfen (s. Karte S. 201)

Ⓐ **Fisherman's Hut**
Flachwasserspot, teilweise Stehtiefe bis 300 m vor dem Ufer, ideal für Manövertraining und Speedfahren, Schulungsrevier für Beachstarts, Wasserstarts und Halsen. Allerdings keine sanitären Anlagen und keine Strandbewachung.

Ⓑ **Manchebo Beach**
Breitester Sandstrand Arubas, Windrichtung: schräg ablandig; Austragungsort für World-Cup-Slaloms und Hi Wind-Regatten; Surfvarianten: Slalomboard-Revier mit Wellen bis zu einem Meter; Langschlag zum 3 km entfernten Fisherman's Hut.

Ⓒ **Boca Grandi**
Brandungsrevier für Cracks, an Starkwindtagen bis zu 3 m hohe Wellen, beste Wind- und Wellenbedingungen ab 15 Uhr. Höchste Brandung zwischen den beiden Riffen, in Landnähe gibt es kaum Wellen. Ca. 30 Autominuten von Manchebo Beach entfernt, keine

Sechs Beaufort und hoch am Wind

Surfen auf Aruba

Ist es ein Wunder, daß die Inseln ›über dem Winde‹ bzw. ›unter dem Winde‹ Paradiese für Surfer sind? Und verwundert es dann, daß sich seit 1987 die Manager der ›Professional Boarding Association‹ bei den konstanten sechs, manchmal sieben Beaufort Windstärke entschlossen haben, alljährlich im Juni auf Aruba die besten professionellen Wellenflitzer der Welt zum ›Hi Winds Pro Am World Cup‹ zusammenzurufen?

Aruba bietet für Surfer drei bevorzugte Reviere (s. Karte S. 201), die zwar alle über viel Sonne, warmes Wasser und außergewöhnlich zuverlässige Windverhältnisse (ganzjährig vier bis fünf Beaufort an fast allen Tagen) verfügen, jeweils aber sämtlich auf unterschiedliche Vorlieben zugeschnitten sind: Flachwasser für Speedfreaks am Fisherman's Hut, kabbeliges Revier mit kleinen Wellen am breiten Manchebo Beach und am Boca Grandi beste Voraussetzungen für Wellenspezialisten.

Die Profis starten vor dem Manchebo Beach Hotel am Eagle Beach im Westen Arubas. Der Wind weht schräg ablandig und erst 100 Meter vor dem breitesten Strand der Insel, wo die Dünungswellen ca. ei-

sanitären Anlagen, keine Verpflegung, keine Strandbewachung.

Aruba gilt schon seit Jahren als ein Paradies für Windsurfer, weil es für alle Schwierigkeitsgrade gute Voraussetzungen bietet. Zudem ist die Insel auf Windsurfer eingestellt. Bei Autovermietungen sind Dachgepäckträger im Preis eingeschlossen, die Strandhotels verfügen über eigens hergerichtete Lagerschuppen zum Abstellen der Boards.

Wer das eigene Board und Rigg nicht von zu Hause mitbringt, kann zwischen fünf Surfstationen wählen. Meist arbeiten sie mit den nahegelegenen Hotels zusammen. Die Leihgebühr schwankt zwischen 150 und 175 US-$ pro Woche für ein Board inkl. Option, je nach Windverhältnissen die Segel zu wechseln; die Leihgebühren für eine Stunde betragen ca. 15 US-$, für einen Tag ca. 40 US-$.

Surfstationen: Wer nicht bereits über einen Spezial-Reiseveranstalter (z. B. Sun and Fun Sportreisen, München oder A-Reisen, Frankfurt) die

nen Meter erreichen, fühlt man, frei von jeder Landabdeckung, den vollen Wind in den Segeln. Den Kurs zum Strand zurück kann man zum Höhelaufen nutzen, wobei mit genügend Geschwindigkeit auch die eine oder andere Welle abgeritten werden kann.

Das Wasser am Strand von Fisherman's Hut ist weitgehend knietief, türkisblau, badewannenwarm, ruhig und wegen des starken Windes das ideale Revier zum ›Heitzen‹. Die außergewöhnlichen Speedritte lassen Fans diesem Revier treu bleiben, zumal es bei ablandigem Wind möglich ist, auf Raumschotkurs zum benachbarten Manchebo Beach zu surfen. Übrigens: Wer noch keinen Wasserstart beherrscht, findet am Fisherman's Hut tolle Trainingsbedingungen.

Boca Grandi ist hinter San Nicolas in nordöstlicher Richtung über eine Piste zu erreichen. Am Strand parken die Autos der Surfer, da man nach Boca Grandi sowohl die Boards als auch Sonnenschirme, Verpflegung und kühle Getränke selbst mitbringen muß. Der Weg zu den größeren Wellen am vorgelagerten Riff ist wegen des schräg ablandigen Windes und der sich am Strand brechenden kleineren Brandungswellen nicht ohne Tücken; die zwei bis drei Meter hohen Wellen – Sprungschanzen beim Hinaussurfen, ideal zum Abreiten bei der Rückfahrt – lohnen aber die Mühe.

Noch vor den Tauchern stehen die Surfer an der Spitze der sportinteressierten ›Wiederholungstäter‹ in Sachen Urlaub auf Aruba – kein Wunder!

Surfer vor Palm Beach

Reise inklusive Surfbrett gebucht hat, kann sich auf Aruba an folgende Stationen wenden: Caribasurf, Manchebo Beach Hotel, ✆ 3 24 44; Fax: 3 24 46; Sailboards Aruba, direkt am Fisherman's Hut, ✆ 2 66 54, Fax: 2 20 18; Windsurfing Aruba, Palm Beach Hotel, ✆ 2 39 00, 2 10 36 oder 3 34 72; Velasurf (Abteilung von Pelican Watersports), Holiday Inn Hotel, ✆ 2 36 00, Fax: 3 31 53; Sailboards Vacation, die beiden Amerikaner, Mark Salman und John Syran, haben direkt am Flachwasserrevier Fisherman's Hut die derzeit größte Surfstation mit angeschlossenem Bungalowdorf eröffnet. L. G. Smith Blvd. 462, Oranjestad, ✆ 2 10 72, 2 25 27, Fax: 3 18 70; Roger's Windsurf Place, freundliche Station mit sportlichem Bungalowdorf unter Palmen, direkt am Strand von Fisherman's Hut, L. G. Smith Blvd. 472, ✆/Fax 2 19 18

Tagesausflüge und Führungen

Bird watching: Unter Ornithologen gilt Aruba nicht gerade als lohnendstes Ziel akribischer Feldforschung, aber wie auf jeder Karibikinsel trifft man auch hier auf zahlreiche bunte Vögel, deren Lebensgewohnheiten näher kennenzulernen es orts- und sachkundiger Führung bedarf (z. B. mit Julio Maduro, ✆ 2 11 49).

›Mar Lab Tour‹: Das Unternehmen ›De Palm Tours‹ vermittelt eine interessante Programmischung aus Klippenwanderung und Schnorchelausflug am südöstlichen Ende der Insel. Unter erfahrener Führung eines Arubaners wandert die Gruppe in Seru Colorado entlang der felsigen Küste, besichtigt Höhlen und unterspülte Felsformationen und lernt im Boca Grandi schnorchelnd am vorgelagerten Riff die unterschiedlichen Tropenfischarten und Korallenstöcke kennen. Ausrüstung und Verpflegung werden gestellt; tägl. 9–15 Uhr, L. G. Smith Blvd. 142, ✆ 2 44 00-1.

Archäologische Jeep-Safari: Organisierte, ganztägige Besuche der prähistorischen, indianischen Höhlen im Nordosten der Insel einschließlich anschaulicher Erläuterungen in einem entlegenen Steinbruch zur geologischen Entstehung Arubas in deutscher Sprache. Buchungen c/o ECO, Ponton 36F, ✆ 2 17 26, 2 60 34 (gefahren wird in offenen Jeeps, Essen und Getränke werden gestellt; Mo–Sa 8.30 bis 15.30 Uhr).

Wer gerne *privat* zu den indianischen Höhlen und durchs Landesinnere geführt werden möchte, kann sich an den Archäologen E. Boerstra, ✆ 4 15 13, wenden. Seine Führungen dauern ca. sechs Stunden.

Wassersportparadies Bonaire

Die Attraktivität Bonaires ist mit dem Meer verbunden, das dank des flachen Sandbodens von hellblau bis smaragdgrün schimmert und an allen Stellen leicht zugänglich ist, sowie mit dem Korallenriff, das als *Bonaire Marine Park* seit 1979 geschützt wird (s. S. 210).

Wegen der Brandung, den Strömungsverhältnissen und den schwer zugänglichen Kalksteinufern an der Ostküste konzentrieren sich alle Aktivitäten auf die Westküste Bonaires. Palmen sucht man hier allerdings vergeblich. Ausnahme: der ca. 100 m lange Hotelstrand von ›Harbour Village‹.

In der Mitte der Westküste liegt – nur einen knappen Kilometer vom Ufer entfernt – Klein Bonaire, eine unbewohnte flache Insel, deren mächtige Korallenriffe ebenfalls zum Marine Park gehören.

Tauchen

Um Tauchern und Schnorchlern eine Übersicht über Lage und Namen der vielen schönen Unterwasserplätze zu vermitteln, hat die Bonaire Marine Park-Verwaltung eine *Karte* herausgebracht, die man kostenlos in allen Hotels erhält. Wer sich darüber hinaus über jedes einzelne Tauchrevier auf Bonaire informieren möchte, für den hat Tom van't Hof mit Unterstützung der lokalen Naturparkbehörde und des WWF einen englischsprachigen ›Guide to the Bonaire Marine Park‹ mit vielen Fotos und Skizzen verfaßt, den man in den Buchläden von Kralendijk erwerben kann (STINAPA Documentation Series No 11); hierzulande ist der Tauchführer nur über den Fachbuchhandel zu beziehen.

Hinsichtlich des Programms und des Preisangebots unterscheiden

Unter Wasser liegt die Pracht

»Taucherparadies Bonaire«, so charakterisiert sich die Insel selbst auf den Autokennzeichen – und das zu Recht: Unter Insidern wird das Korallenriff, das die Insel wie einen Gürtel umschließt, zu den drei schönsten der Welt gezählt.

Die Sicht unter Wasser ist ausgezeichnet und reicht bis zu 30 m Entfernung; die Wassertemperatur ist so angenehm, daß man auch ohne Tauchanzug auskommen könnte: Alles in allem wirklich paradiesische Verhältnisse.

Bonaire war die erste der Antilleninseln, die die unter der Wasseroberfläche liegenden Bereiche in ihre Naturschutzbemühungen mit einbezog. Seit 1979 steht das ganze Riff unter dem besonderen Schutz der staatlichen Nationalparkbehörden, die – besonders unter dem Akronym STINAPA (s. S. 122) – das ganze Riff bis hinunter zu einer Tiefe von 60 Metern zum *Bonaire Marine Park* erklärt und strenge Regeln für Taucher und Fischer aufgestellt haben. Dazu gehören u. a. ein striktes Harpunierverbot, und auch das Fischen in der Nähe der Küste, das Sammeln oder gar Abbrechen von Korallen unter Wasser und das Ankern am Riff sind untersagt.

Über 80 Tauchplätze hat die Naturschutzbehörde entlang der ruhigen Westküste und rund um die vorgelagerte Insel Klein Bonaire ausgewiesen, allein 58 direkt vor der Küste zwischen dem Willemstoren im Süden und Boca Barthol im Norden des Washington Slagbaai Nationalparks. Die meisten dieser Tauchplätze sind auf dem Landwege zu erreichen, nur wenige ausschließlich per Boot. An den Küstenstraßen markieren gelbe Steine jene Stellen, die den Stränden bzw. Tauchmöglichkeiten am nächsten liegen. Für Boote sind entsprechend draußen im Meer Bojen angebracht, damit die Anker nicht das Riff beschädigen.

Die Riff-Tauchreviere sind relativ flach, selten tiefer als 6–8 m und stellen das ideale Gebiet für Anfänger dar. Aber wegen des Reichtums an tropischen Fischen und der prachtvollen Korallen sind sie genauso beliebt bei erfahrenen Tauchern, die sich – auf Grund der geringen Tiefe – dann stundenlang mit einer gefüllten Flasche unter Wasser aufhalten können. Jenseits dieser flachen, küstennahen Zonen fällt das Riff in 10 m Tiefe dann steiler (in Winkeln bis zu 60°) ab; nur ganz selten trifft man auf eine 90°-Steilwand. Wo es also auf bis zu 20 m hinabgeht, kann man außer herrlichen Korallen auch größere Fische se-

Fütterung der ›Gelbstreifen-Schnapper‹

hen. Jenseits der 20 m läßt die Helligkeit allmählich nach, die Farbenpracht des Riffs und seiner Bewohner kann mit bloßem Auge (d. h. ohne Taucherlampen) nur noch in Schwarzweiß-Schattierungen wahrgenommen werden. Der Faszination tut dies jedoch keinerlei Abbruch.

Da man sich kaum all die ausgefallenen Namen der tropischen Fische merken kann, die hier durch's kristallklare Wasser schwimmen haben sich die Tauchschulen eine gute Hilfe ausgedacht: Auf mehreren wasserfesten Bildkarten sind die am häufigsten vorkommenden Fische mit ihren Namen in englischer und lateinischer Sprache abgebildet.

Tauchen ist sicher auf Bonaire. Nicht nur, daß sämtliche entsprechende Schulen ihre Lehrer jedes Jahr zu einer Fortbildung schicken, auch für einen Unfall ist Vorsorge getroffen: Kein Tauchplatz liegt weiter als 15 Minuten Bootsfahrt von Kralendijk entfernt. Per Funk kann ein Krankenwagen an die Pier gerufen werden, der für den Transport zu einer großen Dekompressionskammer keine fünf Minuten benötigt.

sich **Tauchschulen** kaum voneinander. Anfängerunterricht und Instruktionen bei Tauchgängen erfolgen in englischer Sprache; holländische Tauchlehrer können manchmal auch etwas Deutsch. Wenn man nicht bereits zu Hause bei einem Veranstalter ein komplettes ›Package‹ gebucht hat, zahlt man für einen Tauchgang mit Ausrüstung ca. 50 US-$, für einen einwöchigen Tauchkurs mit Abschlußzertifikat ca. 350 US-$. Immer kommen, unabhängig davon, wie oft man taucht, noch einmal 10 US-$ Gebühr für den ›Bonaire Marine Park‹ dazu (s. S. 210).

Viele Tauchschulen unterhalten Dependencen in Hotels (s. u.).

Tauchschulen: Bonaire Scuba Center, P.O. Box 200, ✆ 57 36, Fax 88 46; dazugehöriges Hotel: Black Durgon Inn; Buddy Dive Resort, Kaya Gobernador Debrot 85, ✆ 50 80, Fax 70 80, freier Anbieter, deutschsprechende Tauchlehrer; Carib Inn Dive Shop, P.O. Box 68, ✆ 8 89 19, Fax 52 95; dazugehöriges Hotel: Carib Inn; Dee Scarr's ›Touch the Sea‹, ✆ 85 29; freier Anbieter; Dive Inn, Kaya C.E.B. Hellmund 27, ✆ 87 61, Fax 85 13, dazugehörige Apartmenthotels: Sunset Inn und Sunset Beach Hotel; Dive Bonaire, ✆ 82 85, Hotel: Divi Flamingo Beach; Great Adventures Bonaire, P.O. Box 312, ✆ 75 00, Fax 75 05, Hotel: Harbour Village, sehr freundliche und erfahrene Tauchlehrer; Habitat Dive Center, P.O. Box 88, ✆ 82 90, Fax 82 40, Hotel: Captain Don's Habitat, älteste Tauchschule; Neal Watson's Bonaire Undersea Adventures, Kaya Gobernador N. Debrot 90, ✆ 55 80, Fax 56 80, Hotel: Coral Regency; Sand Dollar Dive, P.O. Box 175, ✆ 52 52, Fax

Gute Aussichten für Schnorchler

Segel-Exkursion mit der ›Viracocha‹

87 60, Hotel: Sand Dollar (auch Kinderkurse).

Unterwasser-Fotografieren: *Tageskurse und Verleih* der Ausrüstungen (Fotoapparate, Lampen, Video etc.) bietet an: Photo Bonaire, Divi Flamingo Beach Hotel, J. A. Abraham Blvd., ✆ 82 85; wen aufregende Unterwasserfotos interessieren, der sollte eine der *Dia-Shows* besuchen, die an zwei Abenden der Woche in zwei Hotels kostenlos angeboten werden: Mo, 20.45 Uhr in Captain Don's Habitat (»Touch the Sea«); Mo, 21.30 Uhr im Divi Flamingo Beach Hotel (»Photo Bonaire Slide Show«); Di, 20.45 Uhr in Captain Don's Habitat (»Bonaire, above and below«).

Surfen: Das Zentrum für Windsurfer auf Bonaire liegt am Strand von Sorobon in der Lacbaai, ›Jibe City‹ genannt, einer ca. 5 km langen und 2 km breiten Bucht. In der großen, nur knietiefen Lagune herrscht immer auflandiger Ostwind. Die Bedingungen auf dem Wasser sind nahezu perfekt; von Januar bis September beträgt die Windgeschwindigkeit durchschnittlich zwischen 16 und 25 Knoten, von September bis Januar 14–20 Knoten. Da Jibe City etwas außerhalb auf der anderen Seite der Insel liegt, holt ein Windsurf Shuttle die Interessenten vom Hotel ab; Windsurfing Bonaire, P.O. Box 301, ✆ und Fax 57 63.

Curaçao für ›Wasserratten‹

Zwar firmiert auch »am Strand liegen« und »Sonnenbaden« in einer Broschüre des örtlichen Fremdenverkehrsamtes unter sportliche Betätigung, wer aber nun wirklich seinem Bewegungsdrang nachgeben will, vermag ihm auf Curaçao freien Lauf zu lassen.

Segeln

Seglerzentrum der Insel ist die Spanische Lagune, an deren Ufern mehrere Segelschulen eröffnet haben, darunter auch der Yachtclub Ascienta und dicht daneben ›Sail Curaçao‹ (Brakkeput Mei Mei, ✆ 67 60 03). Wer bereits einen Segelschein besitzt, kann sich hier auch ein Boot leihen.

Wem *mitsegeln* genügt: Gelegenheiten dazu vermittelt ›Top Watersport Curaçao‹, ✆ 61 73 43. Man kann auch direkt bei Dickjan Schipper (✆ nach 19 Uhr 37 26 15) einen Tagesausflug auf der 12 Meter langen Yacht ›4 Schippers‹ oder bei ›Sailing Ship Insulinde‹ buchen. Wer gerne ein *Boot für sich allein* für eine Fahrt, z. B. nach Klein Curaçao, mieten möchte, dem steht die ›Insulinde‹ inklusive Mannschaft und Verpflegung für 585 US-$ pro Tag zur Verfügung. Für die Fahrt nach Klein Curaçao in der Gruppe (Di 8.30–19 Uhr) zahlt man nur 65 NAf.

Spaziergang im Unterwasserpark

Die Tatsache, daß die Südküste Curaçaos heute noch zu den schönsten Tauchgebieten der Karibik zählt, verdankt sie den strengen Naturschutzregeln, die 1982 von der Regierung auf Initiative der STINAPA erlassen wurden: Nichts darf aus dem Park mitgenommen werden, ja sogar das Berühren der Korallen ist untersagt, und Fischen ist selbstverständlich verboten.

Begonnen hat alles mit der Eröffnung des **Curaçao Underwater Park** im Dezember 1983 entlang der Südostküste des Princess Beach bis zum Oostpunt. Da sich das Land entlang dieses ca. 20 km langen Küstenstreifens zum größten Teil in Privatbesitz befindet und somit ein Zugang vom Land her nur an ganz wenigen Stellen (z. B. an den Stränden ›Santa Barbara‹ und ›Jan Thiel‹) möglich ist, erlebt man den Unterwasserpark in seiner ganzen Größe nur richtig vom Boot aus. Die schönsten Tauchplätze sind durch Bojen markiert, an denen die Boote festmachen (statt zu ankern), um Taucher und Schnorchler in den Park zu entlassen.

Teil des Curaçao Underwater Park ist ein 200 m langer ›Snorkel trail‹ (Schnorchelpfad). Dort bekommt man die herrlichsten Korallen zu Gesicht und lernt dank kleiner Informationstafeln die umgebende Unterwasserwelt (inkl. zwei kleineren Wracks) sehr genau kennen.

Inzwischen ist quasi die ganze Südküste Curaçaos vom Westpunt bis zum Oostpunt unter Naturschutz gestellt, und ihre ca. 100 Tauchplätze sind auf nicht weniger als

Alles klar zum Schnorcheln

drei große Unterwasserparks aufgeteilt. Dem Underwater Park folgt westlich der *Central Curaçao Underwater Park,* an den sich etwa ab dem Leuchtturm von Sint Marie bis zum Westpunt der *Banda Abao Underwater Park* anschließt.

Viele der Tauchplätze zeichnen sich durch besonders schöne Korallenkulturen und einen überwältigenden Fischreichtum aus. Doch es gibt weitere *Besonderheiten:* Da liegt beispielsweise unweit des Holiday Beach Hotels in knapp 30 m Tiefe das vollständig erhaltene Wrack des im November 1977 gesunkenen Handelsschiffes ›Superior Producer‹. Es ruht aufrecht parallel zum Riff, als wolle es gerade ablegen (eine gelbe Flagge markiert die Tauchstelle). Wenige hundert Meter davon entfernt, aber in nur ca. 15 m Tiefe, liegen die Teile eines Wasserflugzeugs, das während des Zweiten Weltkrieges von einem Flugzeugträger herabfiel (die

Tauchstelle wird durch eine Boje markiert). Oder wie wäre es damit: ›Car Pile‹ heißt das künstlich angelegte Riff westlich des Princess Beach Hotels, weil es sich aus hunderten von Autowracks zusammensetzt. Inzwischen sind die meisten Karossen wegen Überwucherung kaum noch als solche zu erkennen. Eine weitere Attraktion: Am Rande der Boca Santa Martha wachsen riesige, mehr als 100 Jahre alte Schwämme. Einer hat die Oberflächenform eines Suppentellers, mit 8 m Durchmesser!

Beim Fremdenverkehrsamt in Willemstad (s. S. 153) liegen zu jedem der drei Unterwasserparks und seinen Tauchrevieren *Broschüren und Karten* vor.

Da man besonders im Banda Abao-Unterwasserpark viele Tauchplätze gut vom Land aus erreicht (und eine Anreise mit dem Boot von Willemstad ca. zwei Stunden dauern würde), lohnt sich auch eine *Tauchsafari* (zu zweit!) per Jeep zu selbst gewählten Revieren. (Leihgebühr dafür ca. 30 US-$ sowie die vollständige Ausrüstung bei einer Tauchschule ca. 50 US-$).

Auf Curaçao gibt es ca. ein Dutzend Tauchschulen, die sich zur CDOA ›Curaçao Diving Operators Association‹ zusammengeschlossen haben, um durch verbindliche Regularien hohe Sicherheitsstandards und optimalen Schutz der Unterwasserwelt zu ermöglichen (CDOA, Schoonegevelstraat 16a, ✆ 69 32 11).

CDOA-Tauchschulen: Blue Sea Safaris Dive Center, Navajosweg 12a, ✆ 37 69 88; Coral Cliff Diving, Coral Cliff Hotel, ✆ 64 28 22; Curaçao Happy Diving, Hotel Holland, ✆ 68 80 14; Curaçao Seascape, Curaçao Caribbean Hotel, ✆ 62 50 00; Divers Way of Curaçao, Holiday Beach Hotel, ✆ 62 71 44; Dolphin Diving Curaçao, Las Palmas Village Resort, ✆ 62 52 00; Landhuis Daniel, auf dem Weg nach Westpunt, ✆ 64 84 00; Peter Hughes Diving, Princess Beach Hotel, ✆ 61 49 44; Sami Scuba Center, Canasterweg 27, Boca Sarra, ✆ 68 44 14; Toekan Diving, Van der Valk Plaza Hotel, ✆ 61 25 00; Underwater Curacao, Seaquarium, ✆ 65 77 81

Und sonst …

Nördlich des Schottegat unterhält der ›Curaçao Golf & Squash Club‹ einen weiträumigen Golfplatz, auf dessen Gelände viele alte Bäume stehen; Gäste sind herzlich willkommen (✆ 7 35 90).

In Julianadorp, nur 15 Autominuten westlich von Willemstad, bietet die Ashari Ranch mit 25 Reitpferden ausreichend Gelegenheit, Teile der Insel unter fachkundiger Begleitung auf einem Pferderücken kennenzulernen (✆ 68 62 54).

Für die Tennisspieler unterhalten die großen Hotels (z. B. Sonesta, Princess Beach) eigene Tennisplätze; weitere Möglichkeiten in der Umgebung von Willemstad bietet der ›Curaçao Sportclub‹ auf seinen 18 Plätzen (✆ 37 95 66).

Tips und Adressen

Diplomatische Vertretungen der Niederländischen Antillen

Weder Aruba noch die Niederländischen Antillen unterhalten eigene Diplomatische Vertretungen; sie werden durch die Botschaften und Konsulate der Niederlande repräsentiert:

... in der Bundesrepublik Deutschland

Niederländische Botschaft: Sträßchensweg 10, 53113 Bonn, ✆ 02 28/5 30 50, Fax 23 86 21.

... in Österreich

Niederl. Botschaft: Untere Donaustr. 13–15, 1021 Wien, ✆ 02 22/24 85 87, Fax 2 12 19 75.

... in der Schweiz

Niederl. Botschaft: Kollerweg 11, 3006 Bern, ✆ 0 31/3 52 70 63, Fax 3 52 87 35

Einreise-/Zollbestimmungen

Besucher aus Deutschland, Österreich und der Schweiz benötigen zur Einreise auf allen Inseln nur einen gültigen Reisepaß. Zollfrei eingeführt werden dürfen 200 Zigaretten, zwei Flaschen Alkohol und 50 Zigarren. – aber es lohnt sich kaum. Bei der Ausreise unterliegt man keinerlei Auflagen; dafür kontrollieren dann die europäischen Zöllner. Mitbringen darf man: s.o.!

Gesundheitsvorsorge

Für Einreisende aus Europa werden keinerlei Impfnachweise gefordert. Unbedingt in die Reiseapotheke gehört jedoch ein Mittel gegen Mücken.

Informationsstellen

Aruba unterhielt im deutschsprachigen Raum bis 1993 ein Fremdenverkehrsamt; ob es wieder eröffnet, ist fraglich (64285 Darmstadt, Heidelbergerstr. 197, ✆ 0 61 51/6 56 11, Fax 66 39 32). Deutschsprachiges Informationsmaterial kann man zur Zeit nur in den Niederlanden bei Aruba Tourism Authority, Amaliastraat 16, 2514 JC Den Haag, ✆ 00 31-0 70-3 56 62 20, anfordern.

Bonaire unterhält ein einziges Touristeninformationsbüro in Europa: Visseringlaan 24, 2288 ER Rijswijk (NL), ✆ 00 31- 70-3 95 44 44, Fax 00 31-70-3 36 83 33.

Curaçao Tourist Bureau Europe, Vasteland 82–84, 3011 BP Rotterdam (NL), Postfach 23227; ✆ 41 42-6 39 oder -3 55, Fax 41 36-8 34; *Regionalvertretung* für Deutschland, Österreich und die Schweiz: Curaçao Fremdenverkehrsamt, Arnulfstraße 44, 80335 München, ✆ 0 89-59 84 90, Fax 0 89-5 50 50 45.

Reisegepäck

Dem Klima angepaßt, empfiehlt sich leichte Sommerkleidung, am besten aus Baumwolle.

Sollte man vor Ort das Gefühl haben, unangemessen gekleidet zu sein: *shopping* gehört auch zu einem Karibikurlaub.

Im Vergleich zu allen anderen Inseln der Niederländischen Antillen achtet man auf **Curaçao** am meisten auf Garderobe. Zwar trägt man abends in den Strandhotels auch nur legere Kleidung, aber beim Besuch besserer Restaurants fühlt man sich im kurzärmeligen Hemd oder T-Shirt schnell deplaziert. Jackett bzw. Kleid sind auch beim Besuch kultureller Veranstaltungen oder eines Casinos angebracht.

Für **Bonaire** braucht man nur leichte und bequeme, sommerliche Garderobe; Anzug, Jackett und ›kleines Schwarzes‹ kann man getrost zu Hause lassen; selbst in den Casinos gibt es keine Auflagen hinsichtlich der Garderobe.

Für Wanderungen entlang der Küste (scharfkantige Felsen) und in den Naturparks sind feste Turn- oder Wanderschuhe unbedingt erforderlich. Man sollte auch eine gute Sonnenbrille dabeihaben. Wer zwischen Oktober und Dezember anreist, sollte ein leichtes Regencape mitnehmen, um gegen die üblichen Schauer gewappnet zu sein.

Reisekasse

Die Währung auf den fünf Inseln der Niederländischen Antillen ist der Antillen-Gulden (offizielle Bezeichnung: Florin der Niederländischen Antillen, abgekürzt NAf). Seine Wechselkursparität zum US-Dollar liegt fest, genau wie beim arubanischen Florin (s. u.); das Verhältnis beträgt 1 US-$ = 1,77 NAf. US-Dollars und Traveller's cheques auf Dollarbasis werden überall akzeptiert.

Auf **Aruba** bezahlt man mit arubanischen Florin (AF). Gleichberechtigtes Zahlungsmittel ist der US-Dollar. Mit dem Wechselkurswert des US-$ steigt bzw. sinkt für andere Währungen der Wert des Florin (derzeitiger Wechselkurs: 1 US-$ = 1.77 AF). Kreditkarten – nicht jedoch Euroschecks – werden überall akzeptiert.

Reisezeit

Das ganze Jahr über herrschen in etwa die gleichen tropischen Verhältnisse: Jeden Tag Sonnenschein und Wärme zwischen 25 und 29 °C (September und Oktober sind mit 29 °C die heißesten Monate), ständiger angenehm kühler Wind, vereinzelte Schauer in den Monaten Oktober bis Dezember (Gesamtregenmenge 550 mm pro Jahr). ›Hochsaison‹, d. h. volle Hotels und bis zu 20 % höhere Hotelpreise, hat Aruba, wenn es in den USA und in Europa kalt ist, d. h.

von Dezember bis März. Klimatisch besonders angenehm sind die Monate Januar bis Mai.

Reisen für Behinderte

Die Urlaubsmöglichkeiten für Behinderte sind auf den ABC-Inseln sehr unterschiedlich.

Auf **Curaçao** gibt es so gut wie keine baulichen Maßnahmen für Rollstuhlfahrer in den Hotels, allerdings herrscht große Hilfsbereitschaft in der Bevölkerung.

Auch auf **Bonaire** sind nur wenige Hotels durch bauliche Maßnahmen auf Rollstuhlfahrer vorbereitet (z. B. vorbildlich Harbour Village und Flamingo Beach). Die Tauchschule ›Dive Bonaire‹ im Divi Flamingo Beach Hotel unterhält für querschnittgelähmte Taucher ein eigenes Boot mit behindertengerechten Vorrichtungen; regelmäßig sind Mitglieder verschiedener US-amerikanischer Rehabilitationsorganisationen im Hotel und in der Tauchschule zu Gast.

Auf **Aruba** sind Unterkünfte und öffentliche Einrichtungen am besten auf Behinderte vorbereitet. Die großen Hotels der US-amerikanischen Ketten am Palm Beach haben im Parterre eigens eingerichtete Zimmer für Behinderte. Türen und Flure dieser Hotels sind für Rollstuhlfahrer bemessen.

In der Tauchschule des Divi Divi-Hotels können Behinderte auch an Tauchausflügen und Tauchgängen teilnehmen.

Reisen mit Kindern

Kinder sind in den Hotels aller Inseln willkommen, aber sie sind nicht die Zielgruppe, an der sich die touristische Infrastruktur und das Programmangebot in der Karibik orientiert. Allerdings sind Sandstrände, warmes Meereswasser und ein vielfältiges Sportangebot für Kinder immer attraktiv.

Auf **Bonaire** ist der Monat August offiziell zum ›Familienmonat‹ gekürt worden, d. h. überall erhalten Familien Ermäßigung durch einen Familienpaß. Für Kinder werden Schnorchelkurse, Höhlenfahrten, Einführungskurse in die Vogelbeobachtung sowie Fahrradtouren angeboten.

Anreise

... mit dem Flugzeug

Jede der ABC-Inseln und Sint Maarten werden direkt von Europa angeflogen. Der Flugpreis beträgt bei einem Aufenthalt ab 10 Tagen ca. 1500,– DM.

Die besten Flugverbindungen bestehen nach **Curaçao.** KLM fliegt dreimal in der Woche nonstop und zweimal via Bonaire bzw. via Aruba ab Amsterdam.

Anreisen kann man auch über Caracas (Venezuela), weil es am Tag mehrere Direktverbindungen von Caracas nach Curaçao (ALM, Air Aruba, Linea Aeropotal Venezolana) gibt.

Einmal in der Woche (samstags) fliegt KLM ab Amsterdam direkt nach **Bonaire,** in knapp zehn Stunden von Schippohl zum ›Flamingo Airport‹. Ansonsten erreicht man die Insel nur nach Zwischenstops bzw. Umsteigen auf Aruba, Curaçao oder in Caracas. Dafür kommen die Fluggesellschaften Air Aruba und KLM (via Aruba oder Curaçao) bzw. verschiedene europäische bis Curaçao und von dort ALM in Frage.

Will man nur für einen *Kurzbesuch* von Aruba oder Curaçao (Achtung: 10 NAf Flughafengebühr, bei Auslandsflügen 10 US-$) aus Bonaire besuchen, lohnt sich der ›Dutch Caribbean Island Pass‹ der ALM. Er ermöglicht Flugkombinationen zwischen den ABC-Inseln zum Preis von 110 US-$ (1994).

Von Europa wird **Aruba** von KLM (ab Amsterdam) und Air Aruba (ab Köln) direkt angeflogen. Fast genauso schnell erreicht man die Insel über Caracas (Lufthansa und Viasa zweimal die Woche ab Frankfurt). Von Caracas aus gibt es gute Anschlußverbindungen nach Aruba mit Air Aruba, ALM, Viasa und Aeropostal. Von Miami fliegen ALM, American Airlines und Eastern Airlines mehrmals in der Woche Aruba an. Auf dem internationalen Flughafen ›Reina Beatrix‹, der über die längste Landebahn in der Karibik verfügt, können Maschinen aller Größen landen.

Flugverbindungen zu den Inseln ›über dem Winde‹ s. jeweils S. 190 und S. 193.

... mit dem Schiff

Von Hamburg, Bremen oder Rotterdam fahren regelmäßig Container-Frachtschiffe in die Karibik, die je nach Löschsituation auch Aruba oder Curaçao anlaufen. Für 8 bis 12 Passagiere ist auf solchen Schiffen immer Platz. Fahrtzeit: ca. 2 Wochen, Preis: zwischen DM 2500,– und 3900,–, je nach Qualität der Kabine.

Buchungen: Frachtschiff-Touristik-International, Marshall 2, Hasselberg; ✆ 0 46 42-66 86, Fax 0 46 42-68 20.

Auf die Personenfähre zwischen Venezuela und den ABC-Inseln ist kein Verlaß.

Zunehmend beliebter wird es, die Inseln per *Kreuzfahrtschiff* für einen Tag aufzusuchen. Auf einer Konferenz karibischer Tourismusminister wurde beschlossen, daß jeder dieser Passagiere bei Betreten eines Inselstaates ab Oktober 1994 eine Gebühr von 7,50 US-$ und ab Oktober 1995 von 10 US-$ zu zahlen habe.

Verbindungen zwischen den Inseln ›über dem Winde‹ s. S. 190.

›Islandhopping‹

Von Insel zu Insel reisen, bereitet dank der Flugverbindungen keine Schwierigkeiten.

Air Aruba verkehrt täglich zwischen den drei ABC-Inseln, ALM fliegt täglich zwischen Aruba und Curaçao und dreimal die Woche nach Bonaire. Am preisgünstigsten ist es, wenn man bereits in Europa den Besuch der Nachbarinseln einplant und auf das Flugticket anrechnen läßt. Es gibt aber auch auf den ABC-Inseln die Möglichkeit, über Reisebüros oder direkt durch die ALM sog. ›packages‹, d. h. den Flug und zwei Übernachtungen auf der Nachbarinsel, zu buchen.

Von den ABC- zu den drei kleinen ›SSS-Inseln‹ fliegt nur die ALM. Auch hier sollte man die ›packages‹ (s. o.) ins Auge fassen.

Mit einem Fährschiff besteht z. Zt. keine Möglichkeit, die Inseln zu erreichen. Wer auf das Flugzeug verzichten will, muß sich um einen Platz auf einem Frachtschiff bemühen, von denen die meisten von Curaçao ihre Fahrten beginnen.

Praktische Informationen von A–Z

Elektrizität

110 Volt. Schwankungen zwischen 100 und 125 Volt sind an der Tagesordnung. Wenn Geräte bei einer 100-Volt-Einstellung schnell heiß werden oder Birnen zu hell leuchten, Stecker herausziehen.

FKK

Auf allen Inseln der Niederländischen Antillen ist Nacktbaden oder textilfreies Sonnen untersagt, aber gegen vereinzelt auftretende ›Oben-ohne‹-Trägerinnen wird an Hotelstränden nichts unternommen. Nur auf **Bonaire,** am Sorobon Beach, an den Ufern der großen Lac-Lagune neben der Surfschule ›Jibe City‹, gibt es ein privates FKK-Gelände, das Gästen gegen Bezahlung Zutritt gewährt.

Post

Porto von den Inseln der Niederländischen Antillen nach Europa: Karte 0,75 NAf, Standardbrief 1,30 NAf.

Porto von **Aruba** nach Europa: Karte 0,70 Florin, Standardbrief 1 Florin.

Telefonieren

Von allen Inseln der Niederländischen Antillen bestehen sehr gute Direktwahlverbindungen nach Europa, sowohl in den Hotels als auch in öffentlichen Fernsprecheinrichtungen.

Die **Vorwahlnummern:** Deutschland 00 49, Österreich 00 43, Schweiz 00 41.

... für Gespräche zwischen den Antillen-Inseln: Aruba 08, Bonaire 07, Curaçao 09, Saba 04, St. Eustatius 03, St. Maarten (nur niederländischer Teil) 05.

... für Gespräche aus Deutschland, Österreich und der Schweiz zu den Antillen: Aruba: 00 29 78, Bonaire 00 59 97, Curaçao 00 59 99, Saba 00 59 94, St. Eustatius 00 59 93, St. Maarten (nur niederländischer Teil) 00 59 95.

Alle Inseln der Niederländischen Antillen bilden einen einzigen Telefonbezirk, d. h., man führt nur ›Ortsgespräche‹ (Einheitstarif 0,50 NAf). Nach Aruba kostet jede Minute 1 NAf, zu den anderen Inseln ebenfalls, wenn man von Mo–Fr zwischen 7 und 19 Uhr telefoniert, sonst nur 0,75 NAf. Nach Deutschland, Österreich und in die Schweiz kostet jede Minute zu jeder Tageszeit 5,50 NAf.

Zeit

Die Zeitdifferenz zwischen Mitteleuropa und sämtlichen Inseln der Niederländischen Antillen beträgt sechs Stunden; d. h. wenn es in Frankfurt 16 Uhr nachmittags ist, zeigen die Uhren der Inseln 10 Uhr morgens. Auf den Inseln werden die Uhren – im Gegensatz zu den europäischen Ländern – im Sommer nicht umgestellt.

Aruba Spezial von A–Z

Diplomatische Vertretungen

Von den deutschsprachigen Ländern unterhält nur die Bundesrepublik Deutschland ein Honorarkonsulat auf Aruba: Gaya Gilberto François Croes 42, ✆ 3 29 29/2 17 67, Fax 3 55 00.

Einkaufen

Für den Fall, daß man sich beim Einkaufen beim Preis oder der Qualität betrogen fühlt – zu Recht oder zu Unrecht – hat die Aruba Tourism Authority eine Beratungs- bzw. Schlichtungsstelle eingerichtet.

Essen und Trinken

Die meisten der besseren Restaurants öffnen nur abends. Wegen der mittäglichen Hitze fällt bei den meisten Besuchern das Mittagessen sowieso klein aus, d. h. sie bevorzugen einen Snack an der Strandbar, einen Imbiß am Grillstand oder ein Kleingericht, das ihnen an den Swimmingpool gebracht wird.

Wenn man mittags wenig ißt, freut man sich um so mehr auf ein reichhaltiges Abendessen. Alle großen Hotels verfügen über jeweils attraktive Restaurants und mindestens zwei Dutzend weitere konkurrieren des Abends in Oranjestad und Noord um ihre Gäste (Adressen in Oranjestad s. S. 77ff.; Adressen in Noord s. S. 98ff.).

Wer beim Essen unterhalten werden möchte, kann eine der vielen Hotelparties (man achte auf spezielle Werbung in den Hotels selbst oder in der Tagespresse) oder eine ›Show‹ besuchen, zu der meist ein festliches Abendessen gehört.

Vereinzelte Restaurants der höheren Preisklasse weisen ihre Gäste dezent auf die Kleidervorschrift hin: »Proper attire requested« steht dann in kleinen Lettern bereits in den Werbeanzeigen oder an der Eingangstür zu lesen.

Da das Frühstück im Übernachtungspreis fast nie eingeschlossen ist, verabredet man sich gerne zum Frühstück, entweder am entsprechenden Buffet eines der großen Hotels oder z. B. bei Wendy's.

Feiertage und Feste

An den folgenden gesetzlichen **Feiertagen** sind alle Geschäfte und Sehenswürdigkeiten geschlossen (Ausnahmen: s. Öffnungszeiten): 1.1. Neujahr (New Year's Day), Rosenmontag (Carnival Monday), 18. 3. Nationalfeiertag (National Anthem and Flag Day), Karfreitag

(Good Friday), Ostermontag (Easter Monday), 30. 4. Geburtstag der Königin (Queen's Day), 1. 5. Tag der Arbeit (Labour Day), 15. 8. Mariäe Himmelfahrt (Ascension Day), 24. 12. Heiligabend (Christmas Eve), 25. 12. Weihnachtsfeiertag (Boxing Day).

Feste: Jeden Dienstag nach Geschäftsschluß feiert Oranjestad auf dem dann geschmückten, zentralen Platz vor dem Fort Zoutman *Bonbini*. Es gibt Live-Musik, Getränke und frisch zubereitete Speisen, dazwischen bieten fliegende Händler Andenken, Muscheln und Postkarten feil. Ein kleines Karussell steht dort, wo sich sonst Autos stauen. Organisiert wird das Bonbini-Festival von den Hoteliers der Insel in Zusammenarbeit mit dem Institute of Culture and Education. Touristen finden sich hier leicht zurecht, werden immer wieder zum Mittanzen aufgefordert: »Bonbini«-Willkommen!

Karneval ist für die Arubaner das bedeutendste öffentliche Ereignis des Jahres. Obwohl er offiziell erst drei Tage vor Aschermittwoch beginnt, wird schon lange vorher ausgiebig gefeiert. Die Wettbewerbe um das schönste Kostüm, um die besten Calypso-Sänger, die besten Steelbands und die Wahl der ›Königin‹ werden stets von rauschenden Festen begleitet. Kinderumzüge in San Nicolas, in Noord und in Oranjestad bereiten die Ereignisse vor. Arubas ältester Verein, der Aruba Tivoli Club, veranstaltet am Sonntag vor Karneval den Auftakt mit der großen *Lightening Parade*. Danach erhalten Prinz Karneval und sein Diener Pancho vom Premierminister die ›Schlüssel der Insel‹. Eine Woche später schlängelt sich den ganzen Tag *Carnival's Grand Parade* entlang der Küste und durch die Straßen von Oranjestad. Am Abend des Faschingsdienstages geht nach einem zweiten Umzug, der *Old Mark Parade*, und der mitternächtlichen Verbrennung der ›King Momo‹-Puppe, die Karnevalsaison zu Ende. (Carnival's Grand Parade 1995: 26. Februar).

Aruba Jazz and Latin Music Festival: »... the beat goes on« heißt es jedes Jahr im Juni. – Zum ersten Mal trafen sich 1988 Jazzer der Insel mit befreundeten Musikern aus Venezuela. Die öffentlichen Konzerte fanden damals derart viel Anklang, daß man sich im darauffolgenden Jahr wieder traf und internationale Anerkennung erntete. Heute können die Veranstalter mit gutem Recht behaupten, das bedeutendste Jazz-Festival im karibischen Raum auszurichten. Eine Woche lang spielen Abend für Abend die Gruppen unter freiem Himmel im Stadion von Oranjestad. Jedes Jahr wird die Liste der prominenten Teilnehmer größer: Vicki Carr, Herbie Hancock, Ruben Blades, George Benson, Natalie Cole, Dizzy Gillespie und Carlos Santana waren 1991 die Stars. Roberta Flack, Al Jarreau, Michael Camilo, Hilton Ruiz, Phyllis Hyman und die ›Golden Men of Jazz‹ reihten sich 1992 unter die einheimischen Jazzer. *Auskunft* über Termine und Ablauf des Festivals erteilt ab Februar jeden Jahres die Aruba Tourism Authority, P.O. Box 1019, Oranjestad, Fax 00 29 78/ 3 47 02.

›Deep-Sea Fishing Tournament‹: Für Hochsee-Angler veranstalten der ›Aruba Nautical Club‹ und der ›Buculi Yacht Club‹ alljährlich im Oktober dieses Festival.

San Nicolas-Day: Am 5. Dezember ist in San Nicolas Feiertag. Bereits eine Woche vorher landet *Sinterclaas* (›St. Nick‹) mit seinem *Zwarte Piet* (›Black Pete‹) in Horsebay Harbour, um an seinem Namenstag die Kinder der Stadt während eines großen Umzugs mit Süßigkeiten zu beschenken.

Notruf

Polizei, ✆ 1 11 00 (Direktverbindung zu den örtlichen Polizeiwachen, *Politiewachten:* Noord ✆ 2 80 00, Oranjestad ✆ 2 40 00, San Nicolas ✆ 4 50 00 und Savaneta ✆ 4 70 00); *Feuerwehr und Ambulanz* ✆ 1 15; *Krankenhaus* ✆ 2 43 00; *Anonyme Alkoholiker* ✆ 3 89 89.

Öffnungszeiten

Banken: Mo–Fr 8–12 und 13.30–16 Uhr; Filialen am Flughafen auch Sa und So 3–16 Uhr; *Geschäftszeiten:* Mo–Sa 8.30–12 und 14–18.30 Uhr; *Einkaufszentren:* Mo–Sa 10–18 Uhr, wenn Kreuzfahrtschiffe anlegen wird auch an Sonn- und Feiertagen geöffnet.

Radio und Fernsehen

Der beliebteste Radiosender Arubas ist *Radio Paradise*; er sendet auf Kurzwelle 103 rund um die Uhr.

Die meisten Hotels verfügen über Satelliten-Anlagen, so daß alle US-amerikanischen Fernsehsender empfangen werden können. *Tele-Aruba,* das private Fernsehen der Insel, sendet auf Kanal 13.

Rundfahrten

Wer nicht auf eigene Faust erkundend, sondern zielstrebig und unter ortskundiger Führung zu den Sehenswürdigkeiten der Insel gelangen möchte, für den bieten Reiseunternehmen einen *Sightseeing service* an. Eine Halbtagestour rund um die Insel im klimatisierten Bus kostet ca. 25 US-$. Da der Bus die Teilnehmer von ihren Hotels abholt und wieder zurückbringt, lernt man dabei auch noch die Hotels der Insel kennen. Inselrundfahrten bieten an: De Palm Tours, L. G. Smith Blvd. 142, ✆ 2 44 00, 2 45 45; Eco Destination Management, Ponton 36F, ✆ 26034, 21726.

Verkehrsmittel

Das öffentliche **Busnetz** ist gut ausgebaut. Mit den gelben (›Arubus‹-) Bussen erreicht man jeden größeren Ort der Insel. Der Busbahnhof in Oranjestad ist die zentrale Haltestelle für alle sechs Linien *(›Rutas‹)*.

Nach San Nicolas fahren Ruta 1, 2 und 3; nach Malmok Ruta 1; nach Noord Ruta 4; nach Sim Ant Ruta 5; nach Ayo und Santa Cruz Ruta 6. Ruta 1 und 2 verkehren zwischen 5 und 24 Uhr, Ruta 3, 4 und 6 zwischen 6.30 und 22, Ruta 5 zw. 7.30 und 18.30 Uhr.

Zwischen Oranjestad und den Hotels am Palm Beach verkehrt ein besonderer Busservice von 6 Uhr morgens bis Mitternacht im 30-Minuten-Takt (Linie: Basi Ruti).

Leihwagen: (Adressen s. S. 78).

Genauso beliebt wie die Mietwagen sind **Motorräder** und **Scooters,** zumal sie billiger zu leihen sind als diese. Wegen der geringen Entfernungen bringen einen die Zweiräder fast genau so schnell an die gewünschten Ziele. Zudem ist das Benzin billig (1 l = 0,5 AF), und bei der Größe der Insel kann man mit zwei Tankfüllungen einen Monat lang fahren. *Motorcycle und Bicycle Rental-Unternehmen:* Donato, L. G. Smith Blvd. 136 D, ✆ 3 43 43, 3 12 34; George Cycle Center, L. G. Smith Blvd., ✆ 2 59 75; Nelson Motorcycle Rental, Gasparito 10A, ✆ 2 68 01; Semver Cycle Rental, Noord 22, ✆ 6 68 51; Ron's Motorcycle Rental, Bakval 17A, ✆ 6 20 90.

Für **Fahrräder** gibt es z. Zt. noch wenig Nachfrage; man muß nach ›Fietsen Verhuur‹ (nl.) oder ›Bicicletanan Pattuur‹ (Papiamento) fragen. Chancen hat man bei Donato (s. o.) oder bei Pablito's Bike Shop, L. G. Smith Blvd. 228, ✆ 3 86 55.

Arubas **Taxis** sind nicht uniform als solche zu identifizieren, sondern an Hinweisschildern hinter der Windschutzscheibe. Es gibt auch keine Taxameter; dafür sind die Tarife per Verwaltungsverfügung festgesetzt und schnell auch unter Touristen bekannt (z. B. vom Flughafen zur Stadt 8 US-$, vom Flughafen nach San Nicolas 14 US$, vom Flughafen zu den Hotels am Palm Beach 11 US-$). Um Mißverständnisse zu vermeiden, sollte man sich den Preis vor Fahrtantritt noch einmal bestätigen lassen.

Die Taxifahrer sind überwiegend Arubaner; sie kennen ihre Insel also gut und sind deshalb auch ortskundige Fremdenführer (eine Stunde Taxifahren kostet ca. 25 US-$). Die Taxizentrale (›Taxi Dispatch Office‹) befindet sich in Oranjestad, im Boulevard Shopping Center, ✆ 2 21 16, 2 16 04.

Diplomatische Vertretungen

Auf Bonaire gibt es insgesamt nur drei Honorarkonsulate (von Kolumbien, Venezuela und Spanien). Das spanische Honorarkonsulat in Kralendijk ist EU-Angehörigen in Ausnahmefällen behilflich, Kaya Grandi 17, ✆ 80 18.

Essen und Trinken

Wer Bonaire als Urlaubsziel auswählt, hat in der Regel andere Vorstellungen von der Tagesgestaltung als Aruba- oder Curaçao-Urlauber. Da z. B. Taucher früh aufstehen, sind alle Restaurants bereits ab 18 Uhr gut besucht, und in den Hotelrestaurants wird in der Regel um 18.30 Uhr mit dem Servieren begonnen. Natürlich bieten die Küchen auch zu späteren Zeiten ihre Dienste an, aber nach 22 Uhr trifft man in den Restaurants nur noch wenige Gäste.

Fast alle großen Restaurants befinden sich in **Kralendijk.** Hier hat man auch die größte Auswahl an internationalen Küchen. Mit Ausnahme der Hotel-Restaurants haben alle Restaurants einmal pro Woche geschlossen (Adressen und Öffnungszeiten s. S. 116). Allwöchentlich an unterschiedlichen Tagen lädt jedes Hotel abends zum *Buffet* oder zum Grill *(Barbecue)* ein. Zu den besten und aufwendigsten gehört das im ›Kasa Coral‹-Restaurant des Hotels Harbour Village (immer Mi von 18.30–23 Uhr, Reservierung zu empfehlen, ✆ 75 00).

Wer Insel-Gerichte kennenlernen möchte, sollte einmal eine *sopi di carco,* ein Gericht aus dem Fleisch der Carco-Muscheln mit Tomaten, Zwiebeln und Knoblauch versuchen oder eine *stoba di cabrito,* einen Lammeintopf mit viel Pfeffer und frischem Gemüse, der auch in der Variante einer *papaya stoba* angeboten wird (dann werden nur Papaya und Lammfleisch zur Zubereitung verwendet). Als Vorspeise ist eine *kadushi,* eine Suppe aus Kaktusfrüchten, zu empfehlen. Diese Speisen sind rar geworden, denn selbst die Restaurants oder Kneipen, wo die Einheimischen essen, sind mittlerweile mit »Pommes«, »French Fries« usw. ›international‹ beeinflußt.

Einheimische Spezialitäten in *Kralendijk:* La Sonnisa, Kaya Grandi 13, ✆ 50 17; Julius Place, Kaya Grandi 40, ✆ 55 44; Divi Divi-Restaurant, Kaya J. G. Hernandez 24, ✆ 88 63; ... *in Nikiboko:* Crillo, Kaya Mandolin 11, und in *Cai* kann man sich bei den Fischern im ›Lac Bay Snack‹ zwischen 12 und 17 Uhr ein Gericht aus frischen gebackenen Muscheln servieren lassen.

Feiertage und Feste

Gesetzliche **Feiertage:** 1. 1. Neujahr (New Year's Day), Rosenmontag (Carnival Monday), Karfreitag (Good Friday), Ostermontag (Easter Monday), 30. 4. Geburtstag der Königin (Queen's Day), 1. 5. Tag der Arbeit (Labour Day), 15. 8. Mariä Himmelfahrt (Ascension Day), 6. 9 Bonaire-Tag, 25. und 26. 12. Weihnachten.

Feste: Herausragende öffentliche Feierlichkeiten finden an Simadan (s. u.) und an den Namenstagen der Patrone San Juan (24. Juni) und San Pedro (29. Juni) statt.

Simadan: Der Brauch des Erntedankes geht auf die Zeit der Plantagenwirtschaft zurück: Immer wenn die Mais- und Hirsefelder von den Lohnarbeitern und -arbeiterinnen abgeerntet waren, mußte der Plantagenbesitzer ein Erntedankfest (in Papiamento: ›Simadan‹) mit Kost und Musik geben.

Die ganze Nacht hindurch wurde ›Wapa‹ getanzt, ein rhythmischer Gruppentanz, mit kombinierten Schritt- und Hüpfelementen. Der Tanz sollte die gegenseitige Unterstützung symbolisieren. Am Tag darauf ging's weiter zur nächsten Plantage, nach deren Aberntung wieder ein Simadan-Fest folgte. Zum Simadan gehörte damals auch ein prozessionsähnlicher Marsch nach Rincon, auf dem tanzend und singend Körbe mit Hirse in das königliche Vorratshaus (›Magasina di Rei‹) gebracht wurden, damit die Bevölkerung auch in schlechteren Zeiten versorgt werden konnte. An Ostern beging man dort auch das ›Simadan di Pastor‹, dann spendeten Plantagenbesitzer als Dank für eine reiche Ernte der Kirche in Rincon mehrere Getreidesäcke. Von *Ende Februar bis Ende April* wird heute an verschiedenen Orten der Insel jeweils an unterschiedlichen Wochenenden Simadan mit Musik und Tanz gefeiert. Besucher sind herzlich willkommen.

San Juan und San Pedro. Am Abend des 24. Juni wird zu Ehren des Johannes auf den zentralen Plätzen in allen Ortschaften ein großes Feuer entfacht, um das herum man tanzt bzw. hindurchspringt. Daran schließt sich ein Besuch bei allen Dorfbewohnern mit Namen Johan, Juan, Jan, Johanna, Joan oder ähnlichen Ableitungen des biblischen Stammnamens Johannes an. Vor deren Türen wird ausgiebig gesungen und getrunken. Ähnlich wird in den Abendstunden des 29. Juni verfahren. Diesmal aber führt der Umzug nach dem Feuer zu den Pedros, Peters, Petrus', Piets usw. Warum ausgerechnet Johannes und Petrus als Heilige auf Bonaire so verehrt werden, läßt sich nicht mehr genau zurückverfolgen.

Gesundheit

Auf Bonaire gibt es insgesamt sechs niedergelassene Ärzte, darunter zwei Zahnärzte und in Kralendijk ein kleines *Krankenhaus* mit 60 Betten und einer Dekompressionskammer, Hospitaal San Francisco, Kaya Soeur Bartola 2, ✆ 89 00. In dringenden Fällen kann man über die Hotelrezeption einen Arzt verständigen.

Das nächstgelegene größere Krankenhaus, das europäischen Maßstäben genügt, befindet sich in Willemstad auf Curaçao.

Notruf

Polizei *(Politie),* Feuerwehr *(Brandweer)* und Erste Hilfe 11, Krankenhaus direkt 14.

Öffnungszeiten

Geschäfte: Es gibt kein Ladenschlußgesetz; in der Regel Mo–Sa 8–12 und 14–18 Uhr, von Dezember (Hauptsaison) bis April Fr bis 21 Uhr; wenn ein Kreuzfahrtschiff im Hafen anlegt, haben alle Geschäfte in Kralendijk geöffnet.

Banken: Mo–Fr 8.30–12 und 14–16 Uhr.

Rundfahrten

Der größte Anbieter von Rundfahrten mit einem detaillierten Programmangebot ist: Bonaire Sightseeing Tours, Kaya L. D. Gerharts 22, Kralendijk, ✆ 83 00, Fax 88 65 (Preise: Ganztagstour 45 US-$, Halbtagestour 12–17 US-$. *Kleiner und individueller:* Archie Tours, Kaya Nikiboko 33, ✆ 86 30.

Unterkunft

Sieht man von den beiden kleinen Hotels ›Sorobon Beach‹ und ›Lac Bay‹ ab, die vor einigen Jahren an den Ufern der Lagune Lac Bay im Südosten der Insel errichtet wurden, so konzentrieren sich alle anderen Hotels an der Westküste nördlich und südlich von Kralendijk. Vom Flugplatz sind sie alle in weniger als 15 Minuten zu erreichen; die meisten von ihnen, d. h. alle größeren, verfügen über eine eigene Tauchschule.

Neben dem Urlaub im Hotel wird das Anmieten von eingerichteten Apartments auf Bonaire wegen der größeren Gestaltungsfreiheit zunehmend beliebter. Da das US-amerikanische ›time sharing‹-Modell beim Bau der neuen großen Ferienanlagen Pate stand, bereichern auch diese das Angebot an Übernachtungsmöglichkeiten. (Adressen s. S. 115 und S. 131).

Verkehrsmittel

Auf Bonaire gibt es *kein offizielles Busnetz.* Zwei private Busunternehmen organisieren regelmäßige Fahrten zwischen Rincon und Kralendijk; sie fahren meist nur am frühen Morgen und gegen Abend, weil die meisten ihrer Benutzer Berufspendler sind. Ansonsten bedient man sich des Fahrrads, Mopeds oder Autos.

Taxis: Sie sind an den Buchstaben ›TX‹ am Nummernschild zu erkennen. Aber: Kein Taxi auf Bonaire hat ein Taxameter. Für Fahrten vom Flughafen und zwischen den Orten auf der Insel gelten *festgesetzte Preise,* die man einer Tabelle am Flughafen entnehmen kann. Die Preise gelten von 6 bis 20 Uhr, erhöhen sich nach 20 Uhr um 25 % und nach 24 Uhr um 50 %. Beispiele: jeweils vom Flughafen nach Kralendijk 6 US-$, nach Rincon 15 US$, nach Lac 20 US-$, zu den Hotels je nach Lage zwischen 5 US-$ (Flamingo Beach) und 10 US-$ (Harbour Village).

Taxistände: Flughafen (✆ 81 00) und Kralendijk, Kaya Grandi (✆ 52 32).

Leihwagen: Auf der Insel gibt es etwa 80 km geteerte Straßen, der Rest sind unbefestigte Straßen, insbesondere entlang der Küste und in den Naturschutzparks, die aber ohne Schwierigkeiten zu befahren sind; es herrscht Rechtsverkehr. Höchstgeschwindigkeit ist 40 km/h in Städten und Ortschaften und 60 km/h außerhalb von Ortschaften; auf der ganzen Insel gibt es keine Verkehrsampel.

Zum Leihen eines Autos genügt der nationale Führerschein und eine Kreditkarte (als Kautionsersatz). Die Preise der Mietwagenunternehmen unterscheiden sich kaum bei den Tagessätzen (alle zwischen 30 und 60 US-$, je nach Wagentyp und -größe); allerdings sollte man bei einer längeren Anmietung (ab einer Woche) einen Vergleich vornehmen. Die großen Firmen unterhalten alle Niederlassungen am Flughafen (die bis spätabends geöffnet sind) sowie in den großen Hotels. In der Hochsaison kann eine Reservierung nützlich sein (Adressen s. S. 116).

Bei Inselrundfahrten den Benzinstand im Auge behalten, es gibt nur eine **einzige Tankstelle:** Pompstation Bonoil, Kaya Simon Bolivar 10, Kralendijk.

Fahrräder: Die größeren Hotels vermieten Fahrräder an ihre Gäste (pro Tag 10 US-$). Wer an einem Rennrad oder an einem Mountainbike interessiert ist, kann eines bei ›Steve‹, Kaya Aruaco, ✆ 42 46, mieten. Im Preis ist eingeschlossen, daß man von jedem Ort der Insel zurück nach Kralendijk geholt wird.

Curaçao Spezial von A–Z

Diplomatische Vertretungen

Botschaft der Bundesrepublik Deutschland, Architectenweg 48, Willemstad, ✆ 61 38 70; Österreich und die Schweiz unterhalten keine Botschaften.

Einkaufen

Preisgünstige Angebote (Curaçao kennt keine Importzölle) z. B. bei Fotoartikeln, Videokameras, Schmuck, Uhren und Designer-›Klamotten‹ erschweren die Entscheidung, an den vielen kleinen Läden in der Breedestraat, der Herenstraat oder der Madurostraat vorbeizugehen.

Wer gezielt Markenartikel erwerben will, dem hat die Stadt das Suchen leicht gemacht: An den meistbesuchten Straßenecken der Innenstadt stehen Schaukästen (»Ta Dushi Pa – Shop down town«) mit Stadtplänen, in denen die entsprechenden Läden eingezeichnet sind. Wer nicht unvorbereitet einkaufen will, kann schon in den Hotels Hochglanzbroschüren à la *»Where to shop«* oder – *»Shopping Paradise«* kostenlos an der Rezeption mitnehmen. Die am Flughafen ausgehändigte Broschüre ›Curaçao Holiday‹ enthält eine mehrseitige »Shopper Tour« durch Willemstad, an deren Ende – würde man alle Ratschläge befolgen – man mit einem Zentner Reisegepäck-Übergewicht die Heimreise antreten müßte.

Essen und Trinken

Keine der anderen Schwesterninseln bietet so viele gute und abwechslungsreiche Speisen wie Curaçao. Das liegt nicht nur an der Vielzahl internationaler Restaurants, sondern auch an den vielfältigen Räumlichkeiten, zwischen denen man wählen kann: vom eleganten Stadtrestaurant oder Landhaus bis zum Fort hoch über der Sint Annabaai, vom Terrassenrestaurant am Strand bis zur gemütlichen ›Amsterdamer‹ Kneipe; wer es eilig hat, kann für wenig Geld an einer *truk i pan* (einer Garküche auf Rädern) satt werden.

Versuchen sollte man einmal typische Insel-Gerichte wie *sopi piska,* eine gut gewürzte Fischsuppe mit großen Fischstücken oder – wer Mut hat – eine *kaper ku igra,* ein Gericht aus Ziegenhirn und -leber bereitet. Dazu reicht man *moro* (Reis mit Bohnen) oder *funchi* (eine Art Polenta aus Mais, Wasser, Salz und Butter). Beliebt und verbreitet sind auch die unterschiedlichen Formen von *stoba.* Das sind geschmorte Eintopfgerichte mit Ziegen-, Schaf- oder Rindfleisch mit

Gemüse und Kräutern. Indonesische Gerichte sind auf Curaçao ebenfalls weit verbreitet (Indonesien war bis 1940 niederländische Kolonie!). Vor allem die indonesische *rijstafel,* eine Zusammenstellung vieler kleiner Einzelgerichte aus Fleisch und Fisch mit vielen Gewürzen und Reis *(nasi),* wird in Restaurants gern angeboten.

Die meisten Restaurants der Insel befinden sich in Willemstad (Adressen s. S. 155).

Restaurants im westlichen und nordwestlichen Teil der Insel sowie im östlichen und südöstlichen Teil (s. Thema: Speisen in historischer Umgebung S. 160).

Getränke: Wegen der Hitze muß (!) man mehrere Liter Flüssigkeit am Tag zu sich nehmen (Leitungswasser ist übrigens trinkbar).

Die am meisten konsumierte Biersorte ist das seit 1960 von der Antillaanse Brouwerij in Willemstad hergestellte ›Amstel‹-Bier. Der Grund für die anerkannt gute Qualität des curaçaoischen Bieres mag an der Internationalität seiner Zutagen liegen: Hopfen, Gerste und Hefe kommen aus Europa, Stärke und Zucker aus Cuba – nur das erforderliche (destillierte Meer-)Wasser stammt aus Curaçao. (*Brauereibesuche* Di und Do 10–12 Uhr möglich: Amstel Brouwerij, Rijkseenheid Blvd., ✆ 61 29 44), auch das alkoholfreie Amstel und das ebenfalls alkoholfreie Malzbier ›Malta‹ werden hier gebraut.

Feiertage und Feste

Außer den staatlichen bzw. kirchlichen Feiertagen gibt es noch jene der unterschiedlichen Ethnien und Religionsgemeinschaften, so daß manche Geschäfte an den entsprechenden Tagen geschlossen sind.

1. 1. Neujahr, 26. 1. Indischer Nationalfeiertag (Indian Republic Day), Rosenmontag und Karnevalsdienstag, Karfreitag und Ostermontag, 30. 4. Geburtstag der Königin (Koniginnendag), 1. 5. Tag der Arbeit, Mai: Christi Himmelfahrt und Pfingsten (der Pfingstmontag ist kein offizieller Feiertag), 2. 7. Tag der Fahne (Vlaggetjesdag, s. u.), September: Jüdisches Neujahrsfest (Rosh Hashanah) und Versöhnungstag (Yom Kippur), 5. 12. Nikolaus (s. u.), 25. und 26. Weihnachten.

Karneval im Februar/März: Höhepunkt ist der Karnevalssonntag mit einem großen Umzug durch Willemstad. Er beginnt an der Meerentsalzungsanlage in Otrobanda, überquert die Emma-Brükke, schängelt sich durch Pundas Straßen und endet am ›Princess Beach‹ Hotel. In der Zeit davor finden etliche Stadtteilfeste statt, in denen Karnevalsköniginnen gekürt oder die besten Musikkapellen oder Sänger prämiert werden. Besonders die *Tumba Music Festivals* erfreuen sich großer Beliebtheit. Am Rosenmontag feiern dann beispielsweise die Kinder in Otrobanda ihr eigenes Fest und am Tag darauf nehmen alle mit der *Carnival*

Farewell Parade, an deren Ende auf einem Scheiterhaufen ›König Momo‹ verbrannt wird, Abschied vom tollen Treiben.

Wer sich über das Karnevalsprogramm auf Curaçao frühzeitig informieren möchte, kann ab September die Veranstaltungstermine des jeweils folgenden Jahres anfordern: Fundshon Karnavall Korson, Willemstad, ✆ 63 62 60, Fax 63 64 45.

Der Tag der Fahne ist ein offizieller Feiertag mit musikalisch-folkloristischem Programm und erinnert an die errungene Autonomie Curaçaos: Am 2. Juli 1951 trat der ›Inselrat‹ zum ersten Mal zusammen und am 2. Juli 1984 wurde erstmalig eine eigene Fahne gehißt.

Zwei Wochen vor dem Nikolaustag kommen ›Sinterclaas‹ und der ›Zwarte Piet‹ per Schiff »aus Afrika« und legen in der Sint Annabaai an, gehen auf der Punda-Seite an Land, um am 5. Dezember abends die Kinder zu besuchen. Am Nachmittag des Ankunftstages im November sind sämtliche Geschäfte entlang der Handelskade geschlossen.

Fluggesellschaften

Nur wenige Fluggesellschaften (›Luchtvaartmaatschappijen‹) fliegen Curaçao an bzw. unterhalten eigene Büros in Willemstad. In Erinnerung sei gerufen, daß man den Abflug 72 Stunden vorher bestätigen lassen und vor dem Abflug 10 US-$ Flughafengebühren entrichten muß.

ALM, Da Costa Gomez Plein, Stadtteil Punda, ✆ 61 30 33; Büro am Flughafen ✆ 68 13 22; Air Aruba, Büro am Flughafen, ✆ 68 37 77; BWIA International, Büro am Flughafen, ✆ 68 78 35; KLM, Kaya Flamboyan 7, ✆ 37 47 77, Büro am Flughafen, ✆ 61 30 33; LAV (Linea Aeroportal Venezolana), Pietermaaiplein 11, ✆ 61 68 38; Lufthansa Curavia, Schottegatweg 132 A, ✆ 656799; Surinam Airways, Büro am Flughafen, ✆ 684360; TAP Air Portugal, Büro am Flughafen, ✆ 686241

Gesundheit

Alle niedergelassenen Ärzte auf Curaçao sind entweder in den USA oder in Europa ausgebildet worden. Im Bedarfsfall vermittelt das Hotel einen Arzt. Das 800 Betten große St. Elisabeth-**Krankenhaus** in Willemstad (Stadtteil Otrobanda) gehört zu den besten der Karibik. Es verfügt über eine angesehene Herzchirurgie und modernste Radiologieeinrichtungen sowie – beruhigend für Tauchsportler – zwei große Dekompressionskammern.

Normalerweise gibt es keine Moskitos auf Curaçao, nur manchmal während der Regenzeit. Einheimische reiben *Mückenstiche* mit ›Alcolado Glacial‹ (d. i. Mentholalkohol) ein, das den Juckreiz mildert.

Nachtleben

Zum abendlichen Unterhaltungsangebot auf Curaçao gehören sechs Spielbanken (in den großen internationalen Hotels), diverse Bars und Pubs und ein halbes Dutzend Diskotheken (s. S. 155 f.).

Wenn Bars (oder manchmal auch Restaurants) hinter ihrem Namen das Etikett *»Nightclub«* führen, so bedeutet das nur, daß an bestimmten Tagen (meist freitags- und samstags-) abends ab ca. 22 Uhr Musik (seltener Live Music) dargeboten und daß dazu getanzt werden kann. Darüber hinausgehende Darbietungen oder gar ein erotisches Programm sind damit keineswegs gemeint.

Klassische Musik: Konzerte klassischer Musik und Orgelkonzerte werden in regelmäßigen Abständen in der Fortkerk (✆ 61 11 39) und im Foyer des Avila Beach Hotels (✆ 61 43 77) angeboten.

Das Fremdenverkehrsamt veröffentlicht alle 14 Tage einen *Bi weekly calendar,* der das Unterhaltungsprogramm auf der Insel ausführlich vorstellt.

Notruf

Polizei *(Politie)* und Feuerwehr *(Brandweer)* ✆ 1 14, Erste Hilfe *(Ambulance)* ✆ 1 12, St. Elisabeth-Hospitaal ✆ 62 49 00.

Die Polizeizentrale befindet sich mitten in Willemstad, Wilhelminaplein.

Öffnungszeiten

Banken Mo–Fr 8.30–12 und 14–16 Uhr; *Behörden* Mo–Fr 7.30–12 und 13.30–16 Uhr; *Geschäfte* Mo–Sa 8–12 und 14–18 Uhr; in Punda und Otrobanda auch So, wenn Kreuzfahrtschiffe anlegen. Zur Weihnachtszeit haben alle Geschäfte im Stadtteil Punda Do bis 22 Uhr geöffnet; *Post* (Posterijen) Willemstad, Waaigatplein 1 (hinter dem Markt) Mo–Fr 7.30–12 und 13.30–16 Uhr, Sa 7.30–12 Uhr.

Rundfahrten

Der älteste und erfahrendste Anbieter ist Taber Tours, Dokweg, ✆ 37 66 37, 37 67 13. Weitere Anbieter: Daltino Tours and Travel Service, Breedestraat 39, ✆ 61 48 88; Dushi Safari, Pietermaai 6, ✆ 65 63 10; Kibra Hacha Tours, Wishi 338, ✆ 60 11 51.

Unterkunft

Das Hotelangebot der Insel orientiert sich nicht nur an Feriengästen und Badeurlaubern; im Zentrum Willemstads finden auch Seeleute und Geschäftsreisende adäquate Unterkünfte.

Die großen Touristenhotels der gehobenen Preisklasse liegen an der Südküste, jeweils mehrere Kilometer östlich oder westlich des Stadtzentrums. Zu ihnen gehört in der Regel auch ein eigener Strand.

Nur wenige liegen weiter außerhalb in besonders eindrucksvollen Buchten (z. B. *Lion's Dive* im Osten oder *Coral Cliff* im Westen der Südküste) und nur eine Hotelanlage befindet sich direkt am westlichen Ende der Insel. Insgesamt verfügt Curaçao derzeit über ca. 1500 Betten für gehobene Ansprüche.

Die Hotelpreise in der Luxus- und oberen Preisklasse können sich in der Hochsaison (Mitte Dezember bis Mitte April) um ca. 30 % erhöhen. Unabhängig von der Saison muß man 5 % Steuer und 10–15 % Bedienung hinzurechnen. Die außerhalb von Willemstad liegenden Hotels bieten alle für ihre Gäste einen eigenen, kostenlosen Bustransfer *(Courtesy Shuttle)* zum Zentrum an.

Man kann auch ein Apartment oder ein ganzes Haus für einige Tage mieten. Liste mit ca. 50 Angeboten, c/o Fremdenverkehrsamt, s. S. 153.

Unterkunft in Willemstad und entlang der Küste s. S. 153f.

Verkehrsmittel

Curaçao zeichnet sich auch durch ein gut ausgebautes Straßennetz aus, es gibt viele asphaltierte Straßen bis in die entlegendsten Buchten; auf ihnen gelten die aus Europa vertrauten Verkehrsregeln. Wenn es nicht ausdrücklich auf Schildern ausgewiesen wird, sind in den Städten und Dörfern 40 km/h, außerhalb 60 km/h vorgeschrieben.

Busse: Willemstad verfügt über zwei große Busbahnhöfe, einen in Punda, der andere ist in Otrobanda. Sie liegen zwar nur 10 Min. Luftlinie voneinander entfernt, aber um vom einem zum anderen zu gelangen, muß man die Sint Annabaai (über die Königin Emma-Brücke oder per Fähre) überqueren. An diesen beiden Busbahnhöfen laufen alle Routen zusammen.

Entlang der Routen verkehren sowohl die öffentlichen großen Busse (genannt *Convoys)* in leuchtendgelber Farbe, als auch private Kleinbusse und Großraumlimousinen, deren Nummernschilder die Kennzeichnung »BUS« tragen. Mit diesen Verkehrsmitteln kann man nahezu alle wichtigen und sehenswerten Orte und Strände auf Curaçao erreichen.

Routen Richtung Westen: Willemstad (Punda) zum Flughafen (Hato); Abfahrt: Jede Stunde zwischen 6.15 und 23.15 Uhr. Stationen: Curaçao Liquer Destillery, Botanischer Garten, Zoo, Landhuis Brievengat, Golfclub, Airport Hotel Holland und Flughafen.

Willemstad (Otrobanda) zum Flughafen (Hato); Abfahrt: Jede Stunde zwischen 6.35 und 22.35 Uhr. Stationen: Curaçao Museum, Holiday Beach Hotel, Airport Hotel, Airport Hotel Holland, Flughafen.

Willemstad (Otrobanda) nach Westpunt. Abfahrt: Etwa alle 2

Stunden ab 7.00 bis 21.15 Uhr. Stationen: University of the Netherlands Antilles, Landhuis Daniel, Landhuis Ascension, Christoffel Park, Boca Tabla und Westpunt Beach.

Willemstad (Otrobanda) zum Lagun- und Knip-Strand; verkehrt zwischen 6.30 und 19.20 Uhr. Stationen: University of the Netherlands Antilles, Landhuis Jan Kok, Landhuis Knip, Knip Beach, Santa Cruz Beach, Jeremi Beach, Lagun Beach und Bahia Beach.

Routen Richtung Osten: Willemstadt (Punda) zur Caracasbaai, Abfahrt: Jede Stunde zwischen 7.35 und 22.35 Uhr (13.35 fährt kein Bus) Stationen: Bolivar Museum, Avila Beach Hotel, Princess Beach Hotel, Lion's Dive Hotel, Bon Bini Seaside Resort, Curacao Seaquarium, Jan Thiel Beach Club, Caracas Bay Beach und Fishermen's Wharf, Fort Beekenburg und die Queen Elisabeth II.-Mole (innerstädtische Busse, s. S. 155).

Leihwagen: Als Tagessatz (einschließlich unbegrenzter Kilometerzahl) gelten etwa 30–35 US-$. Wenn man will, werden die Wagen (ohne zusätzliche Kosten) zum Hotel gebracht.

Am Flughafen links der Ankunftshalle gibt es ein großes Büro, in dem man sich unter sechs Leihwagenfirmen ein Angebot aussuchen, den Wagen sofort übernehmen und später wieder hier abgeben kann (Adressen: s. S. 155).

Taxis: Man erkennt sie an der Dachaufschrift und einem ›TX‹ am Nummernschild. Sie stehen an festen Sammelplätzen, die Fahrer sind sehr freundlich, aber Taxameter sind unbekannt. Die Fahrpreise sind festgelegt (vorher erkundigen!) *Richtpreise* (1994): Vom Flughafen zu den Hotels Princess Beach und Lion's Dive 15 US-$, zu den Hotels Avila Beach, Tropical Inn und Van der Valk Plaza 12 US-$, zu den Hotels Caribbean, Holiday Beach und Las Palmas 10 US-$

Für Fahrten innerhalb Willemstads muß man mit 3 bis 5 US-$ rechnen, will man zum Coral Cliff Hotel, bezahlt man 25 US-$, und zum Kadushi Cliff Resort 35 US-$. Die Preise gelten, unabhängig von der Anzahl der Personen, von 6 bis 23 Uhr, danach wird's 25% teurer. Gepäck kostet nichts. Nur, wenn man ganz große Stücke transportieren will, darf der Fahrer 2 US-$ mehr verlangen. Will man eine Inselrundfahrt per Taxi machen, zahlt man ca. 20 US-$ pro Stunde (mit Führung). Hat man etwas im Taxi vergessen oder will man sich beschweren: ✆ 61 65 77.

Fahrräder: Trotz des holländischen Einflusses ist Fahrradfahren auf Curaçao unüblich; eigene Fahrradwege gibt es nicht. Wer es trotzdem versuchen will: Cycle Rental, Zwavelweg 9, ✆ 68 74 47; Easy Going, Sucasa 5, ✆ 69 50 56, 60 26 21. Beide Unternehmen vermieten auch *Mopeds* und *Motorräder.*

Kleiner Sprachführer

Auf den ABC-Inseln ist Niederländisch Amtssprache und Papiamento Alltagssprache. Englisch wird von jedermann verstanden, und Spanisch ist wegen der Nähe zu Südamerika ebenfalls weit verbreitet. Auf den drei kleinen Antilleninseln sind Englisch und Niederländisch Amts- und Alltagssprachen.

Deutsch	**Englisch**	**Papiamento**
Auf Wiedersehen!	Goodbye!	Ayó!
Auto	car	owto
Bis später	See you later	Te aworo
Ehemann/-frau	husband/wife	kasa
ein wenig	a little	tiki
Einen schönen Tag!	Have a nice day!	Pasa un bon dia!
Freund	boyfriend	amigu
Freundin	girlfriend	dushi
Guten Abend!	Good evening!	Bon nochi!
Guten Morgen!	Good morning!	Bon dia!
Guten Tag!	Good afternoon!	Bon tardi!
Haus	house	kas
heiß	hot	kalor
Herzlich Willkommen!	Welcome!	Bonbini!
Herzlichen Dank	Thank you very much	Masa danki
heute	today	awe
Ich liebe dich.	I love you.	Mi ta stimabo.
ja	yes	si
Kind	child	mucha
Mir geht es gut.	I am fine.	Mi ta bon.
morgen	tomorrow	majan
nein	no	no
schön	nice	nechie
schwimmen	to swim	landa
Sonne	sun	solo
Spaß haben	to have fun	gosa
Strand	beach	playa
viel	a lot	hopi
vielleicht	maybe	porta
Wie geht es dir?	How are you?	Con ta bai?
Wie spät ist es ?	What time is it?	Kwant'or tin?
Wieviel (kostet das)?	How much (is it)?	Cuanto?

Ausgewählte Literatur

Gerhard Beese, Karibische Inseln, Köln 1992[5] (DuMont Buchverlag)

Christoph Columbus, Das Bordbuch 1492. Leben und Fahrten des Entdeckers der Neuen Welt, hrsg. von Robert Grün, Tübingen 1970

Edith Oppens, Karibik – Mittelmeer der Neuen Welt, München 1978

James Pope-Hennessy, Geschäft mit schwarzer Haut. Die Geschichte des transatlantischen Sklavenhandels, Wien 1970

Abbildungsnachweis

Udo Haafke, Ratingen S. 18 u. r., 19 u., 74, 75, 96, 137, 149, Umschlagrückseite o.
Gerhard Heck, Mainz S. 18 o., 39, 50, 116/117
Gerold Jung, Ottobrunn Umschlagklappe vorn, S. 10/11, 18 u. l., 32, 47, Umschlagrückseite u.
Roland F. Karl, Wiesbaden Titelbild, S. 127, 187, 188, 192
Laif, Köln S. 2/3, 15, 19 o. r., 35, 36/37, 43, 44, 46, 52 o., 53 u., 55, 60/61, 66, 68/69, 76, 80, 82/83, 88, 93, 95, 98/99, 104/105, 110, 111, 114, 118, 119, 131, 132/133, 136, 143, 147, 152, 154, 158, 161, 163, 169, 170/171, 180, 202/203, 212, 213, 215, Umschlagklappe hinten (G. Huber), 23, 198/199, 211 (D. Reimer)
José Margerita, Bonaire S. 24, 25
Marie-Luise Oertel, Odenthal S. 1 (Vignette), 20, 126, 174/175, 184/185, 195, 197, 208
José F. Poblete, Oberursel/Ts. S. 8, 19 o. l., 52 u., 53 o., 91, 103, 140

Karten und Pläne DUMONT Buchverlag

Bitte schreiben Sie uns, wenn sich etwas geändert hat.
Alle in diesem Buch enthaltenen Angaben wurden vom Autor nach bestem Wissen erstellt und von ihm und dem Verlag mit größtmöglicher Sorgfalt überprüft. Gleichwohl sind – wie wir im Sinne des Produkthaftungsrechts betonen müssen – inhaltliche Fehler nicht vollständig auszuschließen. Daher erfolgen die Angaben ohne jegliche Verpflichtung oder Garantie des Verlags oder des Autors. Beide übernehmen keinerlei Verantwortung und Haftung für etwaige inhaltliche Unstimmigkeiten. Wir bitten dafür um Verständnis und werden Korrekturhinweise gerne aufgreifen: (DUMONT Buchverlag, Postfach 10 10 45, Mittelstraße 12–14, 50450 Köln).

Register

Orts- und Sachregister

Personenregister

DUMONT

REISE-TASCHENBÜCHER

»Was den DUMONT-Leuten gelungen ist: Trotz der Kürze steckt in diesen Büchern genügend Würze. Immer wieder sind unerwartete Informationen zu finden, nicht trocken eingestreut, sondern lebhaft geschrieben... Diese Mischung aus journalistisch aufgearbeiteten Hintergrundinformationen, Erzählung und die ungewöhnlichen Blickwinkel, die nicht nur bei den Farb- und Schwarzweißfotos gewählt wurden – diese Mischung macht's. Eine sympathische Reiseführer-Reihe.«

Südwestfunk

»Zur Konzeption der Reise-Taschenbücher gehören zahlreiche, lebendig beschriebene Exkurse im allgemeinen landeskundlichen Teil wie im praktischen Reiseteil. Diese Exkurse vertiefen zentrale Themen der Geschichte, Kunst und des sozialen Lebens und sollen so zu einem abgerundeten Verständnis des Reiselandes führen.«

Main Echo

Weitere Informationen über die Reihe DUMONT Reise-Taschenbücher erhalten Sie bei Ihrem Buchhändler oder beim DUMONT Buchverlag • Postfach 10 10 45 • 50450 Köln.

DUMONT

VISUELL-REISEFÜHRER

»Wer einen der atemberaubenden Reiseführer aus der neuen Reihe ›DUMONT *visuell*‹ wie unsere Rezensentin in der Badewanne aufschlägt, der sollte sich vorsichtshalber am Rand festhalten, denn was einem in diesen Bänden geboten wird, verführt den Leser geradezu, in das Land seiner Träume einzutauchen.«
Kölner Illustrierte

»Sehfreude wird provoziert, Neugierde geweckt, Leselust angeheizt...«
Rheinischer Merkur

»Faszinierend sind die detailgetreu gezeichneten Ansichten aus der Vogelperspektive, die Form, Konstruktion und Struktur von Stadtlandschaften und architektonischen Ensembles auf einzigartige Weise vor Augen führen.« *Hamburger Abendblatt*

»DUMONT *visuell* bei Besichtigungen stets bei sich zu haben, bedeutet stets gut informiert zu sein.«
Der Tagesspiegel

Weitere Informationen über die Titel der Reihe DUMONT *visuell*-Reiseführer erhalten Sie bei Ihrem Buchhändler oder beim DUMONT Buchverlag • Postfach 10 10 45 • 50450 Köln.